LIZ MOHN

Liebe öffnet Herzen

Liz Mohn

Liebe öffnet Herzen

Aufgezeichnet von
Madlen Hillebrecht

C. Bertelsmann

Dieses Buch und der Schutzumschlag wurden
auf chlorfrei gebleichtem Papier gedruckt.
Die Einschrumpffolie (zum Schutz vor Verschmutzung)
ist aus umweltschonender und recyclingfähiger PE-Folie.

2. Auflage

Umschlaggestaltung: Design Team München
Satz: Uhl + Massopust, Aalen
Druck und Bindung:
GGP Media, Pößneck
Printed in Germany
ISBN 3-570-00367-1
www.bertelsmann-verlag.de

Gewidmet meinem Mann Reinhard –
als Dank an meinen besten Lehrmeister,
der mein Leben und Denken am meisten geprägt
und stets partnerschaftlich begleitet hat.

Inhalt

1. Anfänge – Wurzeln

Die Limousine surrt die Landstraße entlang. Ich sitze im Fond des Wagens und sehe das dichte Grün der Bäume vorbeifliegen. Es ist ein Frühlingstag, der das Herz jubeln lässt – strahlende Sonne, tiefblauer Himmel im Kontrast zu dottergelben Butterblumenwiesen und Rapsfeldern. Gedankenversonnen betrachte ich die Schönheit der Natur. Ich bin auf dem Weg zu einer Selbsthilfegruppe der Stiftung Deutsche Schlaganfall-Hilfe. Die Gegend ist mir sehr vertraut. Tief unten fließt die Ems, der Fluss, der mich seit frühester Kindheit begleitet hat. Es gibt dort einen Platz, den ich besonders liebe. Weidenäste hängen tief ins Wasser. »Bitte halten Sie doch mal kurz an«, sage ich zu meinem Fahrer Thomas Barnhöfer. Er nickt verständnisvoll – er weiß, wie sehr ich diesen Ort mag. Wie oft haben wir hier schon für einen Moment gestoppt.

Ich gehe hinunter zum Flussbett, beobachte, wie sich mein Gesicht im Wasser spiegelt. Die Erinnerung an ferne Tage steigt in mir auf. Ich sehe ein kleines blondes Mädchen, das hier immer wieder Anlauf nimmt und sich, an den Weidenästen festhaltend, ans andere Ufer schwingt. Es hat riesigen Spaß dabei. Wieder und wieder schwingt es hin und her. Manchmal hat es Glück und erreicht das andere Ufer, oft hat es Pech und fällt ins Wasser. Doch dann prustet und schüttelt sich das Mädchen nur und startet einen neuen Versuch.

Das kleine Mädchen war ich. Damals konnte ich nicht schwimmen. Aber so lernte ich es. Ich brachte es mir selbst bei. Da war ich vier Jahre alt. Meine Mutter sagte mir später, hier hätte sie zum ersten Mal geahnt, welch starker Wille und wie viel Unerschrockenheit in mir steckten.

Dieser Platz ist die Verbindung zu meinen Wurzeln. Ich brauche diese Erinnerung von Zeit zu Zeit. Sie tut mir gut. Sie gibt mir neue Kraft für meine Arbeit. Es war ein weiter Weg von dem hartnäckigen kleinen Mädchen zu der Frau, die ich heute bin. Nachdenklich gehe ich zum Auto zurück. Die Patienten der Selbsthilfegruppe warten auf mich.

»Alles in Ordnung, Frau Mohn?«, fragt Thomas Barnhöfer und öffnet die Autotür. Ich nicke. Er fährt mich schon viele Jahre, wir kennen einander gut. Wir brauchen nicht viele Worte, um einander zu verstehen. Während wir weiterfahren, denke ich an die untergegangene Welt meiner Kindheit.

Tod und Verwüstung herrschten überall, als ich geboren wurde. Auf den Schlachtfeldern Europas starben Millionen Menschen – doch mein Leben begann. Wir Menschen sind Teil des ewigen Kreislaufs von Werden und Vergehen. Ich bin ein Kriegskind, meine Chancen auf ein glückliches, erfolgreiches Leben waren – wie die vieler Neugeborener damals – gering. Es ging nur um das Überleben. Die Frauen, die in dieser Zeit Kinder bekamen, sie behüteten und beschützten, sich aufopferten, um sie großzuziehen, sind noch heute Heldinnen für mich. Meine Mutter erzählte später, ich sei bei Fliegeralarm zur Welt gekommen. Es war am Vorabend des Tages, an dem der Krieg mit Russland begann – Deutschland lag wie unter einer Glocke der Angst. Angst war das beherrschende Gefühl meiner Mutter bei meiner Geburt – Angst um ihr Leben, um den Lebensstart ihres Kindes, Sorge vor einer ungewissen Zukunft. Und diese Angst übertrug sich offensichtlich auf mich. Ich habe später viel darüber gehört und gelesen, wie Kinder bereits während der Schwangerschaft Emotionen, Stimmungen und Ängste der Mutter wahrnehmen. Bei uns muss es exakt so gewesen sein: Ich war ein sehr ängstliches Baby, das nachts viel schrie und schlecht träumte. Jede Nacht musste meine Mutter mich auf den Arm nehmen, trösten, wickeln oder umziehen. Vielleicht lag hier der tiefere Grund für die besondere Bindung, die wir immer zueinander hatten.

An den Krieg habe ich – wie viele Kinder meiner Generation – nur bruchstückhafte Erinnerungen. Aber die Ängste sind mir noch gegenwärtig. Oft hatten wir Fliegeralarm in Wiedenbrück – wegen der Nähe von Bielefeld oder des Ruhrgebiets, die bombardiert wurden. Auch am Rande unserer Stadt gingen die Bomben nieder. Wie oft wurden wir Kinder aus den Betten gerissen, weil wir nachts in den Luftschutzbunker mussten. Die Angst, die ich hatte, während die Sirenen heulten und ich – oftmals noch im Nachthemd – an der Hand der Mutter die Straße entlanglief, werde ich nie vergessen. Auch nicht den muffigen Geruch in dem engen Keller, in dem Menschen ängstlich dicht an dicht bei spärlicher Beleuchtung in stickiger Luft hockten.

Eines Morgens kamen wir aus dem Bunker, und mein ganzes Bett war voller Reif. Alles war gefroren, die Eisblumen blühten am Fenster, denn es gab keine Heizung in unserem Haus. Meine Mutter erwärmte dann Steine im Backofen, die in die Kinderbetten gelegt wurden, damit wir nicht froren. Das war sehr behaglich, dieses Gefühl ist mir heute noch gegenwärtig.

Wenn ich an meine Kindheit und Jugend zurückdenke, so waren Liebe und Fürsorge die prägenden Einflüsse. Die Welt um uns herum versank in Schutt und Asche, es herrschte Hunger, Elend und Not – als Kind kann man jedoch die Tragweite des Geschehens kaum erfassen. Wir lebten bescheiden zu Hause, aber wir waren eine Gemeinschaft, die Geborgenheit und Verlässlichkeit vermittelte. Und dieses Gefühl erinnere ich bis heute. Es offenbart mir, was Kinder wirklich glücklich macht: nicht schöne Kleider, teures Spielzeug oder weite Reisen, sondern Liebe und Geborgenheit. Und davon bekamen wir in meinem Elternhaus genug, besonders von meiner Mutter!

Heute weiß ich: Man kann von materiellen Dingen keine Sinngebung erwarten. Ein Auto oder ein schönes Haus, Erfolg im Beruf ersetzen keine liebevolle Umarmung. Man kann Liebe, Zärtlichkeit oder Vertrauen nicht durch materielle Güter und aufwendige Geschenke erlangen, sondern nur im vertrauten Miteinander mit nahe stehenden Menschen.

Unsere Mutter sorgte von früh bis spät für uns. Sie hatte einen kleinen Garten gepachtet, in dem sie Gemüse und Kartoffeln anpflanzte, damit wir genug zu essen bekamen. Ich erinnere mich heute noch an den säuerlichen Geschmack der Brotsuppe, die sehr häufig zum Mittagessen auf dem Tisch stand – sie war in den Nachkriegsjahren eine unserer Hauptnahrungsquellen. Ich glaube, da ging es mir wie vielen anderen Kindern in dieser Zeit – bald wollte ich Brotsuppe weder riechen noch essen. Doch der Hunger trieb sie in den Magen. Hungersnot wie in den Großstädten gab es aber bei uns nicht. In der kleinen Stadt mit dem ländlichen Umfeld tauschte und teilte jeder mit jedem, wenn er etwas zu essen hatte. Wurde in der Nachbarschaft ein Schwein geschlachtet, bekamen alle etwas davon ab. Es war selbstverständlich, dass Nachbarn einander halfen. Häufig sammelten wir Kinder mit unserer Mutter Bucheckern, daraus wurde dann Öl gepresst. Oder wir holten Brennholz aus dem Wald. Und morgens mussten wir Kinder im Garten Käfer von den Kartoffeln abklauben. Ich weiß es noch bis heute, wie ich mich ekelte, wenn sie meinen Arm hochkrabbelten.

Langeweile und Überdruss kannten wir Kinder dieser Generation nicht. In allen Familien ging es um das Überleben und den Erhalt der Existenz – wir Kinder waren in dieses eben mit einbezogen.

Meine Mutter

Meine Mutter war gelernte Hutmacherin und stammte aus einer Familie mit neun Kindern. Mein Vater kam aus einer Bauernfamilie und machte sich als Handwerker selbstständig. Er hatte einen schweren Schicksalsschlag verkraften müssen: Er wurde vom Blitz getroffen, lag zwei Wochen bewusstlos in der Uniklinik Münster und war danach arbeitsunfähig. Er wurde nicht in den Krieg eingezogen, was ihm sehr zugesetzt hat. Ich glaube, er empfand dies als unehrenhaft, was dem damaligen Zeitgeist entsprach. Er starb früh mit sechzig Jahren.

So war meine Mutter die entscheidende Bezugsperson für uns fünf Kinder – sie trug die Verantwortung für die ganze Familie. Heute würde man sagen, sie war eine starke Frau, die eigenständige Entscheidungen traf. Damals war das selbstverständlich, darüber sprach man gar nicht. Heute nennt man eine Frau wie sie eine starke Persönlichkeit. Damals meisterten die Frauen das Leben so, wie es kam, und machten nicht viele Worte darum. Dennoch gingen die nervlichen und körperlichen Belastungen nicht spurlos an ihnen vorüber.

Unsere Mutter war immer für uns da – sie kochte, wusch, nähte Kleidung. Natürlich merkten wir Kinder, dass sie es nicht einfach hatte. Man erlebte ja, dass die Mutter jeden Pfennig zweimal umdrehen musste, dass sie oft Sorgen hatte, wie es weitergehen solle. Schon als kleines Kind spürte ich sehr genau, wenn sie etwas bedrückte. Ich nahm dann ihre Hand und streichelte sie. Ich glaube, sie verstand mich ohne Worte. Ich wollte sie auf meine kindliche Art trösten. Ich liebte sie sehr.

Trotz der schweren Zeit war sie im Grunde ein fröhlicher Mensch. Eine zierliche Frau mit schwarzen Haaren und blauen Augen, die neugierig und interessiert in die Welt schauten. Nur nicht unterkriegen lassen, war ihr Lebensmotto und Lebensgefühl – sie dachte immer positiv. Sie kannte und sang alle Lieder dieser Welt. Sie hatte viele Freunde und Bekannte, die jeden Tag kamen und sie besuchten. Nie redete sie schlecht über jemanden, hatte für jeden ein offenes Herz und war sehr hilfsbereit.

In der Nachkriegszeit gab es viele Bettler, die Leute hatten oft nichts zu essen. Meine Mutter gab immer etwas, wenn jemand vor der Tür stand – ein Stück Brot, etwas Gemüse, einen Teller Suppe. Und wir hatten auch immer Ferienkinder aus dem Ruhrgebiet, die sie aufpäppelte. Ich weiß nicht, wie sie es bewerkstelligte, aber später hat sie uns Kindern vieles ermöglicht – wir hatten Fahrräder, Rollschuhe, Schlittschuhe. Die Ufer der Ems waren unser liebster Spielplatz. Im Sommer schwammen wir darin, im Winter liefen wir Schlittschuh auf dem zugefrorenen Fluss. Wenn wir wie zu Eiszapfen gefroren nach Hause kamen, hatte sie Berliner gebacken. Sie verstand es, eine behagliche Atmosphäre zu schaffen. Was sie für uns Kinder getan hat, konnte ich erst richtig ermessen, als ich eigene Kinder hatte. Sie gab uns liebevolle Geborgenheit.

Ich weiß, dass sie in dieser Zeit viel Kraft aus ihrem Glauben geschöpft hat. Später im Alter sah sie die Religion distanzierter.

Meine Mutter liebte die Menschen. Das habe ich von ihr gelernt. Sie hat mich in dieser Hinsicht mehr geprägt, als ich als junger Mensch wahrhaben wollte und konnte. Später als Erwachsene, als Mutter von drei Kindern und berufstätige Frau mit Verantwortung für andere Menschen, bin ich mir dessen bewusst geworden.

Auch die optimistische, positive Grundeinstellung habe ich sicher von ihr. Sie blieb unternehmungslustig bis ins hohe Alter. Als sie achtundachtzig Jahre alt war, besuchte sie uns in unserem Haus auf Mallorca. Sie genoss den Blick von der Terrasse auf das Meer. Dann aber sagte sie: »Nur immer aufs Meer schauen, das wird langweilig.« Sie wollte etwas unternehmen, ins Städtchen fahren, unter Menschen gehen.

Meine Mutter wurde vierundneunzig Jahre alt. Als sie starb, erfüllte mich dies weniger mit Trauer als vielmehr mit Dankbarkeit für alles, was sie mir gegeben hatte. Abschied genommen hatte ich schon vorher, während ihrer langen Krankheit. Ich habe ganz bewusst allmählich losgelassen. So konnte ich den Schmerz besser verkraften. Diese Art des Abschiednehmens würde ich auch meinen Kindern wünschen, wenn eines Tages die Zeit für mich gekommen ist. Ich habe den Sarg meiner Mutter über und über mit weißen und rosa Orchideen schmücken lassen – es waren ihre Lieblingsblumen.

Ein tapferes Kind

Wir waren fünf Kinder zu Hause, ich war das vierte Kind. Mit meiner drei Jahre älteren Schwester Hannelore und dem fünf Jahre älteren Bruder Heinz hatte ich den engsten Kontakt, wir passten altersmäßig zusammen. Meine andere Schwester ist fünf Jahre jünger als ich. Über ihre Geburt war ich damals nicht besonders glücklich. Ich war eifersüchtig und befürchtete, die Liebe meiner Mutter teilen zu müssen.

Wenn ich heute zurückblicke auf das Kind, das ich einmal war, sehe ich ein kleines Mädchen mit blonden Zöpfen, das schmächtig und zart war und deshalb immer als das Sorgenkind der Mutter galt. Ich musste mehr essen als meine Geschwister, und ich suchte und brauchte auch mehr die Hilfe und die Nähe meiner Mutter. Ich war anlehnungsbedürftig und zärtlich – anders als meine Geschwister. So hatten wir eine besonders enge Beziehung. Meine Mutter kannte meine Ängste, die mich lange begleiten sollten: Angst, in einen dunklen Keller zu gehen, Angst vor unbekannten neuen Situationen, vor geforderten Leistungen – ich brauchte viel Ermutigung.

Ich hatte das Glück, dass ich immer Menschen in meinem Leben fand, die mich ermutigten, den nächsten Entwicklungsschritt in Angriff zu nehmen.

Andererseits – wenn ich mir etwas in den Kopf gesetzt hatte, tat ich alles, um es zu erreichen. Und in solchen Momenten flossen mir ungeahnte Kräfte zu: Ich wurde mutig für neue Abenteuer, vergaß alle Ängste. So zum Beispiel, als ich mir selbst das Schwimmen beibrachte.

»Ein Teil jeden Talents besteht in der Courage«, sagt Bertolt Brecht. Dieser Satz trifft auf meine Situation während der Entwicklungsjahre genau zu.

In der ersten Schulklasse war ich die Einzige, die sich traute, vom Fünfmeterbrett ins Schwimmbad zu springen. Ich war ja inzwischen eine gute Schwimmerin, nachdem ich so lange in der Ems trainiert hatte. Der Lehrer ermutigte mich. Er sagte einfach: »Probier's mal. Du schaffst das.« Ich merkte, dass er es mir zutraute. Das beflügelte mich. Ich erinnere mich noch genau an meine Gefühle, als ich die Leiter zum Sprungbrett hochkletterte. Es ging höher und höher, als führte sie geradewegs in den Himmel. Mein Herz klopfte bis zum Hals, meine Knie zitterten. Als ich oben stand und die erwartungsvollen Gesichter des Lehrers und meiner Klassenkameraden sah, gab es kein Zurück. Ich sprang. Hinterher war ich sehr stolz auf mich. Solche Momente hatte ich öfter im Leben. Immer wenn ich das Gefühl hatte, jemand glaubt an mich, konnte ich meine Ängste überwinden. Diese Erfahrung bringe ich in meine Arbeit ein. Ich motiviere meine Mitarbeiter, indem ich sie immer und immer wieder ermutige. Übrigens: Später sprang ich dann sogar mit Salto.

Das Wasser sollte mein Element bleiben – ich wurde eine ausdauernde Schwimmerin. Heute kann ich mühelos bis zu einer Stunde im Mittelmeer schwimmen und mich dabei gemütlich unterhalten. Manager unseres Unternehmens, die uns manchmal in unserem Ferienhaus auf Mallorca besuchen, geraten dabei schon einmal aus der Puste.

In diesen frühen Jahren lebte ich eingesponnen in eine eigene Welt. Ich war ein freundliches Kind, manchmal ein bisschen verträumt. Oft saß ich nachts auf der Fensterbank in der Küche und sang Lieder. Oder ich schlüpfte um fünf Uhr morgens aus dem Bett und ging spazieren. Ich liebte es, über die taunassen Wiesen zu laufen, an der Ems entlang durch einen kleinen Wald, der Vögel erstes Tschilpen zu hören und das Rauschen der Blätter im Wind – es war wie ein Traum. Ein kleines Abenteuer, das ich bestand, so ganz allein.

Das intuitive Naturerlebnis ist eine ganz frühe Prägung. Auch heute brauche und suche ich es. Ich bin froh, dass ich Natur so intensiv erleben kann. Immer wenn ich mich ein bisschen einsam oder ratlos fühle oder wenn ich viel Stress habe, gehe ich hinaus in die Natur – über die Felder, durch die Wälder, auf die Berge. Meistens gehe ich mit raschen Schritten und atme dabei tief ein. Ich genieße den Blick in die Weite des flachen Münsterlandes bis zum Horizont. Schon nach kurzer Zeit steigt eine wohltuende Ruhe in mir auf.

So ein Spaziergang hilft, Gedanken zu klären und zu sortieren, Wesentliches von Unwesentlichem zu trennen. Wir Menschen sind nur ein kleines Rädchen im Weltgetriebe – das wird mir klar, wenn ich eine jahrhundertealte Eiche betrachte. Was könnte sie wohl erzählen … Manche Leute reisen nach Indien, um zur Ruhe zu kommen, um ihre Mitte zu finden. Es entspricht auch dem Zeitgeist, ins Kloster zum Meditieren zu gehen. Ich finde meine Mitte in der Natur. Der Wind, der über mein Gesicht streicht, wehte auch schon vor zweitausend Jahren, als die Römer unweit im Teutoburger Wald gegen Arminius, den Cherusker, kämpften – die Endlichkeit des menschlichen Seins wird mir bewusst. Auf einmal nehme ich mich nicht mehr so wichtig. Glücklichsein beginnt im Kopf. Es ist meine Entscheidung, das Innenleben nicht von äußeren Umständen abhängig zu machen. Ich bin sehr froh, dass ich den Blick für die kleinen Dinge des Lebens behalten habe und mich daran erfreuen kann. An einer schönen Blume, einem Sonnenuntergang am Meer, dem Anblick riesiger Berge, dem Lächeln eines Menschen, einem vertrauten Gespräch.

Die prägenden Jahre: Schule und Pfadfinderzeit

Der Tag meiner Einschulung war ein schwerer Tag. Ängste marterten mich: Ich musste mich zum ersten Mal von meiner Mutter trennen, fühlte mich schutzlos und preisgegeben. Ich weiß noch genau, wie bang ich in der ersten Reihe saß und zu der Lehrerin hochguckte. Frau Verhoff war schon etwas älter und ein absoluter Glücksfall für mich, sie ging so mütterlich und warmherzig mit uns Erstklässlern um, dass ich schnell meine Ängste verlor. Ich bekam mehr Zutrauen zu mir selbst und wurde dann das kleine Strahlemädchen, das es einfach mit den Lehrern hatte, weil es ihre Herzen gewann.

Später, als ich schon längst in Gütersloh wohnte und diese Lehrerin pensioniert war, sah ich sie zufällig an einer Bushaltestelle stehen, als ich mit dem Auto vorüberfuhr. Ich hielt an und nahm sie ein Stückchen mit. Sie hatte mich kaum erkannt. Wir sprachen über die frühen Jahre, und ich dankte ihr für ihre Zugewandtheit und Güte, die mir als Schulkind viel Geborgenheit und Hilfe gegeben hatten.

In Erinnerung geblieben ist mir, dass ich fast immer als Letzte und meistens mit offener Schultasche in die Schule kam. Auch meine Aufgaben, zum Beispiel Auswendiglernen, machte ich lieber morgens um vier oder fünf Uhr vor Schulbeginn als am Tag vorher. Dann war ich gut. Deutsch und Geschichte fand ich spannend und interessant, Mathematik war nicht mein Fach. Auch Sport nicht. Geräteturnen zum Beispiel war mir verhasst, weil ich Angst hatte und auch zu schwach war. Erst später, durch die veränderten Lebensumstände, wurde ich so sportlich, wie ich es heute bin.

Fazit meiner Schulzeit ist die Erkenntnis, dass nicht unbedingt die besten Schüler die Garantie auf den größten Erfolg im Leben hatten. Und auch manch schönes Mädchen aus meiner Schule ist einen schweren Lebensweg gegangen. Ich glaube, dass für den Lebenserfolg ganz andere Eigenschaften entscheidend sind als nur Schönheit, Wissen oder erstklassige Studienabschlüsse. Die Bereitschaft, sich anzustrengen, zum Beispiel ist ganz wichtig, und die logisch-rationale Intelligenz muss gepaart sein mit emotionaler Intelligenz. Und natürlich auch mit Ausdauer, Disziplin, Energie und Durchsetzungsvermögen. Herz und Gefühl spielen ebenfalls eine Rolle: die Fähigkeit, auf Menschen zuzugehen, sie für sich zu gewinnen und neue Ideen zu vermitteln. Selbstmotivation, Intuition, Kreativität und Teamfähigkeit – das sind Eigenschaften, die im neuen Jahrtausend zählen werden.

Je älter ich wurde, desto mehr zeigte sich mein quirliges Temperament. Meine Neugierde trat immer stärker hervor. Alles interessierte mich. Schickte meine Mutter mich los, Besorgungen zu machen, entdeckte ich unterwegs so viel Interessantes und Neues, plauderte mit diesem und jenen, dass ich viel zu spät wieder heimkam.

Um meine Abenteuerlust und Impulsivität zu kanalisieren, meldete sie mich bei den katholischen Pfadfindern an. Mit sechs Jahren wurde ich »Wichtel«.

Das war eine fabelhafte Schule für mich. Ich lernte das Gemeinschaftsleben in Jugendherbergen. Bis heute begleiten mich wunderschöne Erinnerungen an Lagerfeuer, Sternfahrten in der Nacht, Schlafen im Stroh in irgendwelchen Hütten oder auch im Freien, gemeinsames Singen und Kochen mit den Herbergseltern, Waschen mit kaltem Wasser – »einfaches Leben pur«, das heute für zivilisationsmüde Menschen von Reiseveranstaltern für viel Geld als Abenteuertour verkauft wird. Besonders aufregend waren Nachtwanderungen ohne Taschenlampe beim Schein des Mondes und lange Fahrradtouren, bei denen ich immer die Letzte, weil eben die Schmächtigste war. Niemand schalt mich deshalb oder wurde ungeduldig mit mir. Im Gegenteil, man wartete und nahm Rücksicht auf die Schwächeren.

Insofern war das Pfadfinderleben ein Erziehungsprogramm für junge Menschen, das den Charakter bildete. Man war aufeinander angewiesen, wenn man gemeinsam auf Fahrt ging. Zelt aufbauen, Feuer machen mit nur einem Streichholz, Kochen, Abwaschen – jeder tat etwas für die Gemeinschaft. Keiner konnte ausscheren oder Sonderwünsche verlangen. Das hätte das ganze Gefüge gestört. Damit wuchs eine gesellschaftliche Tugend in uns heran, die anderswo kaum noch gelehrt und gelernt wird: Verantwortung für andere zu übernehmen.

In der Gruppe fühlte ich mich geborgen. Ich musste aber auch lernen, Eigeninteressen zu Gunsten der Gruppe zurückzustellen. Da hieß es manchmal ganz schön die Zähne zusammenzubeißen und die Tränen zurückzuhalten. Als ich dann älter war, teilte ich mir mit einer Kameradin die Führung einer Mädchengruppe. Das machte mir großen Spaß. Man musste Vorbild sein für die kleinen »Wichtel« und gleichzeitig auch auf sie aufpassen. Schließlich hatte man die Verantwortung für die Kleinen. Übrigens: Die Wander- und Fahrtenlieder, die ich damals gelernt habe, kann ich heute noch. Ich habe sie auch meinen Kindern beigebracht. Den Text meines Lieblingsliedes »Gedanken sind frei« habe ich gerahmt in meinem Büro stehen.

Und noch etwas habe ich dabei gelernt: Jeden Tag eine gute Tat – das Pfadfindermotto. Ich habe es bis heute verinnerlicht. Und wenn es nur ein Lächeln ist, das ich einem Menschen schenke – aber ich schenke es ihm und gehe nicht achtlos vorüber.

Als meine Kinder klein waren, suchte ich übrigens für sie Pfadfindergruppen. Allerdings wurden zu dieser Zeit, als Folge der »68er-Bewegung«, die Pfadfinder mit ihrer Gemeinschaftsdisziplin und strengen Organisation in die konservative Ecke gestellt. Ich fand keine Gruppe für meine Kinder. In den letzten Jahren haben die Pfadfinder offenbar wieder mehr Zulauf bekommen; Eltern suchen heute dort für ihre Kinder fernab von der übersättigten Konsumgesellschaft Naturverbundenheit und Abenteuer –

eine Erlebnispädagogik, die sie ihnen in der Stadt nicht bieten können.

Dreißig Millionen Pfadfinder gibt es inzwischen weltweit. Das hätte sich der Begründer der Bewegung, der englische General Baden-Powell, 1907 nicht träumen lassen. Viele Prominente waren übrigens Pfadfinder – fast alle US-Präsidenten und in Deutschland der Ministerpräsident von Nordrhein-Westfalen, Wolfgang Clement, Ex-Arbeitsminister Norbert Blüm, auch Entertainer Thomas Gottschalk sowie Christiane Herzog, die verstorbene Ehefrau des früheren Bundespräsidenten Roman Herzog.

Aufwachsen in einer Kleinstadt – Traditionen und Werte

Wiedenbrück hatte in meiner Kindheit circa achttausend Einwohner. Die Anfänge der Stadt gehen bis ins 12. Jahrhundert zurück. Der Grundriss der mittelalterlichen Stadt ist bis heute erhalten. Straßen mit Kopfsteinpflaster bilden ein engmaschiges Netz um Markt- und Kirchplatz. Giebelständige Ackerbürgerhäuser prägen das Stadtbild: Es gibt zweiundvierzig mit Inschriften und Datum versehene Ackerbürgerhäuser, die zwischen 1500 und 1850 gebaut wurden und die heute wunderschön restauriert sind. Ihre mit geschnitzten, bunt bemalten Ornamenten geschmückten Fassaden zeigen Formen der Renaissance, des Barock und des Klassizismus. Die großen Einfahrtstore der Ackerbürgerhäuser zeugen von der großen Bedeutung, die die Landwirtschaft einst für die Stadt hatte. Wiedenbrück blieb über lange Jahrhunderte hinweg katholisch, erst im 19. Jahrhundert konnte sich eine evangelische Gemeinde etablieren.

Man kannte einander damals in der kleinen Stadt. Uns Kindern gab das ein Gefühl von Schutz und Sicherheit, überall war man gern gesehen, keiner konnte verloren gehen. Ich mochte das. Gern tobten wir durch die engen mittelalterlichen Gassen. Ein bevorzugter Wettstreit war auch der Versuch, die erhaltenen deutschen und lateinischen Inschriften an den Häusern zu entziffern.

Auf der Rückseite des 1619 erbauten Rathauses zum Beispiel findet man die zum Teil erhaltene lateinische Inschrift: »... die Kriege sind das Ende. Der Friede ist Mutter von allem, der Hüter der Dinge ... kein Vergnügen, keine Liebe, kein Werk der Religion. Friede lässt die Zeiten sich erneuern, Friede bringt goldene Zeiten, und er hat die Sitten der strengen Einfachheit.«

Mich hat es als Kind sehr fasziniert, dass dort die Worte und Gedanken unserer Vorfahren verewigt waren. Es gab mir eine Ahnung von gelebter Geschichte. Was würden wir dereinst an unsere Nachfahren weitergeben?

Wiedenbrück hat sich seinen Charme bis heute bewahrt. Unter den Bürgern herrscht ein gutes Zusammengehörigkeitsgefühl, sie sind stolz auf ihre Stadt. Zum alljährlichen stimmungsvollen Weihnachtsmarkt auf dem Kirchplatz gehe ich heute noch gern, trinke dort Punsch mit alten Freunden und plaudere über frühere Zeiten.

Meine Erziehung war katholisch geprägt. Morgens um sieben Uhr vor der Schule mussten wir Kinder immer zur Andacht, an Weihnachten um fünf Uhr morgens zur Kirche. Ich erinnere mich, wie jämmerlich ich fror. Es war ja noch nicht geheizt zu Hause, und in der Kirche war es auch bitterkalt.

Zu Hause beteten wir Kinder reihum bei Tisch. Mein Gebet war immer sehr kurz: »Für Speis und Trank sag ich dir Dank. Amen.« Zu längerem Gebet hatte ich keine Lust.

Die alljährliche Fronleichnamsprozession dagegen gefiel mir. Das war ein schöner Brauch. Die Kinder gingen schulklassenweise in die Wiesen, pflückten Margeriten und Wiesenschaumkraut, die Erwachsenen schnitten Pfingstrosen in ihren Gärten. Damit wurden die Altäre in der Hauptstraße geschmückt. Ich habe heute noch den Geruch der frisch abgehackten kleinen Maibäume in der Nase, die entlang der Straße aufgestellt wurden und sie wie eine Allee erscheinen ließen. Wir Mädchen trugen weiße, mit Spitzen verzierte Kleider und durften Kniestrümpfe oder Söckchen anziehen. Aus kleinen Henkelkörbchen streuten wir Blumen auf die Straßen. Die Menschen kamen aus ihren Häusern und schlossen sich der Prozession zum Kirchplatz an. Dort sangen sie: »Großer Gott, wir loben dich.« Es war alles sehr feierlich und berührte mich sehr.

Es war eigentlich eine schöne Tradition, sie vermittelte Menschen ein Gemeinschaftserlebnis. Aber auch andere Bräuche oder gesellschaftliche Ereignisse außer den kirchlichen – zum Beispiel Schützenfeste, Gesangsvereine oder auch Familienfeste – sind für mich positiv besetzte Traditionen. Sie geben den Menschen ein Wertegerüst, vermitteln Mitmenschlichkeit, Zusammenhalt und Geborgenheit. Ich finde, diese Traditionen sollten wir uns erhalten und nicht über Bord werfen. Sie sind ein Stück Kulturgut. Menschen ohne Traditionen leben gleichsam geschichtslos, wie im luftleeren Raum. Es ist, als seien sie von ihren Wurzeln abgeschnitten. Für mich sind meine Erinnerungen an diese Traditionen sehr schön. Es war eine kleine Welt für sich. Aber sie gab mir ein festes Fundament. Psychologen sagen, dass so etwas für Kinder sehr wichtig ist, um später eine eigenständige, in sich ruhende Persönlichkeit zu entwickeln. Laut meiner heutigen Erfahrung stammen viele erfolgreiche Manager und Unternehmer aus einem Umfeld mit solch stabilen Strukturen.

Ich erinnere mich auch besonders gern an die Weihnachtszeit. Es war eine Zeit der Erwartung und der Freude. Wie oft haben wir Kinder mit meiner Mutter zusammen Plätzchen gebacken und sie hinterher bei heißem Kräutertee und Kerzenlicht verzehrt. Dabei sangen wir Weihnachtslieder, bastelten selbst den Christbaumschmuck. Unsere Mutter sprach dann über die Bedeutung des Weihnachtsfestes, das daran erinnern soll, dass die Menschen mit all ihren Fehlern Hilfe brauchen und ihnen Vergebung durch Liebe geschenkt wurde.

Mein schönstes Weihnachtsgeschenk war eine selbst gemachte Puppe, die meine Mutter für mich aus Stoffresten gefertigt hatte. Später war ich stolz, als ich eine »richtige« Puppe mit einem Porzellankopf und einer Wiege geschenkt bekam.

Mein Taschengeld verdiente ich mir schon früh selbst. Ich trug den »Dom« aus, das war eine katholische Zeitung. Das habe ich gern gemacht. Alle Leute kannten mich, und immer ergab sich eine kurze Unterhaltung an der Haustür. Ich hatte keine Scheu und keine Ängste, sondern war sehr kommunikativ. Da ich so ein fröhliches Strahlekind war, bekam ich auch immer ein kleines Trinkgeld. So lernte ich, wie positiv Menschen auf Freundlichkeit reagieren, getreu dem Sprichwort »Wie es in den Wald hineinruft, so schallt es heraus.«

Abenteuerlust

Als ich etwas älter war und schon gut lesen konnte, wurde ich eine richtige Leseratte. Ich verschlang alle Bücher, die ich bekommen konnte: »Heidi«, »Die Schatzinsel«, »Onkel Toms Hütte«, auch die Werke von Karl May, Mark Twain, Jules Verne. Abenteuergeschichten liebte ich besonders. Sie weckten meine Neugierde. Ferne Welten interessierten mich – wie sieht eine Kokosnuss aus, wie ist es in Brasilien, wie gefährlich sind Krokodile, wie leben Missionare, wie Indianer? Das wollte ich alles einmal selbst kennen lernen, nahm ich mir insgeheim vor.

Doch zuerst wollte ich Deutschland erkunden. Dazu hatte ich Gelegenheit, als ich mit meiner Cousine eine Radtour machte. Ich war vierzehn, sehr neugierig und sehr abenteuerlustig. Mein Vater hatte es organisiert, dass ein bekannter Spediteur uns mit dem Lastwagen nach Würzburg mitnahm, und von dort sollten wir mit dem Fahrrad nach Wiedenbrück zurückfahren. Da wir beide erfahrene Pfadfinderinnen waren, hatten wir unsere Zelte dabei und etwas Proviant in den Satteltaschen.

Ich erinnere mich genau, als uns der Freund unseres Vaters an der Straße absetzte. Nach Norden ging es Richtung Heimat, doch in die andere Richtung ging es nach Rothenburg ob der Tauber. Von diesem romantischen Städtchen hatten wir schon viel gehört. Warum sollten wir uns nicht erst Rothenburg anschauen, bevor wir heimfuhren? So radelten wir los.

Rothenburg gefiel uns gut, aber es gab dort ein Hinweisschild nach München. Warum sollten wir nicht noch nach München fahren? Es wäre doch schön, wenn wir München kennen lernten, schlug ich vor. Wir hatten Glück, ein Lastwagenfahrer nahm uns mit nach München. Ja, und von dort ging's dann an die oberbayerischen Seen, von da aus mit einem Lastwagen nach Hamburg und sogar mit dem Schiff »Bunte Kuh« nach Helgoland – die Fahrräder immer im Gepäck.

So ließen wir uns durch Deutschland fahren, machten Station, wo es uns gefiel. Wir fanden es herrlich, waren aber so vorsichtig, dass wir uns die Lastwagenfahrer genau anschauten, bevor sie uns mitnahmen. Einer hatte seine beiden Kinder dabei – er erschien uns als besonders vertrauenswürdig. Die Kinder saßen vorn bei ihm im Führerhaus, wir schliefen hinten auf der Ladefläche. Unseren Eltern schrieben wir Ansichtskarten. Sie fielen aus allen Wolken über unsere Reiseroute. Nach drei Wochen waren wir wieder zu Hause, völlig verdreckt – aber glücklich über das Abenteuer. Wie froh und erleichtert waren unsere Eltern, dass wir wieder heil nach Hause gekommen waren. Erst in diesem Moment wurde uns bewusst, wie viele Sorgen wir ihnen bereitet hatten, und es tat uns aufrichtig Leid. Aber unsere Neugier und Abenteuerlust hatten alle Bedenken beiseite geschoben – wie das bei Jugendlichen so oft geschieht.

Diese Reise hatte in mir den Wunsch entstehen lassen, eines Tages die enge Welt von Wiedenbrück hinter mir zu lassen. Ich wollte mehr sehen, mehr erleben.

Ich hatte die feste Absicht, aus meinem Leben etwas zu machen. Wie und was, das wusste ich nicht genau. Von einer Karriere träumte ich nicht, eher von einem guten Arbeitsplatz, einem netten Mann und vielen Kindern. Ich bin ein intuitiver Mensch. Und meine Intuition war mein Leben lang ein guter Kompass. Es war nicht so, dass ich Ziele bewusst angepeilt habe. Aber wenn sich Möglichkeiten ergaben, dann war ich hellwach, sie zu erkennen und zu ergreifen. Dann entwickelte ich viel Entschlusskraft. Ich war stets gern mit Menschen zusammen, die anders waren als ich. Die vom Leben etwas wussten, die eine andere Bildung hatten, von denen ich lernen konnte.

Es hat immer Bruchstellen in meinem Leben gegeben; ich würde sie als Zustand plötzlicher Klarheit und Erkenntnis bezeichnen. Ein solches Schlüsselerlebnis war für mich damals die Begegnung mit einer Studentengruppe. Ich erkannte, dass sie die Chance hatten, aus ihrem Leben etwas zu machen. Das wollte ich auch. Ich wusste aber auch, dass man sich die Chance dazu erarbeiten muss, sie fliegt einem nicht zu. Man muss sich schon sehr anstrengen.

Und ich wollte eine Chance!

Die erste Begegnung

Noch heute wundere ich mich über die Courage, die ich bewies, als ich mich bei Bertelsmann vorstellte. Das hat eine Vorgeschichte: Meine Mutter hatte mir eine Lehrstelle bei einem Zahnarzt als Helferin besorgt. Damals, in den Fünfzigerjahren war man – wie heute – froh, wenn man einen Ausbildungsplatz bekam. Ich trat die Stelle an. Doch es gefiel mir nicht. Ich hatte etwas anderes im Kopf. Eine Freundin arbeitete bei Bertelsmann, und das erschien mir wesentlich interessanter und ausbaufähiger.

Also bewarb ich mich – ohne meine Mutter einzuweihen – bei Bertelsmann. Zum Vorstellungsgespräch in der Vertriebsstelle des Buchclubs zog ich meine beste weiße Bluse an. Damals liebte ich weiße Blusen. Sie wirkten immer so gepflegt, und man sah darin frisch und sauber aus.

Die drei Kilometer von Wiedenbrück zur Vertriebsgeschäftsstelle in Rheda bin ich gelaufen. Als ich mit Frau Ehrmann sprach – sie war damals für das Personal zuständig –, war ich sehr nervös. Sie war eine Frau mit großem Einfühlungsvermögen, und ich glaube, ich gefiel ihr auf Anhieb. So gab sie mir einen Ausbildungsplatz. Ihr Mann war übrigens Geschäftsführer der Vertriebsstelle.

Nach diesem Gespräch hätte ich die ganze Welt umarmen können, so stolz war ich. Irgendwie hatte ich eine Ahnung, dass das Leben noch Überraschungen für mich bereithielt.

Sechs Wochen später fand das alljährliche Betriebsfest statt. Ich musste mit meinen Eltern darüber diskutieren, ob ich überhaupt dorthin gehen durfte, denn mit siebzehn Jahren war man noch nicht volljährig. Es war eine andere Erziehung damals, ich durfte noch nicht abends ausgehen. Nach langem Hin und Her gaben sie mir Ausgang bis zweiundzwanzig Uhr.

Ich erinnere mich noch genau an diesen Abend. Ich saß in einer Schar von jungen Mädchen, die alle Auszubildende waren. Ich fand mich hübsch in dem neuen weißen Wollkleid, das meine Mutter mir genäht hatte. Ich sah Reinhard Mohn inmitten einer Gruppe von Menschen hereinkommen, die ich nicht kannte. Ich war neugierig auf ihn. Wie die anderen Mädchen reckte ich den Hals nach ihm. Ich fand, dass er eine starke Ausstrahlung hatte. Seine Haltung war sehr aufrecht, ein kleines Lächeln umspielte seinen Mund. Ich fand ihn sehr charismatisch.

Als er dann ausgerechnet mich aus dieser Mädchenschar zum Tanzen aufforderte, war ich völlig überrascht. Wir tanzten einen Walzer. An unser Gespräch erinnere ich mich nicht mehr genau, ich schätze, es war der übliche Smalltalk. Aber ich weiß, dass ich sehr überrascht war, wie offen und charmant er war. Bei dem Spiel »Eine Reise nach Jerusalem« blieben wir beide übrig und kämpften um den letzten Stuhl. Er gewann das Spiel.

Ich merkte, dass wir uns gut verstanden. Wir feierten bis in den Morgen. Um fünf Uhr in der Früh brachte er mich nach Hause. Ich erinnere mich noch, dass uns die Polizei ein Weilchen verfolgte, weil er zu schnell fuhr. Meine Mutter erwartete mich an der Haustür. Sie hatte die ganze Nacht nicht geschlafen, weil ich nicht um zweiundzwanzig Uhr zu Hause war. Es tat mir Leid um ihre Sorgen, das ist bis heute so. Aber ich war jung, offen für alles Neue und wollte so viel erleben.

Auf die Frage, warum er gerade mich aus dieser Schar junger Mädchen aussuchte, sagte mein Mann später augenzwinkernd: »Es war gute Personalarbeit.«

Unsere Begegnung war ein Zufall – sage ich immer. Mein Mann sieht es mystischer – er glaubt eher an Bestimmung. Von dem Tag an war für mich nichts mehr so, wie es vorher war …

Später wurde daraus eine glückliche Ehe und Lebensgemeinschaft. Eine große Liebe – Hand in Hand!

2. Frauenleben

Ich musste schnell erwachsen werden.

Mit dreiundzwanzig Jahren bekam ich unser erstes Kind, Brigitte. Zwei Jahre später kam Christoph, danach Andreas. Mit achtundzwanzig war ich Mutter von drei Kindern, für die ich die Verantwortung trug. Ich hätte gern noch ein viertes Kind bekommen, aber das ging leider nicht, weil ich nach der letzten Schwangerschaft an einem akuten Nierenversagen erkrankt war. Wir hatten sogar überlegt, ein viertes Kind zu adoptieren. Ich fand es schön, viele Kinder zu haben. Das war ich von meinem Elternhaus gewöhnt.

Als junger Mensch macht man sich noch nicht so viele Gedanken darüber, dem Leben einen klaren Sinn zu geben. Man folgt eigentlich mehr unbewusst den Traditionen und Prägungen durch die Eltern. Meine Generation wurde dazu erzogen, eine Familie zu gründen. Und natürlich gehörten schon deshalb Kinder für mich zu einem erfüllten Leben. Das war für mich selbstverständlich.

Heute – mit meiner jetzigen Lebenserfahrung – weiß ich, wie stark unsere Kinder unser Leben bereichern und formen. Jedes Paar hat heute die freie Entscheidung, ob es mit oder ohne Kinder leben will. Ich finde es schade, wenn Frauen keine Kinder haben wollen oder keine bekommen können. Es entgehen ihnen viele Fassetten eines Frauenlebens. Die Mutterliebe ist nicht automatisch bei Geburt eines Kindes vorhanden, sie muss sich entwickeln, sie muss wachsen. Mutterliebe ist selbstlos. Eine Mutter gibt ihre Liebe und Fürsorge dem schutzlosen Kind, nicht um etwas zurückzubekommen, sondern um dieses Kind zu behüten, zu beschützen und ihm den Weg ins Leben zu ebnen. Es dahin zu führen, dass es ein guter Mensch wird. Ein Lächeln, eine Umarmung, emotionale Nähe und das Vertrauen eines Kindes sind das größte

Geschenk für eine Mutter – immaterielle Werte, die mit keinem Geld der Welt aufzuwiegen sind.

Dieses zu erleben und zu erfahren wünsche ich jeder Frau. Durch ihre Kinder entwickelt eine Frau sich weiter, ihre Kinder bilden gleichsam einen Spiegel für sie, ihre Persönlichkeit steht jeden Tag auf dem Prüfstand. Eine Mutter darf sich nicht gehen lassen, muss versuchen, ein Vorbild zu sein. So bringen auch ihre Kinder sie menschlich weiter. Ich möchte diese Erfahrung nicht missen. Mutter sein ist eine große Chance zu persönlichem Wachstum und Reifung.

Erich Fromm schreibt in seinem Buch »Die Kunst des Liebens« über die Mutterliebe: »Die Mutterliebe ist ihrer Natur nach eine Ungleichheitsbeziehung, bei welcher der eine Teil alle Hilfe braucht und der andere sie gibt. Wegen dieses altruistischen, selbstlosen Charakters gilt die Mutterliebe als die höchste Art der Liebe und als heiligste aller emotionalen Bindungen.«

Jedes Kind ist einzigartig. Jede Mutter auch. Ihr Herz kennt Antworten, die nicht in Büchern stehen. Wer ist eine gute Mutter? War ich es? Das können eigentlich nur meine Kinder beantworten. Wenn sie heute noch meine Nähe suchen, mich um Rat fragen, mich regelmäßig besuchen, dann ist das sicher der Beweis, dass ich meine Sache recht gut gemacht habe. Dass wir Vertrauen zueinander haben. Dass wir – trotz manchmal unterschiedlicher Standpunkte – eine Einheit als Familie sind. Es macht mich glücklich und zufrieden.

Ich habe inzwischen sehr viel von der Welt gesehen und die unterschiedlichsten Kulturen mit ihren unterschiedlichen Religionen kennen gelernt. Allen Religionen ist eines gemeinsam – die Menschen suchen Halt und Trost in ihrem Glauben. Es ist gut für den, der glauben kann. Ich hege da eher starke Zweifel. Ich weiß aber, wenn es denn ein Weiterleben für uns gibt, dann in unseren Kindern. In ihnen leben wir weiter, auch wenn wir längst gestorben sind. Wir bleiben in ihren Erinnerungen, in ihren Gesprächen und Gedanken und in ihren Genen, die sie von uns geerbt haben.

»Wer im Gedächtnis seiner Lieben lebt, der ist nicht tot, der ist nur fern. Tot ist nur, wer vergessen wird«, sagt der große deutsche Philosoph Immanuel Kant. Er drückt genau das aus, was ich empfinde und denke.

Bei all meinen Aufgaben, die ich hatte und habe: Mein Mann und meine Kinder waren und sind immer das Wichtigste in meinem Leben. Die Kinder sind inzwischen erwachsen und gehen ihre eigenen Wege. Zwei Kinder arbeiten im Unternehmen, der Jüngste studierte Jura und Betriebswirtschaft. Ich bin glücklich über jede Stunde, die wir zusammen verbringen. Wenn ich diese jungen Menschen und besonders meine Tochter mit ihrem fröhlichen Lächeln zum Beispiel aus dem Flugzeug steigen und über das Rollfeld auf mich zukommen sehe, treten mir auch mal Tränen in die Augen. So gerührt bin ich dann und gleichzeitig so glücklich und stolz.

Ich hatte ein sehr erfülltes Leben als junge Mutter. Nie hätte ich damals im Traum daran gedacht, eine eigene Karriere zu verfolgen. Ich lebte ein typisches Frauenleben. Die Kinder waren klein, ich hatte Freundinnen mit ebenfalls kleinen Kindern. Wir trafen uns häufig, hatten uns viel zu erzählen und unternahmen viel gemeinsam. Auch meine Schwester kam jeden Tag mit ihren zwei Kindern. Es war immer viel Trubel und Leben in unserem Haus.

Wann immer es ging, versuchte mein Mann abends bei uns zu sein, wenn die Kinder ins Bett gingen. Dann hatten wir eine halbe Stunde »Kinderzeit« – er spielte mit den Kindern, erzählte Geschichten, denn das kann er ganz wunderbar. Er war ein richtiger »Kindermann«. Das glaubt kaum jemand, der ihn nicht so erlebt hat. Auch wenn ich ihn mit den Kindern in der Firma besuchte, ließ er alles stehen und liegen, nahm sie auf den Schoß und erzählte ihnen selbst erdachte Geschichten. Der größte Spaß war, wenn er mit ihnen Papierschwalben faltete und sie über die Brüstung ins Foyer fliegen ließ.

Eine schwere Prüfung

Über allem aber lag eine große Belastung. Unsere Tochter Brigitte – wir nannten sie »Gitte« – war sehr krank. Sie hatte Asthma. Sie bekam diese Krankheit als Baby im Alter von vier Monaten. Wie oft ich in Krankenhausfluren gesessen und bang gewartet habe, wie viele Nächte ich an ihrem Bett gewacht habe, vermag ich nicht zu sagen. Bis zu sechsmal im Jahr hatte sie Lungenentzündung. Sie hat fast zwei Jahre in Kliniken verbracht und konnte nicht zur Schule gehen. Bis sie zwölf Jahre alt war, habe ich viele Nächte nicht geschlafen. Das ging bis an die Grenzen der Belastbarkeit und der Lebenskraft. Die ganze Familie litt unter diesen schweren Jahren.

Wir reisten viel in südliche Länder, weil das Klima dem Kind gut tat. Ich habe nachts mit Gitte am Strand geschlafen, damit sie besser Luft bekam. Ich erinnere mich an einen Urlaub auf Gran Canaria. Gitte war sieben. Eines Tages sah ich, dass ihre Fingernägel schwarz waren. Fassungslos starrte ich auf ihre Finger. Was geschah mit meinem Kind? Es sei das Cortison, das ihre Fingernägel schwarz werden ließ, sagte mir ein Arzt.

Als wir wieder zu Hause waren, bekam Gitte eine Lungenentzündung. Da lag das kleine Mädchen mit geschlossenen Augen, es hatte hohes Fieber, die Lippen waren blau, und es röchelte bei jedem Atemzug. Stundenlang saß ich an Gittes Bett, machte ihr kühle Wadenwickel, strich über ihre heiße Stirn, hielt ihre Hand, gab ihr zu trinken. Das Fieber ging nicht herunter. Ich war verzweifelt. Warum musste sie so leiden? Panische Angst schlich in mein Herz. Sollte ich dieses Kind verlieren? Ich betrachtete ihr blasses Kindergesicht, das so angestrengt, fast durchsichtig aussah – ohnmächtig und hilflos fühlte ich mich in diesen Stunden. Ich dachte daran, mit wie viel Freude und Bewunderung ich sie nach der Geburt in meinen Armen gehalten hatte. Eine Ewigkeit lag zwischen damals und heute. Nein, es durfte nicht sein. Ich musste kämpfen – für sie, für uns alle.

Dies war wieder so ein Moment in meinem Leben, in dem mir

ungeahnte Kräfte zuwuchsen. Ich erinnere, dass ich innerlich eine enorme Stärke und Gewissheit spürte, als mir in meiner großen Sorge ein altes Hausrezept meiner Mutter einfiel. Ich setzte das fiebernde Kind in die Badewanne, ließ immer heißeres Wasser zulaufen, so heiß, wie sie es aushalten konnte. Ich tat Senfkörner hinzu. Dann nahm ich sie heraus und begoss sie mit einem eiskalten Wasserstrahl. Vor Schreck schrie sie ganz furchtbar – sie sollte schreien, es gehörte zu dieser Behandlung. Es irritierte mich nicht. Ich wollte, dass sie überlebte. Das war das Einzige, was zählte, und ich war felsenfest überzeugt, sie würde es schaffen. Ich wickelte sie in Baumwolltücher und eine Kamelhaardecke ein, weil sie schwitzen sollte. So habe ich sie ins Bett gepackt, stundenlang ihre Hand gehalten, ihr den Schweiß von der Stirn gewischt und die feuchten Betttücher gewechselt. Nach und nach wurde ihre Atmung ruhiger, ihre Lippen wieder normal durchblutet. Nach vier Stunden war das Fieber auf 37 Grad gesunken. Sie hatte die Krise überstanden.

Dieses Erlebnis ist mir unvergesslich. Es war ein Glücksfall, sagten mir später die Ärzte, denn nur bei sehr robuster Konstitution kann man ein hoch fieberndes Kind in heißes Badewasser setzen. Doch meine Intuition hatte mir in diesem Moment gesagt, es sei das Richtige; ich war überzeugt von dem gewesen, was ich tat. Es sind seltene Momente im Leben, in denen die Überzeugung einem eine solche Kraft verleiht, das Richtige zu tun. Das Schicksal gab mir Recht. Gitte überlebte.

Wir haben gemeinsam gekämpft all die Jahre. Das Kind war wunderbar. Wenn ich verzweifelt war, lächelte Brigitte mich an. Sie hatte einen ganz starken Lebenswillen und war gleichzeitig von einer sehr zerbrechlichen Schönheit, die mich rührte. Wir haben uns gegenseitig Mut gemacht, manchmal genügte nur ein Blick in die Augen oder ein Händedruck – und wir wussten beide: Sie wird die Krankheit überstehen. Diese schwierige Zeit machte mir bewusst, wie stark das Band der Liebe zwischen Mutter und Kind sein kann.

Seitdem weiß ich, dass man in solchen Situationen seine mentale Kraft auf Kranke übertragen kann. Ich habe dieses geheimnisvolle Seelenband – gleichsam eine Energie, die sich durch Schwingungen überträgt – auch später bemerkt, wenn ich Schlaganfallpatienten im Krankenhaus besuchte. Wie viel Trost kann man durch Zuwendung spenden, wie viel Hilfestellung kann man durch seelischen Beistand geben. Es ist die Kraft der Liebe, die aus dem Mitgefühl kommt. Sie kann den Heilungsprozess beeinflussen.

Was ich in meinen jungen Jahren intuitiv gespürt habe, wird heute übrigens auch durch Studien bestätigt: Bei einer Untersuchung der renommierten Duke-Universität in den USA hatten Herzpatienten, in deren Gegenwart gebetet wurde, eine doppelt so gute Sauerstoffversorgung wie Kranke ohne Fürbitte. Es ist der Beweis: Egal, ob man für Kranke betet oder ihnen die Hand hält und ihnen damit Kraft und Zuversicht gibt – Zuwendung in jeder Form stärkt die seelischen Kräfte, die die Heilung begünstigen. Körper und Seele sind eine Einheit – das glaube ich heute.

Die Erfahrung mit Gittes Krankheit hat meinen persönlichen Entwicklungsprozess sehr beeinflusst. Ich hinterfragte meinen Glauben. Wie konnte Gott es zulassen, dass dieses kleine Menschenkind so leiden musste? Bei meinen Krankenhausbesuchen sah ich auch die Leiden anderer Kinder. Zum Beispiel solche, die Leukämie hatten und dem Tod geweiht waren. Es machte mich traurig und hilflos. Ich zweifelte sehr an dem Glauben, der meine Kindheit geprägt hatte; ich zweifelte, ob es einen Gott gibt. Und auch heute noch fällt es mir schwer, an Gottes Allgütigkeit und Allmacht zu glauben. Kriege, Folter und Leid auf unserer Welt lassen mich weiterhin daran zweifeln.

So belastend diese Erfahrung war, so barg sie auch etwas Positives: Ich registrierte, dass ich Kraft und Stärke für eigenständige Entscheidungen hatte. Ich besaß Tatkraft für schnelles Handeln, ich konnte mit meiner Hilfe etwas bewegen! Meine Tatkraft und mein Einsatz hatten Erfolg. Ich bekam meine Tochter durch – heute ist sie eine leistungsfähige, fröhliche junge Frau. Ich empfand und empfinde darüber eine tiefe Dankbarkeit.

Ich habe auch heute noch ein sehr enges Verhältnis zu meiner

Tochter, das vielleicht in mancher Hinsicht dem von mir zu meiner Mutter gleicht. Wir telefonieren täglich, seit sie nicht mehr in Gütersloh wohnt. Selbst über tausende von Kilometern hinweg bemerkt sie sofort an meiner Stimme, wie ich mich fühle.

Allerdings weiß ich aus dem Freundeskreis, dass es auch komplizierte Mutter-Tochter-Beziehungen gibt, die durch Konkurrenzdenken beeinträchtigt sind. Bei uns gab es dies zum Glück nicht – was nicht heißt, dass wir nicht auch Meinungsverschiedenheiten hatten.

Bei der Rückschau fällt mir eine Episode ein, die mir einen großen Schrecken einjagte. Unser Sohn Chris – wir nannten ihn als Kind immer »Muscha«, weil er uns mit seinen kurzen hellen Stoppelhaaren an einen kleinen Kater erinnerte – hatte gesehen, dass Brigitte immer viele Medikamente bekam, er aber nicht. Offensichtlich fühlte er sich dadurch benachteiligt. Eines Nachmittags taumelten beide Kinder aus dem Kinderzimmer auf mich zu. Ich sah, dass sie den Medizinschrank ausgeräumt hatten und einige Medikamente eingenommen haben mussten. So schnell habe ich noch nie meine Kinder gepackt. Ich fuhr über rote Ampeln nach Bethel ins Kinderkrankenhaus zu Professor Müller, der Gitte sehr gut kannte. Ich hatte große Sorge, dass beide sich vergiftet hatten. Sofort wurde beiden der Magen ausgepumpt. Wieder einmal saß ich wartend auf einem Krankenhausflur – doch es ging auch diesmal gut.

Eine gute Erziehung

Mein Erziehungskonzept war sehr von meiner Erfahrung bei den Pfadfindern geprägt. Geradlinigkeit, Anstand und Fairness wollte ich meinen Kindern mitgeben. Schon als sie klein waren, sagte ich immer: Der gerade Weg ist der bessere, auch wenn's schwer fällt. So vermeidet man Lügen und Heimlichkeiten. Und ich gab ihnen auch das Pfadfindermotto mit auf ihren Weg: Jeden Tag eine gute Tat. Seid freundlich zu den Mitmenschen, macht auch kleine Geschenke, bastelt etwas. Wie viele Blumensträuße haben die Kinder gepflückt, wie viele Bilder gemalt und an unsere Freunde und Mitarbeiter verschenkt. Ich habe dies sehr unterstützt.

Meine Kinder sollten nicht überheblich werden, sondern jeden Menschen an seinem Platz respektieren. »Jeder ist ein Mosaikstein in unserer Gesellschaft«, sage ich immer. Wir sind bodenständig geblieben in der Familie – oberflächliches Jetset-Leben ohne Arbeit und Pflichten kam für uns nie in Frage. Das ganze Leben rundherum war kein Blumenstrauß, der immer nur blühte. Krankheiten und Sorgen haben uns begleitet, wie andere Menschen auch – davor schützen auch Geld und beruflicher Erfolg nicht. So blieben wir demütig und dankbar in unserer Familie. Man wird nie eine Persönlichkeit, wenn man nie geweint hat. Meine Kinder lernten das Leben in allen Fassetten kennen: Freude und schöne Stunden, aber auch Kummer und Leid. Mit einem Wort: eine ganz normale Familie.

Wie viele Menschen und Kinder in unserer Welt entbehren ein Dach über dem Kopf, ein warmes Bett und genügend zu essen. Wie viele erleben Krieg, Vertreibung, erleiden Verletzungen und furchtbare Krankheiten, werden unschuldig in elendige Verhältnisse hineingeboren. Wie viele Kinder sind chancenlos in unserer Welt, lernen nie schreiben und lesen, haben keine Möglichkeit, ihre Talente zu entwickeln, kämpfen tagtäglich nur um das nackte Überleben. Immer wieder habe ich meine Kinder darauf hingewiesen, wie gut es uns hier in Westeuropa geht. Sie sollten dankbar dafür sein, wenn sie morgens in ihrem sauberen weißen Bettchen aufwachten, ein warmes Zimmer hatten, mittags einen gedeckten Tisch vorfanden, in die Schule gehen und lernen durften, liebevolle und behütende Eltern hatten. Ich wünschte mir, dass sie unser privilegiertes Leben nicht als etwas Selbstverständliches ansahen, sondern es schätzen lernen sollten.

Das Taschengeld und die Unterstützung unserer Kinder während der Studentenzeit war recht knapp bemessen. Sie konnten keine großen Sprünge machen. Sie sollten erfahren, was es heißt, wie andere Leute mit wenig Geld auszukommen. Sie fuhren keine großen Autos und wohnten in bescheidenen Wohnungen. Es war uns immer wichtiger, die Kinder für ihren Weg ins Leben vorzubereiten. Sie sollten lernen, eigenständig und verantwortungsbewusst zu leben. Ihren Weg müssen sie selbst gehen. Dazu gehörte für uns Bescheidenheit als Tugend.

Ein großes Anliegen war mir die Befreiung der Kinder vom Beichtunterricht. Ich wollte nicht, dass meine Kinder mit neun Jahren beichten gehen. Man redet ihnen damit allzu schnell Schuldgefühle ein, obwohl sie noch nichts Schlechtes erfahren haben. Ich selbst habe das als Erwachsene wie eine Gehirnwäsche empfunden. Was sollen dann erst Neunjährige beichten? Sie sind doch noch keine Sünder. Was ist denn wirklich eine Sünde? Wenn sie vielleicht einen Radiergummi stiebitzt, heimlich genascht oder sich selbst berührt hatten? Manche Kinder haben, um überhaupt etwas erzählen zu können, »Sünden« für die Beichte erfunden. Das ist für mich Erziehung zum Mogeln, zum Lügen. Das wollte ich für meine Kinder nicht. Ich wollte sie nicht den Dogmen der Kirche ausliefern. Sie sollten sehr wohl die Ethik der christlichen Religion kennen lernen – aber ohne Beichte. Und das ist mir gelungen, nachdem ich mit den Pastoren gesprochen habe.

Ich bin nicht gegen die Religion. Ganz im Gegenteil, die Menschen in ihrer unvollkommenen Wesensart brauchen ethische Grundlagen, nach denen sie ihr Leben ausrichten. Wo eine Religion menschenfreundlich ist, gibt sie einen Sinnhorizont im Leben und im Sterben sowie eine geistige Heimat. Wenn Gläubige in der Lage sind, an die transzendente Verheißung der christlichen Lehre zu glauben, so befürworte ich dieses. Es ist eine große Hilfe für sie.

Allerdings kann ich viele Dogmen der Institution Kirche nicht gutheißen, dazu gehört auch die Beichte der katholischen Kirche sowie der Umgang mit der Sexualität – vieles basiert auf Angst. Alte Strukturen müssten aufgebrochen, unserer Zeit angepasst werden. Gäben die Kirchen wieder mehr konkrete Hilfestellung, wären die Predigten lebensnäher, böten sie den Seelen der Menschen mehr Zuflucht. Dann würden die Kirchen auch wieder voller werden.

Ich glaube an die Macht der Liebe. Liebe, Verstehen und Verzeihen der christlichen Lehre weisen den Weg zur Mitmenschlichkeit. Es ist so einfach, Liebe zu zeigen. Liebe ist Freundlichkeit, ist Entgegenkommen, ist Aufmerksamkeit, ist Zuhören, ist Zuwendung. Liebe ist für uns das Licht und der Trost des Lebens. Liebe macht sehend und einsehend, sie respektiert die Grenzen des anderen, sie gibt aber auch großzügig Hilfe und Trost, ohne an den eigenen Nutzen zu denken. Liebe überwindet Grenzen, schafft Nähe und Vertrauen. Nur die Liebe macht unser Leben einzigartig und sinnvoll. Ohne Sinn bleibt das Leben hohl, der Geist unzufrieden und ruhelos.

Ich habe mich für den Weg der Liebe und des Mitgefühls entschieden.

Neben der christlichen Ethik habe ich mich viele Jahre mit der Morallehre des Konfuzius, eines der großen Weisen Chinas, beschäftigt. Es spricht mich an, dass die Philosophie des Konfuzius auf den Menschen und auf das praktische Leben ausgerichtet ist. Richtschnur des Handelns ist wie im Christentum die goldene Regel: »Was du nicht willst, das man dir tu, das füg auch keinem anderen zu.« Die angestrebte Veredelung des Charakters, die Selbstbeherrschung, die Höflichkeit, die Rücksichtnahme auf den Mitmenschen, das Maßvolle im Denken und Handeln spricht mich sehr an. Güte vergilt der Edle mit Güte, Schlechtigkeit begegnet er mit Gerechtigkeit. Zentrales Anliegen ist die Verwurzelung des Einzelnen, der Familie, des Staates, in der Moral der Menschlichkeit, die sich in den fünf Kardinaltugenden – der gegenseitigen Liebe, der Rechtschaffenheit, der Weisheit, der Sittlichkeit und der Aufrichtigkeit – verwirklicht. Wenn jeder in diesem Sinne an sich selbst arbeitet, kommt es der Gemeinschaft zugute: Der Staat funktioniert, und die Regierenden werden zu Vorbildern.

Ob die Zehn Gebote des christlichen Glaubens oder die Morallehre von Konfuzius unser Lebensgerüst bilden – ich meine, dass ein Bruchteil des angestrebten moralischen Verhaltens gut täte, um den grassierenden Egoismus in unserer westlichen Gesellschaft zu überwinden. Das bedeutet, aufeinander zuzugehen und wieder zu lernen, in der Gemeinschaft zu leben.

Wenn wir einander mehr Achtung, mehr Mitgefühl, mehr Aufmerksamkeit schenkten, ginge es uns in Familie, Staat und Gesellschaft besser. Menschlichkeit hält eine Gesellschaft zusammen. Ohne Menschlichkeit ist unsere westliche Zivilisation nicht überlebensfähig, sondern fiele zurück in die Barbarei.

Vorbild sein und Grenzen setzen

Trotz meiner Natürlichkeit und fröhlichen Art hatte ich als junger Mensch manchmal Hemmungen. Es kostete mich große Überwindung, in eine Runde fremder Leute zu treten; zum Beispiel wenn ich meinen Mann freitagabends in der Firma besuchte und er im Kreis seiner Mitarbeiter noch ein Glas trank. Mir klopfte das Herz bis zum Hals, und ich fühlte mich in solchen Momenten unsicher. Erst durch Training und inneres Wachstum habe ich gelernt, Ängste zu überwinden und allmählich sicherer auf andere Menschen zuzugehen. Es war harte Arbeit an mir selbst. Auch hier half mir mein Durchhaltevermögen – ich probierte es immer wieder, auf Fremde zuzugehen, ein kleines Gespräch anzufangen. Man muss auch mal den Mut zum Fehler haben – *nobody is perfect*. Beim nächsten Mal klappt es eben besser. Es gibt immer wieder eine Chance, neu anzufangen – das ist meine Devise. Ich bin eine Kämpferin.

Heute finde ich Zugang zu allen Menschen, unabhängig von ihrer Herkunft und sozialen Stellung: Ich unterhalte mich mit Vorstandsvorsitzenden und Pförtnern, mit Königinnen und Verkäuferinnen, mit Staatspräsidenten und Professoren gleichermaßen. Dabei hilft mir die Erinnerung an meine eigenen früheren Unsicherheiten. Ich weiß, wie dankbar die Menschen für ein freundliches Entgegenkommen sind. So gelingt es mir, die Empfindung menschlicher Nähe herzustellen. Ich habe keine Berührungsängste vor Menschen – auch nicht vor Patienten im Krankenbett. Das merke ich bei meinen Besuchen von Schlaganfallstationen, bei Selbsthilfegruppentreffen, das stelle ich fest im täglichen Umgang mit Mitarbeitern und Mitstreitern bei meinen Projekten.

Dazu gehört Mitgefühl. Eine wunderbare Mitgift meiner Mutter, die offensichtlich in den Genen liegt, die ich mir aber vor allem durch ihr Vorbild aneignete.

Der amerikanische Psychologe Daniel Goleman beschreibt in seinem Buch »Emotionale Intelligenz« sehr treffend, wie wichtig Mitgefühl und Einfühlungsvermögen im täglichen Leben sind. Er meint, der psychische Kontakt zum anderen, der jeder mitmenschlichen Regung zu Grunde liege, beruhe auf der Fähigkeit zu erkennen, was ein anderer empfinde. Diese Fähigkeit sei in vielen Bereichen wichtig und erfolgreich anwendbar: im Verkauf wie im Management, in der Liebesbeziehung wie in der Kinderbetreuung, im Mitgefühl für das Leid anderer und auch im politischen Handeln. Das Unvermögen, Gefühle anderer wahrzunehmen, sei ein großer Mangel an emotionaler Intelligenz und ein tragisches Defizit an Menschlichkeit. Um die Gefühle eines anderen zu erfassen, müsse man nonverbale Zeichen zu deuten wissen: den Klang der Stimme, den Gesichtsausdruck, die Körperhaltung, verräterisches Zittern der Hände etc. Dazu gehöre Sensibilität und Einfühlungsvermögen. Wie Recht er hat. Ist man in der Lage, die Gefühle anderer Menschen wahrzunehmen, wird der Kontakt zu ihnen einfacher und erfüllter.

Ich wollte meinen Kindern die Hemmungen, die ich in meiner Jugend hatte, ersparen. Viele junge Leute sind ja speziell in der Pubertät unsicher und etwas schüchtern. So habe ich unsere Kinder bewusst schon in jungen Jahren eingebunden, wenn wir Gesellschaften zu Hause gaben. Sie halfen beim Tischdecken und bei der Begrüßung der Gäste. Sie haben die Gäste fotografiert oder auch mal chauffiert. Wenn mein Sohn nach dem Essen fragte: »Herr von Karajan, darf ich Sie fotografieren?«, konnte dieser nicht ablehnen. Für meinen Sohn war es ein kleiner Erfolg. Und wenn der andere Sohn Herrn von Karajan zum Hotel chauffierte, konnte er nicht stumm wie ein Fisch am Lenkrad sitzen. Er musste schon eine kleine Unterhaltung beginnen. Keine Angst vor prominenten und bekannten Persönlichkeiten – das lernten meine Kinder auf diese selbstverständliche Art. Oder wenn wir auf Reisen im Ausland waren, schickten wir sie schon mal in den Hotelshop, um kleine Besorgungen zu erledigen. Sie mussten dann mit der fremden Währung und auch der fremden Sprache zurechtkommen.

Wir haben unsere Kinder mit viel Liebe und Verständnis erzogen, ihnen aber auch Grenzen gesetzt. Als unsere Tochter im Alter von fünfzehn Jahren ein Moped haben wollte, haben wir kategorisch Nein gesagt. Wir hatten so viel über Mopedunfälle gehört, dass uns so etwas zu gefährlich war. Es ist in der Kindererziehung ganz wichtig, auch mal Nein sagen zu können. Ja sagen ist viel bequemer, Nein sagen kostet Nerven. Das weiß ich aus eigener Erfahrung. Man muss aber manchmal aus Liebe und Sorge um sein Kind Nein sagen.

Es gab bei uns viele Gespräche und Diskussionen. Manchmal, wenn es kein Ende nahm, habe ich die Debatten auch abgebrochen. Es schien mir dann genug. Kinder haben noch nicht die Lebenserfahrung wie wir Erwachsenen, also können sie manches nicht einsehen. Deshalb darf man sich als Eltern nicht in langen Debatten tyrannisieren lassen, sonst können Gespräche in einem bösen Streit enden.

Wenn unsere Kinder trotzig waren und schrien, bekamen sie erst mal einen nassen Waschlappen zu spüren. Vor Schreck hörten die Trotzreaktionen sofort auf. So gingen unsere Eltern früher mit uns um, und ich habe es übernommen. Ich würde das heute auch noch tun. Es ist eine wirksame Methode, Kinder zur Vernunft zu bringen. Es tut nicht weh und verletzt die Seele nicht.

Allerdings wäre ich mit meinem jetzigen Wissen über das Wesen eines Kindes heute geduldiger im Umgang mit ihnen. Ich würde heute einem Kind viel mehr erklären, ich würde es in den Arm nehmen und sagen: »Du musst gar nicht schreien, ich verstehe deinen Kummer.«

Eltern werden bei der Erziehung nicht immer alles richtig machen. Sicherlich habe auch ich Fehler gemacht. Das tut mir heute sehr Leid. Erziehen muss man lernen. Man sollte jedoch, wenn die Kinder älter sind, darüber sprechen und Fehler eingestehen. Niemand ist vollkommen – auch Eltern nicht –, das ist eine ganz wichtige Botschaft, die sie dann mitnehmen. Aber auch dieses: zu seinen Fehlern stehen, sie erkennen und sich dazu bekennen können. Das ist eine Lehre für alle Lebensbereiche. Schließlich sollen Eltern Vorbild sein.

Man kann nicht jedes Kind gleich erziehen. Jedes Kind hat eine andere Persönlichkeit. Das eine muss angeschubst, das andere gebremst werden. Die Begabungen sind unterschiedlich – das eine ist musisch, das andere mehr rational veranlagt. Das sollten Eltern erfassen. Und man sollte ihre Talente fördern: Unsere drei Kinder konnten zum Beispiel gut malen. Ich habe ihnen Anleitung und Unterricht von einem Maler geben lassen. Es hat ihnen großen Spaß gemacht, sie waren begeistert. Ihre Kreativität wurde stimuliert, sie »schufen« etwas, sie hatten Erfolgserlebnisse. Es machte sie zufrieden und ausgeglichen. Ihre »Werke« hingen in der Küche, im Esszimmer oder im Schlafzimmer. Ich bewahre sie heute noch auf.

Um ein weiteres Beispiel anzuführen: Unser Sohn Christoph bekam eine Autorennbahn, die er aufbaute, ohne überhaupt eine Anleitung zu lesen. Er hatte schon als kleiner Junge eine außergewöhnliche Begabung für technische Dinge, und wir haben ihn immer darin bestärkt.

Aber meine Kinder hatten auch ein ausgeprägtes kaufmännisches Interesse: Als sie Schlüsselblumen im Wald oder am Wegesrand gepflückt hatten, machten sie einen »Stand« an der Straße auf und verkauften sie. Mit dem Erlös kamen sie strahlend nach Hause.

Vor allem sollte man Respekt vor der Persönlichkeit des Kindes haben und es nicht nach seinen eigenen Erwartungen formen wollen. Ich weiß aus eigener Erfahrung, dass dies allen Eltern ungeheuer schwer fällt.

Wenn ich heute junge Mütter beobachte, finde ich viele zu unvorbereitet für die Erziehungsaufgabe. Auch ich hätte besser vorbereitet sein können, denke ich, wenn ich so zurückblicke. Was könnte wichtiger sein, als ein junges Menschenwesen auf das immer komplizierter werdende Leben in unserer Gesellschaft vorzubereiten? Von unseren Kindern hängt unsere Zukunft ab.

Tagtäglich lesen wir Horrormeldungen über zunehmende Jugendkriminalität und Verrohung. Eine von zahlreichen Ursachen dieses Fehlverhaltens ist für mich die seelische Verwahrlosung und Lieblosigkeit einer allzu freiheitlichen Erziehung ohne Grenzen und Vorbilder. Vielen Kindern fehlt Geborgenheit.

Eltern sind in unserer schnelllebigen Zeit mit ihren vielfältigen Aufgaben überfordert und verunsichert. Sie wissen nicht mehr, wo sie Grenzen setzen sollen, wo sie großzügig sein können. Offensichtlich sind uns die Instinkte für das Aufziehen des Nachwuchses verloren gegangen. Kinder muss man auch mit dem Herzen sehen.

Erziehung ist auf jeden Fall eine hohe Kunst, die darin besteht, dass man den Kindern sowohl klare Grenzen aufzeigt als auch ihre Kräfte und Fähigkeiten fördert. Erziehung ist Führung, Hilfe, Stützfunktion auf dem Weg in die Selbstständigkeit und Lebenstüchtigkeit. Dazu gehören Zeit, Nerven und Kraft, Liebe und Wärme, aber auch psychologisches Gespür. Viele Eltern haben diese Qualitäten nicht in ausreichendem Maß, oder aber die Aufgabe ist ihnen zu mühsam. Erziehung kann eigentlich nur jemand vermitteln, der einen gewissen Halt hat und weiß, zu welchem Ziel die Erziehung führen soll.

Unsere Kultur basiert auf der Achtung vor der menschlichen Persönlichkeit, dem christlich geprägten Verständnis von Liebe und Toleranz, der Mitverantwortung für die Gemeinschaft, der Akzeptanz der Rechtsordnung.

In der Kleinfamilie kommt die Bedeutung des Vorbildes für die Erziehung immer mehr abhanden. Eltern, die abwesend sind, können kein Vorbild mehr sein. Vorbilder sind für Lernende motivierender und leichter zu vermitteln als bloße Erziehungsgrundsätze. Moralisches Wissen wird von Kindern anhand von Vorbildern aufgebaut. Kinder brauchen feste Bezugspersonen, die sich ihrer annehmen. Aber leider haben viele gestresste Eltern weder die Geduld noch die Nerven, sich nach Feierabend mit ihrem Nachwuchs zu beschäftigen. Familien, Vereine, Nachbarschaft sind brüchiger geworden. Viele kümmern sich zu wenig um ihre Kinder, weil sie egoistischer geworden sind und oftmals die eigenen Interessen über die der Kinder stellen.

Darüber hinaus wird die Vermittlung von Umgangsformen vernachlässigt. Das fängt beim fehlenden »Bitte« und »Danke« an und wird fortgesetzt mit rücksichtslosen egoistischem Verhalten: Wenn heute ein Jugendlicher in Bus und Bahn einem Älteren den Platz frei macht oder ihm die Tür aufhält, so sind das Verhaltensweisen, die man ausdrücklich loben sollte. Man beobachtet diese Form der Höflichkeit, die ja auch Achtung vor dem Alter ausdrückt, nur noch selten. Das finde ich sehr bedauerlich. Viele Lehrer stöhnen darüber, dass sie in der Schule nachholen müssen, was die Eltern zu Hause versäumt haben. Damit sind Schulen überfordert. Zwischenmenschliche Umgangsformen sind auch Gradmesser für den Zustand von Kultur und Gesellschaft eines Landes.

Früher gab die Großfamilie Geborgenheit und Sicherheit. Bei Abwesenheit der Eltern waren Geschwister, Großeltern, Tanten, Onkel, Cousinen, Vettern oder wer auch immer Ansprechpartner. Nie blieben die Kinder sich selbst überlassen oder einsam, so wie in der heute üblichen Lebensform der Kleinfamilien oder wenn Väter und Mütter allein erziehend sind. Gemeinschaftssinn und Beziehungsfähigkeit bleiben so auf der Strecke. Die Individualisierung schreitet fort. Diese Entwicklung ist verhängnisvoll. Was steht am Ende? Eine Gesellschaft gestörter, verängstigter Menschen? Wer fängt uns auf, wer hält uns die Hand, wenn wir in Not sind?

Gemeinschaftsfähigkeit muss in ihrer Bedeutung wieder erfasst und bereits in Elternhaus und Schule ausgebildet werden. Eine auf Partizipation und Autonomie ausgerichtete Demokratie verlangt das Erlernen von Konfliktbewältigung und Kompromissfähigkeit.

Gemeinschaftssinn

Die Bedingungen in unserer Gesellschaft sind zurzeit extrem schlecht, um die Gemeinschaftsfähigkeit zu diskutieren. Das ist nicht zuletzt eine gewollte Folge anderer Ziele im Bildungswesen – Individualisierung und falsch verstandener Selbstverwirklichung. Gemeinschaftsempfinden kommt im Lehrplan zu wenig vor. Wie ich aus dem Freundeskreis und auch von Mitarbeitern mit schulpflichtigen Kindern höre, können die Jugendlichen heutzutage kaum noch ein Gemeinschaftsgefühl in der Schule entwickeln. Der Konkurrenzdruck ist so groß, dass es zum Beispiel Hilfe und Unterstützung bei Arbeiten untereinander kaum noch gibt. Einen anderen abschreiben lässt kaum noch ein Schüler, habe ich mir sagen lassen, im Gegenteil, man baut regelrechte Schutzwälle aus Schultaschen auf, um dies zu verhindern. Nun will ich nicht dafür plädieren, dass Kinder voneinander abschreiben sollten. Aber diese Einzelkämpferhaltung scheint mir ein Indiz dafür zu sein, dass es den Kameradschaftsgeist von früher nicht mehr in den Schulen gibt. Jeder betrachtet den anderen als Konkurrenten bei der Schlacht um gute Noten, die den Zugang zu den Universitäten ermöglichen.

Ich habe mit zwanzig Experten lange über das Thema Erziehung gesprochen. Wir fragten: Wie entwickeln wir eigentlich Gemeinschaftsfähigkeit bei Kindern? Wir kamen alle zu demselben Schluss: Es ist das Wichtigste, was unsere Gesellschaft wieder lernen muss. Eigentlich müsste jeder Mitbürger spüren, wie dringend wir mehr Solidarität brauchen – zunehmende Rücksichtslosigkeit, Kriminalität, Ellbogengebrauch in allen Bereichen, Egoismus und fehlendes soziales Engagement zeigen diesen Mangel sehr deutlich. Es ist ein weiter Weg, bis wieder ein Umdenken von der Individualisierung zur Gemeinschaft stattfinden wird. Im Moment herrscht ein Zustand, in dem wir kaum noch gemeinschaftsfähig sind. Das bereitet mir große Sorge. Werden künftige Generationen eine Umkehr schaffen? Wir müssen Gemeinsinn, Solidarität und Zusammengehörigkeit erneut lernen, um den Herausforderungen der Zukunft gewachsen zu sein.

Unsere Kinder brauchen geistige Orientierung. Die so genannten »68er« bauten Autoritäten ab, brachen Strukturen auf, brachten sehr viel Freiheit. Aber inzwischen erkennen wir, dass Freiheit auch Verantwortung fordert. Die Freiheit des Einzelnen endet da, wo die Rechte des Mitmenschen tangiert sind. Kinder brauchen Grenzen. Darüber muss man reden können, ohne als autoritär zu gelten. Dazu gehört es, die Erziehungsziele der Zeit anzupassen und fortzuschreiben.

Kinder wollen und müssen gefordert werden. Die Erziehung muss dem jungen Menschen helfen, sich Ziele zu setzen, die sowohl seinen persönlichen Begabungen in Bezug auf den Beruf ansprechen als auch ihn befähigen, einen Beitrag zum Wohle der Allgemeinheit zu leisten. Die Schule sollte diesen Lernprozess durch Begegnungen mit der Praxis in Wirtschaft und Gesellschaft unterstützen.

Auch Strafen sind gerechtfertigt, wenn sie das Kind vor Fehlentwicklungen bewahren. Damit meine ich Einschränkungen oder Mehrarbeit, die Kinder oder junge Leute zum Nachdenken veranlassen. Als Erwachsene haben wir die Pflicht, Kinder zuweilen auch vor sich selbst zu schützen. Ich erinnere zum Beispiel, dass zwei meiner Kinder einmal in einem Hotel einen Papierkorb im Zimmer anzündeten. Sie waren – wie viele Kinder mit fünf und sieben Jahren – übermütig, so etwas passiert in vielen Familien. Es war das einzige Mal, dass meinem Mann die Hand ausrutschte – zu Recht, finde ich noch heute, hier musste eine Grenze gesetzt werden.

Auferlegte Strafen erfordern Konsequenz der Eltern – das ist vielen unbequem, weil es sie selbst einschränkt. Mir erzählte kürzlich ein junges Elternpaar, dass sie ihrem zehnjährigen Jungen an einem Samstag Stubenarrest gegeben hatten, weil er etwas ausgefressen hatte. Erst nachdem diese »Strafe« verkündet war, fiel ihnen ein, dass sie sich ja mit Freunden am Nachmittag zum Tennisspielen verabredet hatten. Diese Verabredung mussten sie nun absagen, um konsequent zu bleiben und den Stubenarrest zu überwachen. Wie gesagt, erziehen ist mühsam, manchmal unbequem und schränkt die eigenen persönlichen Bedürfnisse ein. Viele junge Eltern sind auf diese Tatsachen nicht vorbereitet.

Dennoch: Auch bei Problemen sollten Eltern ihren Kindern immer Nestwärme geben. Ein Kind einmal fest in den Arm zu nehmen, ihm Sachverhalte zu erklären und mit ihm zu diskutieren, bringt manchmal mehr als die x-te Strafpredigt.

All die aufgezeigten Gründe brachten mich auf die Idee: »Eltern werden« müsste ein Schulfach werden. Damit junge Leute besser auf die Vater- und Mutterrolle vorbereitet werden und lernen, besser mit Konflikten umzugehen.

Übrigens ist in England dieses Schulfach an einigen Schulen eingeführt worden. Auf ihre Erfahrungen in den nächsten Jahren bin ich gespannt. Vielleicht können wir davon profitieren.

Miteinander reden

Die Zeit als Hausfrau und Mutter war eine Zeit des Wachsens, des Reifens, des Bewusstwerdens. Mein Mann war mein Lehrmeister. Da ich durch mein häusliches Umfeld und das Schicksal meines Vaters keine Möglichkeit gehabt hatte zu studieren, bekam ich durch meinen Mann nun die einmalige Chance, alles nachzuholen. Sein Vorbild und der Dialog mit ihm waren für mich Schule, Lehre und Vorlesung zugleich. Ich lernte und lernte und lernte …

Er erzählte vom Aufbau seiner Firma, von seinen Problemen, wie er sie löste. Ich hörte zu. Er sprach von seinen Angestellten, über Führungstechniken. Ich hörte zu. Er sprach über Politik, Staat und Gesellschaft, legte seine Ansichten dar, analysierte, kritisierte. Ich hörte zu. Er sprach über Ethik und Moral. Ich hörte zu. Nie war er besserwisserisch, sondern erklärte geduldig, wenn ich Fragen hatte. So ging er übrigens auch mit unseren Kindern um. Er vermittelte mir eine unendliche Fülle von Wissen und praktischen Erfahrungen. Ich war in diesen Jahren wie ein Schwamm, der alles aufsog. Ich lernte kritisches Denken, lernte zu hinterfragen und zu analysieren.

Durch ihn, der bescheiden, fast asketisch lebte, regelmäßig Sport trieb, maßvoll aß und trank, lernte ich auf meinen Körper zu hören. Ich begann bewusster zu leben, Sport zu treiben. Die »Tugend des Maßhaltens« sei – wie er sagte – für ihn die wichtigste Erkenntnis des Griechischunterrichts gewesen. In der Ethik von Platon und Aristoteles heißt es: Nur durch Gleichgewicht und Mäßigung werde ich ein glücklicher oder »harmonischer« Mensch. Mein Mann lebte und lebt sehr diszipliniert nach dieser

Erkenntnis. Das gab er an mich weiter. Es war rundherum ein Wachstumsprozess.

Natürlich war er der Dominierende in unserer Beziehung, aber auch er, der zwanzig Jahre älter ist als ich, lernte etwas von mir. Wir waren sehr gegensätzlich: er eine Persönlichkeit, ein Denker, ein Philosoph. Ich dagegen jung und unbeschwert und lebensfroh, gerade der Obhut der Mutter entwachsen. Er hatte ein Unternehmen aufgebaut, war als junger Soldat im Krieg gewesen. Diese Männergeneration hatte schon in jungen Jahren traumatische Erlebnisse verarbeiten müssen. Ich dagegen hatte noch Träume.

Als Gruppenmensch liebte ich es, immer viele Freunde um mich herum zu haben. Er kannte dies nicht in dieser Form in seinem Leben. Ich brachte ihn mit neuen Menschen zusammen. Wenn wir in Urlaub fuhren, etwa nach Rhodos, gingen wir an einen Strand in einer Bucht, die dem Schauspieler Anthony Quinn gehörte. Anfangs waren wir dort allein, am Ende waren wir eine ganze Gruppe fröhlicher Menschen, die ich um uns herum versammelt hatte. Es gefiel uns sehr. Seitdem kamen immer mehr Freunde und Verwandte mit uns in den Urlaub. Häufig waren wir fünfzehn bis zwanzig Leute, die sich trafen und unbeschwerte Tage bei einem guten Glas Wein in ausgelassener Stimmung genossen. Dabei sangen wir viele Lieder aus meiner Pfadfinderzeit, die ich den anderen beigebracht hatte. Mein Mann, der auch gerne singt, beeindruckte mit seiner tollen Stimme. Oft habe ich zu ihm gesagt, er hätte auch ein Schallplattenstar werden können, wenn sein Leben anders verlaufen wäre. So verlebten wir beschwingte Urlaubstage in der Gemeinschaft.

Ich habe immer behauptet, ich sei der Schmetterling im Leben meines Mannes gewesen. Wie gesagt waren wir einerseits sehr gegensätzlich, in vieler Hinsicht jedoch auch ähnlich. Wir sind beide sportlich, sehr naturverbunden und erleben die Schönheiten der Natur sehr intensiv. Mit den Gegensätzen ist es manchmal schwierig; viele Ehepaare leben sich auseinander, resignieren. Sie wollen das Andersartige im Partner nicht akzeptieren oder zumindest nicht tolerieren. Ich finde es gut, den anderen als Ergänzung anzunehmen: Die Eigenschaften, die man selbst nicht hat, bringt der andere in die Partnerschaft ein. Von diesem Blickwinkel aus betrachtet können Wesensunterschiede eine Partnerschaft nur bereichern, statt sie zu stören. Dazu gehören in erster Linie Toleranz und eine großzügige Haltung. Wenn eine Partnerschaft so funktioniert, ist es das Schönste, was man miteinander erfahren kann.

Ich glaube, uns beiden ist Letzteres ganz gut gelungen. Wir sind seit langem ein eingespieltes Team und voller Dankbarkeit für unsere gute Partnerschaft.

Menschen, deren Seelen so verletzt werden, wie es bei den jungen Kriegsteilnehmern geschah, fällt es schwer, Gefühle zu äußern, Vertrauen zu schenken, Liebe zu geben. Lernen, über Gefühle zu sprechen, ist nicht leicht – aber man kann es schaffen, wenn man jemanden hat, der einen bei der Hand nimmt. Mir zum Beispiel fällt es überhaupt nicht schwer, über meine Gefühle zu sprechen, zu sagen »Ich liebe dich« – zu meinem Mann, zu meinen Kindern. Ich habe auch keine Angst vor Berührungen. Im Gegenteil, ich nehme gern mal jemanden in den Arm, streichle ihn oder halte seine Hand – auch mit Freunden oder Freundinnen, einfach als Zeichen der Verbundenheit.

Eine Partnerschaft erfordert immer einen Anpassungsprozess. Man muss aufeinander Rücksicht nehmen und genau hingucken, was dem anderen gut tut. Ich zum Beispiel musste lernen, meine Impulsivität zu zähmen, meinen Mann nicht mit Alltagsproblemen zu überfallen, wenn er abends müde nach Hause kam. Ich lernte, diplomatisch zu sein, auf den passenden Moment zu warten, um wichtige Fragen zu besprechen. Diplomatie ist eine wichtige Eigenschaft für Frauen und Männer. Sie erleichtert den Umgang mit dem Partner.

Dabei fällt mir eine Episode ein, die zeigt, wie ich die neu erlernte Diplomatie auch anwendete – während einer Reise nach Argentinien. Während mein Mann wichtige Gesprächstermine hatte, wollte ich ein wenig bummeln gehen, und mein Mann murmelte: »Kauf dir doch was Schönes.« Buenos Aires hatte sehr schöne Antiquitätenläden, ich sah sie mir sehr genau an … Am

Abend fragte mich mein Mann, als ich ohne etwas wieder auftauchte, ob ich denn nichts Schönes gefunden hätte. Ich schüttelte den Kopf. Am nächsten Morgen schenkte er mir ein Schmuckstück, das ich heute noch gern trage. Er meinte, ich sollte eine Erinnerung an unsere Reise haben. Sechs Wochen später, daheim in Gütersloh, staunte er nicht schlecht – vor unserem Haus wurden mehrere Antiquitäten abgeladen, die ich in Buenos Aires erworben hatte. Sie sollten eine Überraschung für ihn sein. Ich glaube, ähnliche Geschichten kann jede Ehefrau erzählen. Man muss Männer des Öfteren ein bisschen diplomatisch behandeln.

Während ich diplomatisch schweigen lernte, musste mein Mann lernen zu reden. Zum Beispiel zu sagen: »Das passt jetzt im Moment leider nicht, aber ich habe gern später Zeit für ein Gespräch mit dir.« Manchmal fällt so etwas nicht leicht, aber in diesen Situationen zu schweigen oder seine Empfindungen nicht zu äußern, wäre sehr belastend für einen Partner. Diese Lernprozesse gibt es in jeder Ehe.

»Lerne reden, damit andere Menschen dich verstehen«, forderte einmal ein Pfarrer in seiner Predigt, die ich im Radio hörte. Wie wahr! Die Kinder, der Partner, auch Freunde müssen lernen zu reden, damit Missverständnisse ausgeräumt werden können. Sonst verletzen sich zwei Menschen so sehr; über Tage, über Wochen steht Unausgesprochenes zwischen ihnen – was völlig unnötig ist. Man kann sich nicht in sich zurückziehen und schweigen. Wenn der andere nicht weiß, was er falsch gemacht hat, kann er sich nicht ändern oder verbessern.

Wenn ich lese, dass Eheleute durchschnittlich nur vier Minuten täglich miteinander sprechen würden, tut es mir sehr Leid für diese Paare. Mein Mann und ich stehen in ständigem Dialog. Wir sprechen jeden Morgen eine halbe Stunde bei einer Tasse Kaffee miteinander und – soweit möglich – jeden Abend beim Wein am Kamin ein bis zwei Stunden. Das sind unsere Fixpunkte, unsere Rituale. Wir sprechen über den Tag, die Erlebnisse des anderen, aber auch die Gedanken und Meinungen zu den Ereignissen in der Firma, und diskutieren aktuelle wirtschafts-, sozial- und gesellschaftspolitische Themen. Dabei haben wir eine stillschweigende Übereinkunft: Morgens besprechen wir Probleme, abends nur noch angenehme und neutrale Themen. Dies ist ein gutes Rezept, um schlaflose Nächte zu vermeiden.

Im Urlaub haben wir natürlich den ganzen Tag Zeit, miteinander zu reden; wir hören keine Musik, wir brauchen den Fernseher nicht, wir haben uns so vieles zu erzählen, uns gehen die Themen nicht aus. Wir diskutieren und sprechen über Menschen in unserem Umfeld, über Religion, unterschiedliche Kulturen, Politik, über unsere Kindheit, die Familie, Erlebtes und Erfahrenes – einfach alles, was uns beschäftigt. Und wir schreiben uns viel. Mein Mann hat in achtundvierzig Ordnern Briefe, Zettel, Notizen akribisch gesammelt, die wir uns gegenseitig geschrieben haben. Wenn ich von einer Reise komme, liegt manchmal eine Notiz meines Mannes auf dem Flügel. »Ich freue mich auf dich.« Komme ich spät von Veranstaltungen heim und sehe ihn nicht mehr, schreibt er: »Meine Gedanken sind bei dir.« Mitunter finde ich auch Faxe, die in Reimen abgefasst sind. Mein Mann hat eine große Begabung zum Reimen, es fällt ihm sehr leicht und bereitet ihm großes Vergnügen. Auch Freunde, Bekannte, Sekretärinnen und Haushälterinnen erhalten von ihm Nachrichten und Mitteilungen in Reimform. Außerdem kann mein Mann wunderschöne Briefe schreiben. Zu Geburtstagen, zu Weihnachten, zum Jahresende schreibt er mir und ich ihm. Es ist schön, in dieser Form an den Partner zu denken.

Ich höre es gern, wenn mein Mann sagt: »Ich möchte meine Frau begleiten, bis sie achtzig ist.« Er wäre dann hundert. Wir tun beide viel dafür, dass es uns gelingt.

Eine folgenschwere Entscheidung

Ich sprach schon von den Bruchstellen in meinem Leben. Es sind Momente der plötzlichen klaren Erkenntnis, die mich überfallen. Vieles trägt man lange unbewusst mich sich herum, ohne es zu registrieren. Urplötzlich rücken bis dahin unklare Gedanken und

Empfindungen ins Bewusstsein und werden zur klaren Erkenntnis. Auslöser sind meist Lappalien – eine kleine Bewegung des Gesprächspartners, die Tonlage seiner Stimme, die Art und Weise, wie er spricht. Ich nehme ihn nicht so wahr wie sonst, und er mich auch nicht. Mit der größeren Distanz ist der Blick auf einmal klarer und lässt neue Schlüsse zu.

Einen dieser Momente erlebte ich an einem Vormittag vor dreiundzwanzig Jahren. Er sollte mein Leben total verändern. Ich erinnere mich genau: Mein Mann saß bei mir, und wir tranken einen Kaffee zusammen. Das Haus war leer, wir waren allein, der Jüngste war gerade ein paar Wochen eingeschult. Mein Mann erzählte, woran er in der Firma gerade arbeitete. Eine normale Situation, wie sie viele Paare täglich – ob vormittags oder abends – erleben. Der Mann erzählt von seiner Arbeit, die Frau hört zu.

Doch an diesem Vormittag hörte ich nur mit halbem Ohr hin. Mein Mann verschwand wie hinter einer Nebelwand, seine Stimme schien weit weg. Nie zuvor war mir so stark bewusst geworden, dass wir in zwei verschiedenen Welten lebten. Ich erzählte von meinem Leben mit Haushalt und Kindern, er von seiner Arbeitswelt. So empfand ich die Kluft unseres Lebens zum damaligen Zeitpunkt.

Als er ging, spürte ich eine große Leere um mich herum. Ich erkannte, dass ich etwas dagegen unternehmen musste. Die Kinder in der Schule, der Haushalt von der Haushälterin versorgt – so blieb mir freie Zeit, die ich sinnvoller nutzen konnte. Ich wollte weder Bridge noch Golf oder Tennis spielen. Ich wollte nicht abendfüllend auf Partys herumstehen, sondern etwas Sinnvolles machen. In mir reifte der Entschluss: Ich wollte arbeiten. Ich wollte etwas leisten. Ich wollte zeigen, dass ich auch in der Arbeitswelt bestehen kann. Ich wollte die Arbeitswelt meines Mannes besser kennen lernen. Die Firma war sein Leben. Dieses Leben wollte ich mit ihm teilen.

Ich dachte daran, was ich über die Großmutter meines Mannes, Friederike Bertelsmann, gelesen und gehört hatte. Sie starb 1946 mit siebenundachtzig Jahren. Sie war die letzte geborene Bertelsmann. Sie war eine recht resolute Frau mit einem ausgeprägten sozialen Bewusstsein. Den Schichtarbeitern brachte sie bei Überstunden eigenhändig Kaffee und Butterbrote. Religion und Kirche spielten eine große Rolle für sie. In der Weihnachtszeit passierte es schon mal, dass die Bücher ausverkauft waren und nachgedruckt werden mussten. Ließen die Manager die Druckmaschinen auch sonntags laufen, stellte Friederike Bertelsmann die Maschinen kurzerhand mit Druck auf den Schalter aus. Sonntags hatte die Arbeit zu ruhen, meinte sie. Innerhalb der Firma hatte sie soziale und repräsentative Aufgaben übernommen.

Sie war in ihrer Persönlichkeit ein großes Vorbild für mich. Ich musste kein Geld für meinen Lebensunterhalt verdienen, also konnte ich meine Kraft in den Dienst für andere stellen.

Als ich meinem Mann wenig später meine Idee vortrug, reagierte er erstaunlich positiv. Er sagte nur: »Probier's mal.« Wer ihn gut kennt, weiß, dass dies bei ihm die höchste Form der Zustimmung bedeutet.

3. Erste Schritte ins Berufsleben

Meine erste Idee, was ich beruflich tun könne, hatte sehr viel mit meiner persönlichen Situation zu tun. Meine Intuition sagte mir, dass möglicherweise auch die Ehefrauen der Bertelsmann-Führungskräfte – ähnlich wie ich – wenig Informationen über die Berufswelt ihrer Männer hatten. Dagegen wollte ich etwas tun.

Ich halte es für sehr bedenklich, wenn Frauen nichts über die Arbeitswelt ihrer Männer wissen. Viele Männer verbringen mehr Zeit in der Firma oder im Büro als mit der Familie. Sie arbeiten mit Menschen zusammen, die die Ehefrau häufig nicht kennt. Interessiert sie sich nicht für das Berufsleben ihres Mannes, so bleibt ihr ein wichtiger Bereich seines Lebens verschlossen, denn viele Männer erzählen zu wenig von ihrem Beruf. Es besteht die Gefahr, dass man sich auseinander lebt.

So war es mein Einfall, den Damen in regelmäßigen Veranstaltungen Einblick in die Arbeitsbereiche ihrer Männer zu geben. Manager des Verlages hielten Vorträge zu bestimmten Sachthemen, anschließend hatten wir ein kleines Essen und lernten einander näher kennen. Mit rund vierzig Damen fing ich an.

Sie waren begeistert. Ich hatte mit meiner Idee die Türen geöffnet. Alle waren dankbar, dass ich die Initiative ergriffen hatte.

Wir sind heute noch eine Gemeinschaft von »Bertelsmännern«. Unsere Runde ist auf rund hundertvierzig Frauen angewachsen. Es sind langlebige Kontakte und sogar Freundschaften aus dieser Initiative entstanden. Seit langem unternehmen wir zusammen pro Jahr eine große Reise, für die ich jeweils ein interessantes Programm ausarbeiten lasse.

Vor zwei Jahren – 1998 – flogen wir nach Nepal und Indien. In Kathmandu, Neu-Delhi und Agra lernten wir zwei unterschiedliche Kulturen kennen, deren Besonderheiten uns ein sehr informierter indischer Reiseführer nahe brachte. Wir besuchten ein buddhistisches Kloster in Nepal, fuhren in Fahrradrikschas durch die Altstadt von Neu-Delhi, hatten ein Essen in der deutschen Botschaft, besuchten einige Tempel sowie die Verbrennungsstätte von Mahatma Gandhi. Gerade dieser Ort berührte mich sehr. Mit seinem gewaltlosen Widerstand zeigte Gandhi, welche Kraft der Mensch mit seinem Geist besitzt. Er wurde zum großen Vorbild in der ganzen Welt und auch für mich. Durch »Festhalten an der Wahrheit« wollte er den Gegner zur Einsicht in sein Fehlverhalten und zur Änderung seiner Handlungsweise bringen. Mit seiner Haltung und seiner Zivilcourage verhinderte er großes Blutvergießen im indischen Unabhängigkeitskampf. Es gibt nur wenige Menschen, die so viel innere Stärke besitzen.

Bei einem Essen in der deutschen Botschaft, zu dem wir in Neu-Delhi eingeladen waren, hörte ich von Sister Lilly, einer Nonne, die sich um indische Waisenkinder kümmert. Spontan verabredete ich sofort einen Besuch in dem Waisenhaus für den nächsten Tag. Wir Frauen waren sehr betroffen von den schweren Bedingungen, unter denen Sister Lilly arbeiten musste. Es fehlte vor allem an Kleidung für die Kleinen.

Nach unserer Rückkehr nach Gütersloh sammelten wir Kleidung für die Kinder und schickten sie nach Indien. Wir sammelten zudem Geld für das Waisenhaus. Noch heute haben wir Briefkontakt mit Sister Lilly, und sie berichtet uns, wie sie sich für »ihre« Kinder einsetzt.

Etwas ganz Besonderes suchten wir uns im Jahr 1999 aus: Wir flogen zusammen nach Japan und besuchten dort das Galakonzert der Asienvorauswahlen unseres Gesangwettbewerbs »Neue Stimmen«. Rund hundertfünfzig junge Künstler aus dem asiatischen Raum hatten sich dem Wettbewerb gestellt. Die Veranstaltung fand in dem Theater der japanischen Stadt Yokusaka statt. Yokusaka ist eine Bahnstunde von Tokio entfernt und hat etwa vierhunderttausend Einwohner. Vor achtzehnhundert Zuhörern hielt ich am Konzertabend eine Ansprache, in der ich auf die gemeinsame traurige Geschichte unserer beiden Völker einging: Beide

Länder hatten einen schlimmen Krieg zu erleiden, beide sorgten mit ihrer Arbeit danach für einen enormen Wirtschaftsaufschwung, beide erleben jetzt glücklicherweise eine lange Friedensperiode. Aber unzählige japanische wie deutsche Mütter und Frauen verloren ihre Söhne und Männer – Familienschicksale, die über alle Kulturen hinweg von den Menschen gleich empfunden werden. Die Japaner waren sehr bewegt. Ich hatte ihre Herzen berührt. Das spürte ich, als es einen Moment still war, nachdem ich meine Ansprache beendet hatte. Dann gab es herzlichen Beifall.

Es war eine hochinteressante Begegnung zweier Kulturen. Leider regnete es während der Tage unseres Aufenthalts ununterbrochen, es war stürmisch, fast wie bei einem Taifun. Die Regenschirme zerbrachen oder wehten davon. Doch unsere Gastgeber zogen nie Mäntel an. Ich habe es erst gar nicht verstanden, aber dann wurde mir gesagt: Es entspräche nicht der japanischen Höflichkeit gegenüber Gästen. Ich sehe die Männer noch vor mir in dem prasselnden Regen, die durchnässten Hosenbeine flatterten im Wind, die Jacketts tropfnass, weil die kleinen Damenschirme sie auch nicht genug schützten. Ich sagte ihnen, wie Leid es mir täte, dass sie so nass würden. Doch die Japaner lächelten nur und meinten in der ihnen eigenen höflichen Art: Es tut uns Leid, dass Sie bei uns so schlechtes Wetter erleben.

Im Zeitraffer konnten wir Frauen am nächsten Tag noch einen Blick auf Tokio und auf die alte Kaiserstadt Kioto werfen, bevor wir wieder nach Deutschland flogen. Es war eine kurze, aber höchst interessante Fünftagereise. Wir sahen und lernten viel.

Inzwischen ist der Damenkreis eine feste Größe in unserem Unternehmen. Wann immer es darum geht zu helfen, Spenden zu sammeln, sind die Damen zur Stelle. Für den Adventsbasar basteln sie Geschenke, kochen Marmelade, backen Plätzchen, verkaufen selbst gefertigte Stickereien und Seidenmalereien. Der Erlös kommt mal unserem Projekt gegen die Augenkrankheit Uveitis, mal anderen Projekten zugute. Dreizehn Damen arbeiten darüber hinaus unentgeltlich für die Stiftung Deutsche Schlaganfall-Hilfe. So Doris Lanninger – ihr Mann war leitender Angestellter bei Bertelsmann. Sie hat ehrenamtlich zwei bis drei Tage im Büro der Stiftung gearbeitet, Briefe geschrieben, Postsendungen vorbereitet, Anrufe entgegengenommen. Als ihr Mann eines Tages ein taubes Gefühl im Bein spürte, fuhr sie ihn sofort ins Krankenhaus. Sie wusste, dass es das erste Alarmzeichen für einen Schlaganfall sein kann. Sie hatte Recht – ihr Mann kam durch die frühe Hilfe glimpflich davon. Diese Geschichte zeigt, wie wichtig es ist, sein Leben lang offen für neues Wissen zu sein. Hätte Doris Lanninger sich nicht für die Stiftung interessiert und engagiert, wer weiß, ob ihr Mann so schnelle Hilfe erhalten hätte und heute gesund und voll arbeitsfähig wäre. Heute leitet sie zusammen mit ihrer Freundin Anette Harnischfeger eine Selbsthilfegruppe.

Auch Monika Abel arbeitet ehrenamtlich für die Bertelsmann Stiftung im Projekt »Uveitis«. Sie ist von Beruf Lehrerin, ihr Mann ist leitender Angestellter bei Bertelsmann. Frau Abel wählt Themen und Referenten aus, schreibt Protokolle von Selbsthilfegruppentreffen, kümmert sich um den Briefwechsel mit Ratsuchenden und steht selbst am Wochenende telefonisch für Betroffene zur Verfügung.

Besonders viel Spaß hat uns der »Modebasar« gemacht, den wir kürzlich für die Mitarbeiter veranstalteten. Diese Idee kam mir ganz spontan während eines unserer regelmäßigen Damentreffen. Wir sprachen über das typisch weibliche Problem, mitunter nichts Richtiges zum Anziehen zu haben, während der Kleiderschrank doch eigentlich voll ist. In der mir eigenen Art, sofort nach Lösungen für Probleme zu suchen, schlug ich einen »Kleiderverkauf« vor, den wir organisieren könnten. Alle waren begeistert.

Jede von uns befreite ihren Kleiderschrank von überflüssigen Stücken, die nicht mehr getragen wurden. Außerdem orderten wir aus den Textilfabriken, die in der Region Bielefeld zu Hause sind – Gerry Weber, Marc Aurel, Windsor, Brax, Jobis und viele andere –, überhängige Lagerware. Dazu Schuhe, Handtaschen und Modeschmuck. Wir veranstalteten im Foyer unserer Stiftung eine Modenschau für die Mitarbeiter – einige Damen von uns führten die schicksten Modelle vor. Dazu gab es Musik und Getränke. Und dann wurde verkauft. Beim Anprobieren und gegenseitigen Beraten hatten wir großen Spaß. Es war eine tolle Stimmung. Rund 30 000 Mark bekamen wir in die Kasse, die wir der Stiftung Deutsche Schlaganfall-Hilfe spendeten. Ich liebe solche Aktionen.

Der Erfolg des »Damenkreises« gab mir damals den Mut, mich nach weiteren Betätigungsfeldern umzuschauen. Ich schuf den Hilfsfonds »Bertelsmänner für Bertelsmänner«. Diesen Fonds gibt es heute noch. Er unterstützt unvermutet in Not geratene Mitarbeiter beziehungsweise deren Angehörige. Jeder »Bertelsmann« kann die Restpfennige seines Gehalts für diese Aktion spenden. Auch den Geburtstagsscheck in Höhe von zwanzig Mark, den jeder Angestellte bei uns erhält, spenden viele für diesen Fonds. Außerdem ließ ich im Foyer der Hauptverwaltung und der Stiftung rote Herzen aufstellen, in die Mitarbeiter oder Besucher Münzen einwerfen können. Mit den Einnahmen können wir diskret Hilfe leisten, zum Beispiel wurde eine Rentnerin entschuldet, deren Ehemann sich durch seine Alkoholsucht finanziell in Schwierigkeiten gebracht hatte; einer Mutter wurden die Unterkunftskosten während der Klinikbehandlung ihres Kindes bezahlt, damit sie bei ihm bleiben konnte; einer Witwe mit drei kleinen Kindern wurde nach dem Krebstod ihres Mannes das Familienheim erhalten, obwohl der Ehemann hohe Schulden hinterlassen hat; einer Mitarbeiterin mit kleinen Kindern, die aus der gemeinsamen Wohnung mit dem gewalttätigen Ehemann auszog, wurde die Wohnungseinrichtung vorfinanziert; den Eltern eines jungen Mitarbeiters, der einen Hirninfarkt erlitten hat und zur Rehabilitation in einer entfernten Klinik untergebracht ist, werden die wöchentlichen Besuchsreisen bezahlt, die eine ganz wichtige Unterstützung bei der Genesung des jungen Mannes sind. Die Eltern können diese Reisen nicht selbst bezahlen, da sie nur eine kleine Rente beziehen.

12 000 Mark hat der Fonds im letzten Jahr eingenommen. Natürlich könnte auch die Firma Hilfe leisten. Aber ich finde es besonders wichtig, dass es die Einrichtung »Bertelsmänner helfen Bertelsmännern« gibt, dass die Mitarbeiter, denen es gut geht, kleine Opfer bringen. Das stärkt die Gemeinschaft.

Aus Schicksalsschlägen lernen

Meine Berufstätigkeit nahm allmählich immer mehr Zeit in Anspruch. Ich sah mich als Lernende, und entsprechend verhielt ich mich – vorsichtig, diplomatisch versuchte ich meine Spontaneität ein bisschen zu lenken. Doch innerlich war ich hellwach und suchte nach neuen Aufgaben.

Ich überdachte mein Leben und erkannte, dass es immer wieder von Krankheiten überschattet war. Nicht nur meine Kinder waren häufig krank gewesen, sondern auch ich: Viele Monate lag ich als Siebenjährige in der Universitätsklinik Münster; ich litt an Darmblutungen, und kein Arzt fand die Ursache. Irgendwann hörte ich einen Arzt sagen: »Sie lebt höchstens noch sechs Wochen.« Den Schreck, den ich bekam, werde ich nie vergessen. Doch dann brachte meine Mutter mich ins Krankenhaus Warendorf, und dort fand eine alte Ordensschwester heraus, dass ich eine Fistel am Darm hatte. Ich wurde dann in der Kinderklinik Bethel operiert. Man brachte mich nicht auf der Kinderstation unter, sondern legte mich in ein Zimmer mit mehreren Frauen. Sie sollten aufpassen, dass ich in der ersten Zeit nach der Operation kein Wasser trank.

Die schwerste gesundheitliche Krise meines Lebens hatte ich vier Wochen nach der Geburt meines dritten Kindes. Ich bekam eine lebensbedrohliche Nierenvergiftung. Eine Niere arbeitete gar nicht mehr, die andere kaum noch, ich hatte Hautausschläge, eine grüne Zunge und Koliken, die wahnsinnige Schmerzen verursachten. Als mein Mann mich so in meinem Bett fand, ließ er mich sofort ins Krankenhaus bringen. Ich wurde operiert und lag vier Wochen in der Klinik. Bei meiner Rückkehr nach Hause wog ich nur noch vierundachtzig Pfund.

Diese Situationen hatten mir gezeigt, wie es ist, hilflos auf die Unterstützung anderer Menschen angewiesen zu sein. Es waren Momente, die ich nie vergaß, sie prägten mein ganzes Leben. Ich erfuhr hautnah, welch großes Geschenk es ist, Hilfe zu bekommen. Die Bedrohungen haben mir gezeigt, dass die Bäume im Leben nicht in den Himmel wachsen. Ich habe mir meine Menschlichkeit bewahrt. Viele Menschen sind mit ihrem Erfolg selbstsüchtig und herzlos geworden; blind gegen das Leid ihrer Mitmenschen, lassen sie andere nicht gelten. Ich dagegen bin gewachsen an den Prüfungen und Lasten, die das Schicksal mir auferlegt hat. Sie ließen mich nachsichtig mit den Schwächen anderer Menschen und hellhörig für ihre Not werden. Sie bewahrten mich davor, mein Leben oberflächlich zu vergeuden, wie es leider viele andere tun, denen es gut geht. In mir war und ist tiefe Dankbarkeit. Sie bewog und bewegt mich weiter, meine Kräfte für Bedürftige einzusetzen. Ich habe nicht vergessen, wie es ist, bescheiden leben zu müssen, zu wenig Wissen, Chancen und Möglichkeiten zu haben.

Auch für meine Kinder hatte ich in den vorangegangenen Jahren sehr viel Hilfe und Rat von Ärzten, von Krankenpflegern, von Freunden und Bekannten erhalten. Jeder gab mir Tipps, die außer der medikamentösen Behandlung von speziellen Rohkostdiäten bis zu Naturheilmitteln reichten. Viele nahmen Anteil an meinen Sorgen und Ängsten, gaben mir Trost. Sie halfen und unterstützten mich immer.

Ich habe ganz bewusst meinen Blick trainiert für die Dinge, die in meinem Leben erfreulich sind. Ich habe sehr viel Glück gehabt: Es war ein großartiges Geschenk, dass ich meinen Mann kennen gelernt habe, den ich liebe. Dass ich umgekehrt an seiner Seite Liebe erfahren durfte – viele Frauen haben dieses Glück nicht. Dass er mich selbstlos gefördert und unterstützt hat – viele Männer unterdrücken ihre Frauen und hindern sie so, etwas Eigenständiges zu leisten. Dass ich Kinder haben durfte und es mir gelungen ist, diese trotz gesundheitlicher Belastungen zu leistungsfähigen, lebensbejahenden jungen Menschen zu erziehen. Dass ich materielle Sicherheit habe – wie viele Menschen müssen tagtäglich um ihr Brot kämpfen und haben große existenzielle Sorgen. So viel Glück hat mich nicht hochmütig, sondern dankbar werden lassen.

Durch meinen Mann lernte ich die Gedanken der griechischen Philosophen kennen. Aristoteles war zum Beispiel der Meinung, der Mensch wird nur glücklich, wenn er alle seine Fähigkeiten und Möglichkeiten entfalten und benutzen kann.

Dies hatte ich selbst erfahren – ohne die Hilfe meines Mannes hätte ich wahrscheinlich nie entdecken können, welche Fähigkeiten in mir stecken. Man kann seine Talente nur finden durch Experimentieren, durch das Ausprobieren neuer Anforderungen, also durch Arbeit. Man muss sich selbst fordern und seine Kreativität entfalten. Unterforderung macht unglücklich.

Es ist meine tiefe Überzeugung, und ich empfinde es als Verpflichtung, dass die Starken sich um die Schwächeren kümmern können und auch sollen. Wer viel hat, kann andere unterstützen. Ich hatte und habe Zeit und Kraft. Ich kann und möchte helfen! Ich möchte weiterhin meinen Beitrag für die Gemeinschaft leisten. Das ist für mich soziale Verantwortung und gelebte Solidarität.

Die Bertelsmann Stiftung

Eine Gelegenheit dazu erhielt ich zusätzlich in der von meinem Mann 1977 gegründeten Bertelsmann Stiftung. Er war der Überzeugung, dass in unserem Land die Konsequenzen des entstehenden globalen Systemwettbewerbs nicht hinreichend beachtet werden. Die Bertelsmann Stiftung sollte sich deshalb darauf konzentrieren, Problemlösungen für die verschiedensten Bereiche unserer Gesellschaft und zugleich der Politik, Wirtschaft und Gesellschaft zu entwickeln und fortzuschreiben. Die Einbeziehung ausländischer Erkenntnisse und ein ausgewogenes Verhältnis von sowohl wissenschaftlicher als auch praktischer Erfahrung sollten dabei beachtet werden. Sie sollte als operative Stiftung arbeiten, die eigene Projekte entwickelt.

Seine Motive für die Gründung der Bertelsmann Stiftung hat mein Mann kürzlich noch einmal selbst dargelegt, so dass ich ihn hier zitieren möchte: »Unmittelbar nach dem Kriege musste ich unternehmerische Verantwortung übernehmen. Ich hatte daher weder Zeit noch Gelegenheit, ein Studium aufzunehmen. Als junger Unternehmer musste ich sehr rasch sehr viel lernen. Damals fand ich heraus, dass die beste Art des Lernens darin besteht, diejenigen zu fragen, die ihre Sache gut machen. Ich habe immer den Kontakt zu den Besten gesucht. Denn so lernt man nichts Überflüssiges. Vor allem hat man im Dialog mit Könnern die Möglichkeit, sich selbst zu korrigieren und sich weiterzuentwickeln. Dies gilt übrigens nicht nur für die unternehmerische, sondern auch für die stifterische Arbeit. – Die folgenden Jahrzehnte meiner beruflichen Tätigkeit waren dem Aufbau des Hauses Bertelsmann als Medienunternehmen gewidmet. Es war eine anstrengende, aber auch schöne Zeit voller Herausforderungen. Wenn man nun als Unternehmer gelernt hat, komplexe Aufgaben zu übernehmen, ein Unternehmen zu gestalten und täglich Problemlösungen zu entwickeln, blickt man auf die Ordnungsstrukturen von Gesellschaft, Staat und Politik mit anderen Augen. Es wird einem deutlich, dass in diesen öffentlichen Bereichen eine Führungssystematik vorherrscht, die den Erfordernissen der Zeit nicht angepasst ist.

Aus diesem Unbehagen, welches eigentlich jeder Bürger und jeder Demokrat empfinden muss, wenn die Gesellschaft nicht zufrieden stellend geordnet ist, erwuchs mein Wunsch, bei der Besserung der Dinge behilflich zu sein. Dabei ließ ich mich von der Verpflichtung leiten, in der jeder von uns gegenüber der Gemeinschaft steht. Dies führte vor nun dreiundzwanzig Jahren zur Gründung der Bertelsmann Stiftung.«

Unsere Zeit steht unter dem Zeichen eines umfassenden schnellen Wandels unserer Lebensbedingungen, der geprägt ist durch vermehrtes Wissen und neue technische Möglichkeiten. Menschen entwickeln dadurch höhere Ansprüche, andere Lebensgewohnheiten und neue Ziele. Kulturen zeichnen sich heute nicht mehr wie früher durch statische und stabile Lebensbedingungen aus, die auf Grund begrenzter Mobilität kaum externen Einflüssen ausgesetzt waren. Unsere Welt entwickelt sich zunehmend zu einem einheitlichen Lebensraum. Zusammenarbeit, aber auch globaler Wettbewerb sind Charakteristika unserer Epoche. Das verursacht dramatische Spannungen. Wir müssen neue Antworten finden auf die sich ändernden Verhältnisse einer Zeitenwende. Dabei wollen wir mit Projekten der Bertelsmann Stiftung helfen.

Seit über zwanzig Jahren arbeitet die Stiftung als »Reformwerkstatt«, die die gesellschaftliche Innovation vorantreiben will.

Zweck und Aufgaben der Stiftung sind unter anderem: die Förderung der Medienwissenschaft, insbesondere durch Maßnahmen zur Verbesserung von Kompetenz und Verantwortung in den Medien; die Erforschung und Entwicklung von innovativen Konzepten der Führung und Organisation in allen Bereichen der Wirtschaft und des Staates; die Förderung der internationalen Zusammenarbeit, insbesondere in den Bereichen Politik, Bildung und Kultur, durch Beratung sowie geeignete internationale Kooperationen; die Förderung der Aus- und Weiterbildung sowie der Systementwicklung in allen Bereichen des Bildungswesens; die Förderung gemeinnütziger Maßnahmen in der Arbeitswelt; die Förderung zeitgemäßer und wirkungsvoller Strukturen und Ordnungen in der Gesellschaft, in den internationalen Beziehungen, in den Medien, in der Medizin, in der Wirtschaft und in den Unternehmen, insbesondere durch Unterstützung von Forschungsvorhaben, Konzeptentwicklungen; die Förderung von Einrichtungen und Maßnahmen auf den Gebieten der Bildung, Religion, Kultur und Völkerverständigung sowie im Bereich des Sozial- und Gesundheitswesens.

Die Anfänge in der Stiftung waren Pionierarbeit. Jeder half jedem; wenn zum Beispiel Material aus- oder eingepackt werden musste, fasste jeder mit an – vom Chef bis zur Hilfskraft. Wir waren eine Gemeinschaft. Es war eine schöne Zeit.

Zurzeit haben wir in der Bertelsmann Stiftung rund 230 Mitarbeiter, die an 180 Projekten aus allen genannten Bereichen arbeiten. Das zur Verfügung gestellte Jahresbudget für 2000/2001 beträgt rund 124 Millionen Mark.

Mit meiner Arbeit in der Stiftung konnte ich auch meine Ideen umsetzen. Ich fühlte mich auf dem richtigen Weg. Ich übernahm die Leitung der Bereiche Medizin und Gesundheitswesen sowie Kultur. Mein Ziel war und ist es, für diese Bereiche Experten zusammenzuführen, einen Dialog herzustellen, Wissen zu bündeln und dieses Fachleuten und Medien zur Verfügung zu stellen.

Heute bin ich verantwortlich für etwa fünfzig Mitarbeiter, beschäftige allein in meinem Büro sechs Sekretärinnen, dazu einen voll ausgelasteten persönlichen Referenten. Das war nicht mein erklärtes Ziel. Es hat sich so ergeben, wie vieles in meinem Leben. Ich folgte meiner Intuition, habe einen Schritt vor den anderen gesetzt und mich weiterentwickelt. Ich besaß viel Kreativität, wollte gestalten und neue Projekte aufbauen und fördern. Ich habe dafür hart gearbeitet und Verantwortung übernommen.

Helfen als Lebensinhalt

In einer US-Studie wurde es kürzlich nachgewiesen: Helfen macht glücklich. Fünfundneunzig Prozent aller Menschen, die anderen geholfen haben, fühlten sich »besonders wohl«. Wie die Forschung nachgewiesen hat, liegt das an den Endorphinen, die der Körper ausschüttet, wenn man anderen geholfen hat. Dies ist auch meine Erfahrung.

Eigentlich müsste diese Erkenntnis ein großer Anreiz für viele Menschen sein, sich in Nächstenliebe zu üben. Besonders für Ältere wäre es ein guter Weg, Einsamkeit und Depressionen zu überwinden. Nach Meinung von Experten ist Einsamkeit die Hauptursache für Selbstmord. Das ist eine traurige Bilanz unserer Gesellschaft. Viele Menschen sind müde, weil sie einfach keine wirklichen Interessen mehr haben. Wenig berührt sie, und sie kümmern sich kaum um den Gang der Welt. Ihre persönlichen Dinge stehen für sie über allen Sorgen der Menschheit. Nichts beschäftigt sie mehr als ihre eigenen Probleme und Wünsche – sie sind Egoisten und Egozentriker. Sie werden müde, überdrüssig und langweilen sich. Unzufriedenheit und psychische Probleme sind häufig die Folge davon.

So zeigt sich bei uns Nächstenliebe häufig nur noch in Krisensituationen. Im Alltag wird sie oft vergessen. Es ist nicht so, dass in unserer überzivilisierten westlichen Welt die Menschen die

Nächstenliebe verlernt hätten. Nein, aber viele Bürger sind bequem geworden und meinen, dafür gebe es ja die Sozialbehörden und die kirchlichen Institutionen. Das ist schade. Ihnen fehlt die Aufgabe, mit der auch Energie und Lebenskraft wachsen. Je mehr man sich an eine Aufgabe verliert, die einen fordert, desto mehr wird man daran wachsen. Man hat keine Zeit, an sich selbst zu denken und über schlechte Stimmungen nachzugrübeln. Man gibt seinem Leben einen Sinn.

Einsamkeit und Ichbezogenheit treiben Menschen in die Isolierung, machen sie unglücklich. Wie können wir den Menschen Wege aufzeichnen, einen Lebenssinn zu finden? Meine Anwort ist eindeutig: durch die Hinwendung zum anderen. Es entsteht ein Gefühl des Verstehens, der Einheit und des Miteinanders. Gefühle der Einsamkeit und Verlorenheit verschwinden. Der Lebenssinn ist dann klar definiert.

Seit vielen Jahren versuche ich in meinem persönlichen Umfeld und auch in der Bertelsmann Stiftung Anstöße zu geben, sich um hilfsbedürftige Menschen zu kümmern. Alle meine Freundinnen, die nur ein bisschen Zeit erübrigen können, habe ich ebenfalls motiviert.

Da ist zum Beispiel Roswitha Brandt, eine alte Freundin aus meiner Kindheit. Ihr Mann ist Zahnarzt, sie hat viele Jahre bei ihm in der Praxis mitgearbeitet. Als er sich jetzt zur Ruhe setzte, übernahm sie die ehrenamtliche Leitung von drei Selbsthilfegruppen der Schlaganfallpatienten in Bielefeld. Sie wollte nach ihrer Berufstätigkeit eine Aufgabe übernehmen, die sinnvoll ist. Nun organisiert sie Reisen für die Patienten, besichtigt Schlösser im Münsterland und geht auch mit ihnen zum Kegeln. Die Freude und die Dankbarkeit der Patienten sind für sie Lohn und Ansporn genug.

Oder meine Freundin Anita Schmied, die von uns allen liebevoll »Jimmy« gerufen und genannt wird: Sie geht jede Woche in ein Altenheim und betreut dort die alten Menschen. Sie unterhält sich mit ihnen, liest ihnen vor oder singt mit ihnen Lieder. Einmal begleitete ich sie, und wir sangen zusammen mit den alten Leuten. Es berührte mich sehr, als ich bemerkte, wie dringend diese Menschen die Zuwendung brauchen und wie sie gleich ein bisschen fröhlicher werden. Jimmy ist immer ganz gerührt, wenn die Alten scherzen: »Wir sagen oben im Himmel Bescheid, dass Sie ein guter Mensch sind.« Ich gebe ihr Recht, wenn sie sagt: »Man nimmt auch immer selbst etwas mit aus diesen Begegnungen.«

Jährlich werden 2,6 Milliarden Stunden ehrenamtlicher Arbeit von zweiundzwanzig Millionen Männern und Frauen ab vierzehn Jahren in der Bundesrepublik verrichtet: in Sport- und Kulturvereinen, im Rettungsdienst, in Jugend- und Bildungsarbeit, in Kirche, Schule, Kindergarten, in der Sozialarbeit. Es ist eine stolze Zahl, doch es können noch mehr werden. Wer nur ein wenig Zeit erübrigen kann, sollte sie den Hilfsbedürftigen schenken. »Sosehr mich das Problem des Elends in der Welt beschäftigte, so verlor ich mich doch nie in Grübeln darüber, sondern hielt mich an den Gedanken, dass es jedem von uns gegeben ist, etwas von diesem Elend zum Aufhören zu bringen«, sagte Albert Schweitzer. Dieser Gedanke stand im Mittelpunkt seines Schaffens. Sein Leben ist ein Beispiel für praktizierte Nächstenliebe.

Erich Fromm sagt in seinem Klassiker »Die Kunst des Liebens« über die Nächstenliebe: »Die Nächstenliebe ist die fundamentalste Art von Liebe. Sie ist ein Gespür für Verantwortlichkeit, Fürsorge, Achtung und Erkenntnis, das jedem anderen Wesen gilt, sowie den Wunsch, dessen Leben zu fördern. (...) Es ist geradezu kennzeichnend für sie, dass sie niemals exklusiv ist. (...) Die Nächstenliebe enthält die Erfahrung der Einheit mit allen Menschen, der menschlichen Solidarität, des menschlichen Einswerdens. Die Nächstenliebe gründet sich auf die Erfahrung, dass wir alle eins sind. Die Unterschiede von Begabung, Intelligenz und Wissen sind nebensächlich im Vergleich zur Identität des menschlichen Kerns, der uns allen gemeinsam ist. Um diese Identität zu erleben, muss man von der Oberfläche zum Kern vordringen. Wenn ich bei einem anderen Menschen hauptsächlich das Äußere sehe, dann nehme ich nur die Unterschiede wahr, das, was uns trennt; dringe ich aber bis zum Kern vor, so nehme ich unsere Identität wahr, ich merke dann, dass wir Brüder sind.«

Nächstenliebe ist wahre Menschlichkeit

»Frage nicht, was dein Land für dich tut; frage, was du für dein Land tun kannst!« Mit diesem Appell anlässlich seiner Amtseinführung 1960 rüttelte der amerikanische Präsident John F. Kennedy seine Landsleute auf. Sein Ausspruch ist auch mein Credo. Angesichts leerer Staatskassen ist es dringender denn je, dass noch mehr Deutsche sich für die Gemeinschaft engagieren.

Ich finde es ermutigend, wenn ich von jungen Zivildienstleistenden höre, mit wie viel Engagement und Zuwendung sie sich um Alte und Kranke kümmern. Ich erinnere mich an einen verwöhnten jungen Mann, der aus begütertem Elternhaus stammt, wie er mit leuchtenden Augen von den alten Menschen berichtete, denen er täglich das Essen brachte. Selbst an Heiligabend war er unterwegs – klaglos. Er meinte, die Monate seines Dienstes seien keineswegs vergeudete Zeit gewesen, die ihn zwei Semester seiner Studienzeit kosteten. Im Gegenteil: Von den Gesprächen mit den Alten, ihren Erfahrungen, ihren Lebensweisheiten und ihrer Dankbarkeit für die Zuwendung habe er sehr viel gelernt und mitgenommen.

Dies ist ein gutes Beispiel, das mich die Frage stellen lässt: Fordern wir unsere Jugendlichen eigentlich genug? Viel mehr Jugendliche – auch Mädchen, nicht nur die Zivildienst leistenden Jungen – wären wahrscheinlich bereit, Gemeinschaftsdienste zu übernehmen, wenn wir Erwachsenen sie mehr forderten oder mit gutem Beispiel vorangingen. Vergessen wir es bei der starken Betonung der intellektuellen Ausbildung nicht häufig, die emotionalen Fähigkeiten anzusprechen? »Herzensbildung« nannte man früher die Summe der emotionalen Eigenschaften – dieser Begriff ist aus unserem heutigen Vokabular leider verschwunden. Er beinhaltet alles, was den Umgang miteinander erleichtert und angenehmer macht: Rücksicht, Respekt, Takt, Liebe. Vermissen wir diese Eigenschaften heute nicht häufig bei unserer Jugend? Sind Rücksicht, Kameradschaft, Gemeinschaft noch Werte, die wir vermitteln können? Wir dürfen nicht aufhören, es zu versuchen. Es lohnt!

Mit den Augen der Liebe betrachtet wird aus dem *Gegen*- der *Mit*mensch – das ist mein Rezept. Wo immer ich Menschen begegne, versuche ich mich in die Lage meines Gegenübers zu versetzen: Wie lebt er wohl? In welcher Situation seines Lebens mag er sich befinden? Welche Probleme, welche Erwartungen mag er haben? Das versuche ich herauszufinden und betrachte ihn dann vor dem Hintergrund dieser Informationen. Es geschieht etwas Eigenartiges in solchen Momenten – man wird automatisch verständnisvoller und nachsichtiger für menschliche Schwächen. Unsere großen Denker wussten um den Wert der Liebe und Mitmenschlichkeit. »Die Liebe zwang noch stets zur Gegenliebe«, erkannte Dante, und »Wo man Liebe aussät, da wächst Freude empor«, sagt Shakespeare. Und Goethe meint: »In einem Augenblick gewährt die Liebe, was Mühe kaum in langer Zeit gewährt.«

Die Sehnsucht nach jemandem, der uns liebt, dem wir wichtig sind, der uns so akzeptiert, wie wir sind, ist uns allen gemein. Wie viel wichtiger ist es für Kranke und Schwache, liebevoll akzeptiert zu werden. Warum tun wir so wenig dafür? Warum grenzen wir uns ständig gegen andere Menschen ab? Liebe kostet nichts und ist mit Geld nicht aufzuwiegen. Liebe und Freundlichkeit kann man bewusst lernen, wenn man sich dafür öffnet. Ohne Liebe droht unserer Kultur der Verfall. Es ist die Liebe, die die Menschheit bewegt, sich in Hingabe und Selbstlosigkeit für große Ziele einzusetzen und aufzuopfern.

Ich möchte jede Bürgerin und jeden Bürger ermuntern, sich in ihrer/seiner Stadt umzuhören, wo Hilfe gebraucht wird. Es gibt zahlreiche Institutionen und Vereine, die dankbar für jede noch so kleine Unterstützung sind – und wenn es nur zwei Stunden pro Woche sind: mit der Dame aus dem Pflegeheim spazieren gehen, ihrem Hund den Fressnapf auffüllen, Besorgungen erledigen, vorlesen oder mit Gesprächen gegen die Einsamkeit angehen – diese Dinge helfen. Junge Familien brauchen »Wunschomas«, die mal auf kleine Kinder aufpassen; in Kindergärten werden oft Geschichtenerzähler oder geschickte Hilfen beim Basteln gesucht – die Möglichkeiten sind mannigfaltig.

Die meisten Menschen haben verlernt, miteinander zu reden.

Man grüßt kaum mehr, dankt nicht, will eigentlich nur weiter, unter dem Druck, etwas zu erledigen. Oder man hat Angst, sich zu offenbaren. Zuzugeben, dass es einem schlecht geht, dass man sich einsam fühlt. Jeder meint, er müsse den Erfolgstypen verkörpern, der immer »gut drauf« ist. Das ist fatal. So versinkt man immer mehr in Einsamkeit. Jeder Mensch braucht ein soziales Umfeld von guten Freunden, mit denen er Freude teilt, die ihn aber auch in Zeiten des Kummers und der Not seelisch auffangen, mit denen er reden kann. Doch um Freunde, um Gleichgesinnte, um Gemeinschaft muss man sich bemühen und kümmern, wenn es einem gut geht, nicht erst, wenn die Notlage da ist. Leider werden viele Menschen erst durch Krankheit oder einen anderen Schicksalsschlag mit sich selbst konfrontiert und fallen dann in das tiefe Loch der Einsamkeit.

Es gibt oft zu wenig Nachbarschaftshilfe, häufig kennen die Menschen einander nicht, die seit Jahren im gleichen Haus leben. Ich finde es beschämend, wenn wir immer wieder Berichte über eklatante Versäumnisse der Mitmenschlichkeit lesen müssen – von der Rentnerin, die in ihrer Wohnung gestürzt ist und zwei Tage ohne Hilfe bleibt, bis zu verstorbenen Mitbürgern, die wochenlang unentdeckt in ihrer Wohnung liegen, weil niemand sie vermisst.

Ich habe beobachtet, dass es offensichtlich vielen Menschen schwer fällt, auf andere zuzugehen. Im Straßenbild fällt es mir immer wieder auf, wie ernst, wie verschlossen die meisten Passanten durch die Stadt eilen. Kaum jemand nimmt Notiz vom anderen, jeder scheint in seine Gedanken versunken. Ich setze meine Strategie des Lächelns dagegen. Schenke ich jemandem ein Lächeln, so kommt es meist zurück. Was ist schöner, als einen anderen Menschen zum Lächeln zu bringen? »Liebe öffnet Herzen« – den Beweis erfahre ich tagtäglich. Ganz bewusst lächle ich viele Menschen an – unterwegs auf der Straße, im Unternehmen, bei Patientenbesuchen. Und freue mich jedes Mal, wenn ein Lächeln zurückkommt. Es macht den Tag heller und freundlicher und stimmt fröhlicher. Es ist ein ganz einfaches Rezept; ich kann jedem nur empfehlen, es einmal zu versuchen. Und es ist unter Umständen der erste Schritt aus der Einsamkeit in die Gemeinsamkeit. Häufig ergibt sich ein kleines Gespräch, es ist ein guter Weg zur Kontaktaufnahme. Und manchmal gewinnt man auch einen Freund. »Kein Mensch soll glauben, dass ihn jemand liebt, wenn er niemanden liebt«, erkannte schon Epiktet.

Ich gehe gern auf andere Menschen zu – und gewinne Freunde dadurch. Ich denke an meine Freundin Anna-Maria Aden. Ich lernte sie vor sechzehn Jahren in New York kennen. Innerhalb einer unserer Reisegruppen stand sie etwas abseits und allein. Sie fiel mir auf, und wir kamen ins Gespräch. Sie sprach nur wenig Deutsch, denn sie kam aus Rumänien. Deshalb hatte sie nur wenig Kontakt zu den anderen Damen. Ganz bewusst habe ich mich seitdem um sie gekümmert und ihr geholfen, sich in Deutschland und der deutschen Kultur zurechtzufinden. Seit langem sind wir sehr gut befreundet, sie ist sehr lebensfroh, eine eigenständige Persönlichkeit, und wir verstehen uns fabelhaft. Obwohl sie heute in einer anderen Stadt lebt, haben wir noch sehr viel Kontakt.

Ich liebe die Menschen und möchte helfen, wo ich kann. Der Tag beginnt bei mir zu Hause mit den ersten Telefonanrufen ab sieben Uhr. Freunde und Bekannte fragen mich um Rat, wenn es Krankheiten in der Familie gibt. Oder wenn sie selbst erkrankt sind. Ich kümmere mich dann um die bestmögliche Versorgung, schicke auch schon mal Unterlagen nach Amerika, um bei Spezialisten Rat einzuholen. Eine Freundin hatte zum Beispiel eine besonders schlimme Krebserkrankung. Vor jeder Chemotherapie schickte ich kleine Geschenke, um sie aufzumuntern. Und nach der anstrengenden Chemotherapie lud ich sie und ihren Mann in unser Haus nach Mallorca ein, damit sie sich erholen konnte.

Eine andere Freundin hatte Brustkrebs und lag in Düsseldorf in der Klinik. Ich habe alle Freundinnen motiviert und organisiert, sie abwechselnd zu besuchen, damit sie keinen Tag allein blieb. Um ihr ein wenig Abwechslung zu bieten, sind wir mit ihr zum Essen ins Restaurant gegangen, obwohl sie noch einen Infusionstropf in der Vene hatte. Wir haben den Tropf mit einem hübschen Seidenschal zugedeckt. Sie war unheimlich tapfer und hat es geschafft. Heute ist sie gesund und lebensbejahend. Ich glaube, die

Liebe und Fürsorge ihres Umfelds hat sehr dazu beigetragen. Es gab eine Vielzahl ähnlicher Fälle in meinem Freundes- und Bekanntenkreis – wir versuchen stets, füreinander da zu sein.

Gehe ich durch Gütersloh, sprechen mich alte Leute an, die Hilfe brauchen. Ich habe stets ein offenes Ohr dafür, sei es, dass die Großmutter einen Rollstuhl braucht oder die Kinder eine Anstellung. Ich unterstütze und helfe nach besten Kräften. Das beginnt schon bei kleinen Dingen. Sehe ich alte Leute oder Kinder, die sich nicht über die Straße trauen, greife ich ihnen unter den Arm und führe sie hinüber. Da kann ich es noch so eilig haben, dafür ist immer Zeit. Ich bringe es nicht fertig, achtlos vorüberzugehen. Es ist wohl eine Gewohnheit aus Pfadfindertagen.

Die Menschen sollten erfahren, dass sie selbst erfolgreich einen Beitrag zum Gemeinschaftsleben leisten können. Das stärkt das Selbstvertrauen und das Gefühl, ein wichtiges Glied in der Gesellschaft zu sein, vor allem in überschaubaren Lebensumfeldern wie Familie, Nachbarschaft, Verein, Betrieb, Kirchengemeinde, Wohngemeinde. Es ist Aufgabe der Politik, die Rahmenbedingungen für die Lebensfähigkeit dieser gesellschaftlichen Institutionen zu setzen und zu fördern.

Nur wenn der Mensch den Willen zu Selbstverantwortung und Eigeninitiative aufbringt, wenn er gemeinwohlorientierte Werte lebt und sich um angemessene soziale Strukturen bemüht, ist das Wohl aller zu sichern. Nur so werden wir zu einer Bürgergesellschaft, in der jeder Einzelne sich verantwortlich für sein Gemeinwesen – also unseren Staat – fühlt. Unsere Gesellschaft ist auf die Leistung ehrenamtlicher Arbeit durch den Einzelnen angewiesen. Die Übernahme eines Ehrenamtes ist »gelebte Demokratie«. Menschlichkeit bringt Gemeinschaft.

Learning by doing

Der Start ins Berufsleben war für mich jedoch kein leichter Start. Wie jeder Berufsanfänger machte ich anfangs Fehler, holte mir »blaue Flecken«. Aber die »blauen Flecken« haben mich nicht entmutigt, sondern herausgefordert. Ich wollte es schaffen, auch das eigenverantwortliche Arbeiten und den Aufbau eigener Projekte – trotz Schwierigkeiten und Rückschlägen. Von Kindesbeinen an war ich sehr neugierig. Oft fragte ich mich: »Schaffe ich das?« Das war mein Antrieb, ich wollte es herausfinden und beweisen.

Natürlich war es anfangs schwer für mich, Ansprachen vor großen Auditorien zu halten. Natürlich war ich jedes Mal aufgeregt. Aber wer nichts wagt, der nichts gewinnt. »Learning by doing« war mein Prinzip – und dabei geht anfangs immer einiges daneben. War eine Ansprache nicht gelungen, wusste ich es selbst. Doch ich trat wieder an – und gewann. Heute rede ich frei nach Stichpunkten vor tausend Zuhörern – ohne sonderliche Aufregung!

So habe ich gelernt: Wachstum findet immer in der Gefahrenzone statt. Wer nie scheitert, entwickelt sich nicht, denn er fürchtet sich vor dem Unvorhergesehenen. Ihm fehlt die Erfahrung der eigenen Stärke und Selbstüberwindung.

Es kommt durchaus vor, dass ich zwei bis drei Ansprachen wöchentlich halte – vor großen und vor kleinen Kreisen –, das gehört zu meinem beruflichen Alltag. Bewusst habe ich es jedoch vermieden, jemals einen Rhetorikkurs zu besuchen. Ich möchte keine professionelle Rednerin sein, wie Politiker es sind. Ich möchte mir meine Natürlichkeit auch in der Art meiner Reden bewahren. Ich möchte, dass jeder Zuhörer spürt, dass es mir ernst ist mit meinen Anliegen. Ich möchte die Herzen der Menschen erreichen und glaubwürdig sein. Dazu bedarf es vordringlich des Ausdrucks wahren menschlichen Empfindens, nicht der perfekten Redekunst. Das Perfekte wirkt häufig steril und ist ohne Wärme.

Mein Tagesplan ist seit vielen Jahren der eines Managers. Ich stehe meistens gegen sechs Uhr dreißig auf, mache täglich eisern eineinhalb Stunden Sport und bin ab morgens zehn Uhr in meinem Büro, nehme an internen und externen Konferenzen und Tagungen aller Bereiche teil, plane und führe eigene Projekte durch, bereite mich auf Treffen mit Geschäftspartnern vor, besuche

Selbsthilfegruppen oder treffe Sponsoren, die Geld für meine Stiftung spenden wollen. Selten bin ich vor einundzwanzig Uhr zu Hause. Das konnte ich damals nicht voraussehen. Doch ich wuchs mit meiner Arbeit – wurde selbstbewusster und eigenständiger.

Ich habe mir angewöhnt, meine Umwelt mit hellwachen Augen zu betrachten, Ideen für Projekte zu sammeln, die wir in unserer Stiftung verwirklichen können. Das ist bis heute so geblieben. Da ich ein kommunikativer Mensch bin, höre ich von Sorgen und Problemen der Mitarbeiter und aus dem Freundeskreis, treffe im Rahmen meiner Arbeit Wirtschaftsleute und Politiker. Von allen nehme ich Anstöße und Ideen mit für die Projekte unserer Stiftungsarbeit.

Im Bereich Kultur, dessen Leitung ich übernahm, setzte ich mir die Förderung der Musikerziehung und Musikkultur, die Entwicklung von Maßnahmen zur effizienten und realitätsnahen Förderung des Gesangsnachwuchses und die Errichtung eines übergreifenden Dialogs zwischen Kultur, Wirtschaft, Politik und Medien zum Ziel.

So war es bei meinem ersten Projekt, das ich im Jahr 1987 erstmalig ins Leben rief: der Sängerwettbewerb »Neue Stimmen«, den wir 1999 mittlerweile schon zum achten Mal in Gütersloh veranstaltet haben.

4. »Neue Stimmen«

»Wer singt oder ein Instrument spielt, erlernt eine zweite Sprache. Die Sprache der Musik ist unerschöpflich in ihrer Vielfalt, sie durchbricht Mauern der Vereinsamung, sie verbindet Menschen miteinander.«

Der ehemalige Bundespräsident Roman Herzog

Alle zwei Jahre im Herbst werden die Gütersloher Stadthalle und das Stadttheater zehn Tage lang zu einem magischen Ort für mich. In jeder freien Minute zieht es mich dorthin. Schon von weitem höre ich das Singen und Klingen, das über den Vorplatz schallt – durch alle Fenster und Türen hindurch. Wunderschöne Sopranstimmen zu Klavierbegleitung, dazwischen ein Bass und ein Bariton; junge Menschen trainieren ihr kostbarstes Instrument – ihre Stimme. Es sind Klänge, die mich sehr berühren. Von dem Moment an, da ich in das Dunkel des Zuschauerraums eintauche und den jungen Menschen auf der Bühne zuhöre, bin ich von der Musik und ihren schönen Stimmen verzaubert. Der Alltag ist weit weg, ich vergesse Termindruck und Probleme und lasse mich einhüllen in die Melodie der Töne. Es ist die Zeit unseres Wettbewerbs »Neue Stimmen«, den wir seit nun bereits dreizehn Jahren in Gütersloh veranstalten.

Wie Recht hat Roman Herzog mit seiner Beschreibung, was Musik vermag. Man könnte die Liste der klugen Gedanken über das Wesen und die Bedeutung der Musik für die Menschheit über Seiten fortsetzen. Ich meine: Musik gehört zur Wesensart des Menschen. Musik ist eines der elementarsten Grundbedürfnisse des Menschen, sie ist Nahrung für die Seele. Ohne Musik wäre unser Leben schal und trostlos. Ein Tag ohne sie ist ein verlorener Tag.

Wir sehen auch bei Naturvölkern, welch starke ursprüngliche Neigung besteht, sich singend und rhythmisch auszudrücken. Musik gehört bei ihnen zu den rituellen Gemeinschaftserlebnissen.

Musik kennt keine Grenzen, das erfahren wir alle tagtäglich. Sie ist in unserer heutigen Zeit allgegenwärtig. Noch nie zuvor haben sich so viele Menschen der Musik zugewandt wie heute. Ähnlich wie wir vom Haus Bertelsmann stets Leseförderung betrieben haben, besitzen wir auch große Erfahrungen in der Welt der Musik. Was also lag näher als die Idee, dass wir durch die Stiftung ein Musikprojekt fördern würden?

Zu den »Neuen Stimmen« gibt es eine Vorgeschichte. Als das Haus Bertelsmann im Jahr 1985 sein 150jähriges Bestehen feierte, luden wir Herbert von Karajan zu einem Festkonzert mit seinen Philharmonikern in die Gütersloher Stadthalle ein. Es war ein wunderschönes Gastspiel und verlieh der Veranstaltung einen sehr glanzvollen Rahmen. Beim anschließenden Essen erzählte der Maestro, dass es sehr schwierig sei, im Opernbereich Nachwuchs zu finden. Es fehlten die »neuen Stimmen«.

Diese Bemerkung ließ mich hellhörig werden. Sie ging mir nicht mehr aus dem Sinn. Könnten wir von der Bertelsmann Stiftung hierbei hilfreich sein? Sollten wir helfen, den Sängernachwuchs aufzubauen? Ich fragte meinen Mann, was er von der Idee hielt. Er fand sie fabelhaft.

Wer wäre der richtige Ansprechpartner? Doch nur der quirlige, temperamentvolle Professor August Everding, der Generalintendant der bayerischen Bühnen. Er war ein Mann von unwiderstehlicher Überzeugungskraft und einer riesigen Portion Charme und Humor, der unermüdliche, eloquente Fürsprecher des deutschen Theaters. Er war der »Mr. Theater« schlechthin, wie es ein Journalist einmal zutreffend schrieb. Er kannte die Kulturszene wie kein anderer, war Präsident des Deutschen Bühnenvereins, des Internationalen Theaterinstituts, der Bayerischen Theaterakademie, der Opernkonferenz und vieles mehr. Er war der richtige Mann, um etwas Neues aufzubauen, er hatte die Courage und die Kreativität. Er sollte einer der Motoren unseres neuen Projekts werden.

Ich rief August Everding an, den ich von vielen Veranstaltungen vorher kannte. Ich sagte: »Herr Professor Everding, ich habe eine Idee. Es wäre schön, wenn wir uns zum Essen treffen und darüber sprechen könnten. Vielleicht haben Sie ja auch eine Idee – wenn wir unsere Ideen zusammenschweißen, kommt möglicherweise etwas Gutes dabei heraus.« Professor Everding war sofort einverstanden. Wir trafen uns in München.

Ein Essen mit August Everding war stets ein Vergnügen. Aber dieses Treffen mit ihm hatte auch ein gutes Ergebnis: Er sagte mir, dass es weltweit noch keinen Wettbewerb für Nachwuchssänger mit Orchesterbegleitung gab. Dies war der Angelpunkt. Wir wollten einen Wettbewerb veranstalten, bei dem die jungen Sänger Bedingungen wie bei einem »echten« Auftritt vorfanden: eine große Bühne, die sie mit ihrer Präsenz füllen müssten, einen Theaterraum, in dem ihre Stimme klingen musste, und ein großes Orchester statt der üblichen Klavierbegleitung. Mit dieser Idee wurden wir Vorreiter, so etwas gab es noch nicht. Vorsingen fand sonst häufig in kalten, staubigen, dunklen Nebenräumen statt – eine Atmosphäre, die wahrlich nicht inspirierend auf junge Talente wirkt.

Und so entstand unser Sängerwettstreit »Neue Stimmen« in Zusammenarbeit mit dem Deutschen Bühnenverein, bei dem August Everding Vorsitzender der Intendantengruppe war. Er übernahm die Leitung als Jurypräsident und hat all die Jahre bis zu seinem Tod im Jahr 1999 der Veranstaltung seinen Stempel aufgedrückt. Er hat uns unvergessene, wunderschöne Stunden beschert, auch in der gemeinsamen Juryarbeit.

Künstlerischer Leiter ist seit 1993 der Regisseur Professor Gustav Kuhn, Direktor der Accademia di Montegral und Präsident der »Tiroler Festspiele Erl«, den mein Mann schon von Kindesbeinen an kennt. Sein Vater arbeitete in unserem Buchclub in Salzburg.

Der Wettbewerb als »Olympiade der schönen Stimmen« sollte Voraussetzungen für eine nationale und internationale Karriere schaffen, Nachwuchsbörse für junge Talente durch Anwesenheit von Fachpublikum sein, die künstlerische und persönliche Entwicklung der jungen Nachwuchskräfte und ihre Karrierechancen durch Fernsehübertragungen und Anwesenheit von zahlreichen Medienvertretern fördern. Außerdem sollte durch eine solche Veranstaltung die internationale Verständigung und Kooperation verbessert werden. Teilnehmen können Sängerinnen bis dreißig Jahre, Sänger bis zweiunddreißig Jahre, deren Begabung eine internationale Karriere erwarten ließ.

Mein Mann sagte zu unserem ersten Wettbewerb 1987: »Man sollte bestrebt sein, für die Hörer in aller Welt da zu sein. Nach unserer Meinung stellt die Intensivierung der kulturellen Zusammenarbeit der Völker eine entscheidende Bedingung besseren Verstehens und fruchtbarer Zusammenarbeit dar. Deshalb haben wir mit der Bertelsmann Stiftung zu einem europäischen Sängerwettstreit aufgerufen, um die kulturellen Kontakte in Europa zu fördern. Wir möchten mit dieser Veranstaltung gemeinsame Interessen deutlich machen und hoffen, dass die Begegnungen zwischen den hier auftretenden Künstlern und den Repräsentanten der Kulturinstitutionen zu neuen Ideen und Karrieren führen möge.«

Sechsunddreißig Teilnehmer aus Deutschland, der Schweiz, Bulgarien, Frankreich, Polen, Italien, Österreich, Schweden, England, USA, Kanada, Südkorea und Japan hatten wir beim ersten Wettbewerb. Für ihr Programm sollten die Bewerberinnen und Bewerber damals wie heute drei Arien aus dem klassischen Opern- und Operettenrepertoire einstudieren.

Am Ende stehen jedes Mal zwei Konzertabende: Sechzehn Semifinalisten treten im ersten Konzert auf, acht Finalisten im Endkonzert. Es sind immer sehr festliche Veranstaltungen vor etwa neunhundert geladenen Gästen aus Politik, Kultur, Wirtschaft, den Medien und natürlich der Musikindustrie.

Was nutzt die größte Begabung, wenn man nicht die Chance bekommt, sie auf der Bühne auszuleben! Mit unserem Sängerwettstreit »Neue Stimmen« wollten wir für die wirklich guten Stimmen die Chancen für ein Engagement erhöhen. Schon das Vorsingen mit Klavierbegleitung findet nicht in kleinen Räumen, sondern im Konzertsaal statt. Für das Finale haben wir ein Symphonieorchester engagiert, um die Bedingungen für den Auftritt so wirklichkeitsnah wie möglich zu gestalten. Deutsche Intendanten und Agenten aus ganz Europa, die Musikbranche sowie viele Vertreter von Rundfunk, Fernsehen und Presse sind eingeladen. Dadurch sind die Möglichkeiten, Verträge zu bekommen, sehr groß. Die Finalkonzerte werden nicht nur im Fernsehen und im Rundfunk übertragen, sondern stehen inzwischen auch als Live-Mitschnitte auf CD zur Verfügung.

Die Bedeutung von Wettbewerben

Sind Wettbewerbe sinnvoll? Die nervliche Belastung des kurzen Augenblicks beim Vorsingen ist sehr stark – manch einer scheitert daran. Dennoch ist die Antwort eindeutig: Ja, Wettbewerbe sind nötig und sinnvoll – es gibt keinen anderen Weg, die Spreu vom Weizen unter dem Nachwuchs zu trennen.

Mehr denn je sind heute Künstler, Intendanten, Agenten, Manager, kurz alle Fachleute aus der Theaterwelt und dem Bühnenmanagement mit der Talentsuche befasst. Auf der Suche nach dem Star von morgen beobachten sie Meisterkurse, besuchen sie internationale Wettbewerbe oder sitzen in Abschlusskonzerten. Denn dort stellt sich der Nachwuchs, dort geht er das große Wagnis ein, sein Talent und seine Gesangsausbildung unter Beweis stellen zu müssen. Natürlich hoffen alle jungen Sänger auf ein derartiges Schlusskonzert, wo sich die künftige Laufbahn und die solistische Zukunft im Opernbetrieb entscheiden möge. Befangenheit, Lampenfieber und technische Unzulänglichkeiten kommen ins Spiel – die einen demonstrieren Technik, andere bestechen durch Persönlichkeit und Mut zur eigenständigen Gestaltung.

So sind Wettbewerbe eine Qualitätskontrolle, für den Nachwuchs genauso wie für die Besetzungsbüros. Sie geben Auskunft über die Standards des technischen Könnens. Ohne das Ethos der Leistung kann das musikalische Leben nicht auskommen. Unsere Gesellschaft orientiert sich in allen Bereichen an Leistung – also auch in der künstlerischen Sphäre.

Und noch einen Sinn erfüllen Wettbewerbe: Da in künstlerischen Berufen Illusionen sehr groß sind, kann sich bei einem Wettbewerb vielleicht gerade noch rechtzeitig erweisen, ob das Talent und die Nerven ausreichen; junge Künstler können erfahren, ob sie den immer härter werdenden Anforderungen des Berufs gerecht werden.

Bei einer stimmigen Präsentation sind Mensch und Melodie im Einklang. Die Präsentation ist wichtiger denn je, Sänger müssen neue Fähigkeiten im Medienzeitalter entwickeln – die eines Showstars, eines Entertainers. Nur auf sein Talent kann sich heute leider kein Sänger mehr verlassen. Neben einer guten stimmlichen Anlage braucht der Sänger schauspielerische Fähigkeiten, Bühnenpräsenz und gutes Aussehen. Auch vor der Kamera soll er sicher agieren. Die Schönheits- und Schlankheitsdiktatur beherrscht auch die Bühne – daran können wir uns nicht vorbeimogeln, wir leben, wie gesagt, im Medienzeitalter. Diesen Entwicklungen des Musiklebens muss ein solcher Wettbewerb Rechnung tragen.

Deshalb finden die Sänger und Sängerinnen, die in die Endrunde kommen, bei uns eine reale Konzertsituation vor. Sie sollen sich bei uns mit dem richtigen Repertoire, der richtigen Kleidung präsentieren. Viele Herren aus dem Osten kommen in Smoking und Frack, die Damen in festlichen Kleidern. Unsere jungen Leute aus dem Westen kommen häufig in Jeans und T-Shirt. Sie haben wenig Ahnung vom Dresscode und dessen Bedeutung. Sie vergessen, dass Formlosigkeit auch eine Sünde sein kann und für einen Künstler ein großer Fehler. In Amerika weiß jeder, wie wichtig »Stage Craft« ist. Die angemessene Darbietung gehört zu den Pflichten und zum Handwerk eines Künstlers. So manches Mal haben unsere Mitarbeiter Abendkleider für einige Damen besorgt und damit zu deren Erfolg beigetragen.

Die Anforderungen über die stimmliche Qualität hinaus sind groß: Die jungen Sänger müssen sich in verschiedenen Sprachen auskennen, in verschiedenen Stilen und Epochen, sie müssen verstehen, was sie singen – das ist ganz wichtig –, und ihre Persönlichkeit zum Ausdruck bringen.

»Persönlichkeit geht vor Perfektion«, sagte Professor Everding immer. »Auf den individuellen Ausdruck kommt es an, wir suchen junge Talente, die eine Arie so schön singen, wie wir sie noch nie gehört haben: neu, nicht sensationell. Ich suche die Unverwechselbaren, Sänger, die ich sehe, wenn ich die Augen schließe.«

Eine große Karriere muss langsam aufgebaut werden, das sagen die Fachleute immer wieder. Ein Wettbewerb kann nur das Sprungbrett sein. Ein Vergleich sei hier angeführt: Anfang 1961 gewann ein fünfundzwanzigjähriger Tenor aus Modena den Peri-Preis der Stadt Piacenza. Teil des Preises war die Chance, am Teatro Municipale die Reggio Emilia zu debütieren: als Rodolfo in »La Bohème«. Der junge Tenor war noch so unerfahren, dass die Regisseurin ihm raten musste, seine Mimi beim Singen nicht zu umarmen, um beim Atmen nicht behindert zu sein. Das war ein typischer Anfängerfehler. Der junge Tenor, von dem hier die Rede ist, war Luciano Pavarotti. Es dauerte danach noch fünf Jahre bis zu seinem Debüt an der Mailänder Scala, zehn Jahre bis zum durchschlagenden Erfolg an der Met in New York und zwanzig Jahre bis zum populären Starruhm. Dies ist der normale, nämlich der lange Weg, selbst für einen Ausnahmesänger.

Das zeigt, Wettbewerbe haben Traditionen und sind immer ein Sprungbrett für die Karriere – bis heute.

Eine harte Auslese

Der Bedarf an guten Stimmen ist größer denn je. Die Zahl der Opernhäuser und Festivals hat zugenommen, die Spielzeiten sind länger und die Aufgaben der Plattenstudios umfangreicher. Oft suchen Regisseure nach einem »Typ« und besetzen Partien nicht nur nach stimmlichen Kriterien. Es gibt egozentrische Dirigenten, die ohne Rücksicht auf die stimmliche Veranlagung eines Sängers ihre Wunschvorstellungen durchsetzen und sich wenig darum kümmern, dass sie damit Karrieren zerstören. Und der Verschleiß durch die audiovisuellen Medien ist so groß, dass künstlerische Reifeprozesse durch sie kaum gefördert werden können. Dadurch besteht die Gefahr, dass talentierte Sänger »verheizt« werden – sie

Natürlich gibt es bei jedem Wettbewerb kleine Pannen: Im Oktober 1999 waren die Koffer der Bulgaren auf der Flugreise verloren gegangen. Wir mussten die jungen Leute neu einkleiden, weil sie in Sommersachen und Sandalen im herbstlichen Gütersloh ankamen. In ihrer Heimatstadt Sofia war es beim Abflug noch sommerlich warm gewesen.

Für einige junge Damen musste meine Änderungsschneiderin ihre Abendkleider ein bisschen passender nähen. Das organisieren wir immer gern.

Der Italiener Andrea Silvestrelli ging als »Turnschuhmann« in unsere Annalen ein: Bei seinem Auftritt trug er zum Smoking Turnschuhe. Wir waren sehr erstaunt über seinen Geschmack, doch dann erfuhren wir, dass er seine Schuhe zu Hause vergessen hatte. In seiner Schuhgröße 47 hatte er in der Eile nur Turnschuhe bei uns in Gütersloh gefunden.

Einem jungen Russen aus Moskau war sein Notenkoffer abhanden gekommen. In aller Eile besorgten wir ihm neue Noten. Der arme Mann war sehr nervös beim Einsingen. »Das klappt sowieso nicht«, sagte er ahnungsvoll, als er die Bühne betrat. Er sollte Recht behalten – es tat mir Leid für ihn. Doch die Jury hatte gegen ihn entschieden. Leider können nicht alle gewinnen, obwohl ich es allen Teilnehmern gönnen würde. Vielleicht hat er bei einem anderen Wettbewerb die richtigen Noten und mehr Glück.

Ich freue mich jedes Mal, wie die jungen Sänger und Sängerinnen trotz des Konkurrenzkampfes freundlich miteinander umgehen, mitleiden, mitfiebern. Man gewinnt den Eindruck, während der Tage ihres Wettstreits wachsen sie zusammen wie eine kleine Familie, denn sie sitzen alle in einem Boot. Es werden Kontakte geknüpft, und manchmal entstehen sogar Freundschaften. Es werden Adressen ausgetauscht und Erinnerungsfotos gemacht. Es herrscht ein munteres Sprachengewirr – doch die Verständigung klappt. Ich beobachte gern, mit welcher Begeisterung, mit welcher Inbrunst und mit wie viel Herzklopfen hier musiziert wird.

Vor den Auftritten versenken sich einige der jungen Leute in Meditationsübungen. »Das Schwierigste ist, sich vor dem Auftritt in die Atmosphäre und die Stimmung der jeweiligen Szene hineinzudenken und -zufühlen. Da muss man sich nach außen abschotten und darf sich nicht ablenken lassen«, erzählte mir ein junger Asiate. Andere bekreuzigen sich, bevor sie auf die Bühne gehen, umarmen sich oder spucken sich gegenseitig über die Schulter. Manche halten beim Singen auf der Bühne ein zerknülltes Taschentuch in der Hand, als könnte ihnen das ein wenig Halt geben. Ich fiebere jedes Mal mit und halte die Daumen, wenn ich sehe, wie aufgeregt die jungen Sänger und Sängerinnen beim Vorsingen sind. Es herrscht eine Atmosphäre voll positiver kreativer Spannung.

Ich höre gern die Geschichten der jungen Leute, wie sie zum Singen gekommen sind. Ein junger Amerikaner erzählte zum Beispiel, er hätte die stärkste Stimme im High-school-Chor gehabt, und der Musiklehrer hätte ihm gesagt: »Entweder gehst du zum Arzt, oder du nimmst Gesangsunterricht.« Eine andere junge Sängerin bekennt in aller Offenheit, dass sie ohne Singen nicht leben könne, ihre Seele würde zerbrechen. Und andere geben zu, dass es schon ein bisschen wehtäte, wenn ein anderer besser sei als man selbst. Ich kann das alles gut verstehen.

Doch für alle gilt – selbst wenn sie nicht zu den Preisträgern gehören –, dass sie Erfahrungen sammeln. Und beim nächsten Wettbewerb klappt es vielleicht besser.

Vom europäischen Wettbewerb zur internationalen Talentbörse

Im Lauf der Jahre wurde aus dem europäischen Wettbewerb eine internationale Talentbörse. Als die politische Landkarte sich veränderte, alte Staatengemeinschaften und Systeme auseinander gebrochen waren und neue Nationen entstanden, zeigte sich, wie wichtig in Zeiten politischer und wirtschaftlicher Instabilität neue geistige Orientierungen und gemeinsame Identifikationen für die Menschen sind. Der Kulturbereich übernahm in zunehmendem Maße diese wichtige Integrationsfunktion und bildete über Grenzen hinweg einen Rahmen für neue Kontakte und Begegnungen der unterschiedlichen Kulturen.

Ein bisher ungekanntes sängerisches Potenzial kam auf uns zu, als der Eiserne Vorhang fiel. 1991 nahmen das erste Mal auch Sänger und Sängerinnen aus den neuen Bundesländern und aus dem ehemaligen Ostblock teil, zum Beispiel eine Gruppe aus Odessa, Minsk, Moskau und Leningrad. Das Niveau dieser Teilnehmer war außerordentlich hoch.

1993 prägte die zunehmende Internationalisierung und die Öffnung des Ostens den Wettbewerb: Erstmalig richteten wir eine Vorauswahl in Moskau aus.

1995 begann die Zusammenarbeit mit der Yokosuka Art Theatre Foundation in Japan. Zu unseren Vorauswahlen treffen sich hundertfünfzig Bewerber aus dem asiatischen Raum – Koreaner, Taiwaner, Japaner, Indonesier. Ein Beweis mehr für die Völkerverständigung, zu der der Wettbewerb beiträgt. Die für die Endrunde nominierten Künstler konnten sich in einem Abschlusskonzert vor über achtzehnhundert Zuschauern präsentieren.

Parallel wurde ein öffentlicher Gesangskurs unter der Leitung von Gustav Kuhn und des in Japan als Idol verehrten Impresarios Kiyoshi Igarashi durchgeführt, der von über dreihundert Zuschauern besucht wurde.

1997 fanden das erste Mal Vorauswahlen in Bulgarien, Mexiko und der Volksrepublik China statt. In einem Land wie China, das sechsundzwanzigmal so groß ist wie Deutschland, machen schon die räumlichen Entfernungen eine landesweite Talentsuche schwer vorstellbar. Die Vorauswahlen in Peking wurden jedoch vom chinesischen Kulturministerium unterstützt und perfekt organisiert. Das Interesse der Sänger war überraschend groß, zumal die Verbreitung westlicher Musik, besonders der Oper, in China noch in den Anfängen steckt. Manche Teilnehmer, so habe ich gehört, haben ihren Gesang nach CDs einstudiert, weil ihnen die Lehrer fehlten. Gustav Kuhn, der die Vorauswahlen leitete, erzählt: »Ich habe die Chinesen gefragt, was wollen Sie hier eigentlich mit der europäischen Oper? Und man hat mir geantwortet, wir brauchen sie zur Bildung, weil die Menschen dadurch in einer Richtung gebildet werden, die wir für richtig halten, während die Rock- und Popmusik die Menschen eher verbildet.« Weit über hundert Sängerinnen und Sänger sangen in der Volksrepublik vor, achtzehn Bewerber kamen in die Endrunde in Peking. Der Jury gehörten die Präsidenten der beiden großen Hochschulen für Musik in Shanghai und Peking sowie zwei namhafte Gesangsprofessoren an. Für die Bertelsmann Stiftung nahm Professor Gustav Kuhn daran teil.

Bei den Vorauswahlen in Peking fiel ein dreiundzwanzigjähriger Bassist durch seine brillante Stimme auf. Sein Name ist Xiaoliang Li. Er ist Lehrer an einer Schule und hat sich sein Gesangsstudium entbehrungsreich neben seiner Berufstätigkeit finanziert. Ohne nur ein Wort Deutsch oder Englisch zu sprechen, hat er den Weg von Peking nach Gütersloh zur Endrunde auf sich genommen. Es war seine erste Auslandsreise und sein erster Kontakt mit der westlichen Kultur. Seine besondere Begabung brachte ihm nicht nur einen Preis, sondern ermöglichte ihm auch die Teilnahme am Meisterkurs.

Wie begehrt die Teilnahme an unserem Wettbewerb inzwischen ist, zeigen die Vorauswahlen in Bulgarien, die mit Unterstützung der Musikhochschule Sofia stattfanden. Die Jury erwartete neunzehn Sänger zum Vorsingen, es erschienen jedoch neunzig. Allein durch Mundpropaganda waren sie auf die Vorauswahl des Internationalen Gesangwettbewerbs »Neue Stimmen« aufmerksam geworden. Es war ein Prüfungsmarathon bis in die späten Abendstunden für die Jury – doch es wurde jeder angehört.

Erfolgreiche Teilnehmer

Die Karrieren unserer Preisträger und Teilnehmer können sich inzwischen sehen lassen: Eine der prominentesten Gewinnerinnen unseres Wettbewerbs ist die Bulgarin Vesselina Kasarova. Für sie war die Teilnahme an unserem Sängerwettstreit »Neue Stimmen« 1989 der Startschuss zu einer internationalen Karriere: Sie bekam einen Plattenvertrag der Bertelsmann Music Group New York und ein Engagement an der Oper in Zürich. Seitdem ist sie ein gefragter Opernstar an vielen Bühnen der Welt.

Auch der Dresdner Bass René Pape, ebenfalls erster Preisträger des Jahres 1989, hat inzwischen internationale Karriere gemacht: Er sang inzwischen an der Scala, in Salzburg und in Bayreuth.

Siegerin des Wettbewerbs 1997 und zugleich »Stimme des Jahres« wurde die damals siebenundzwanzigjährige Russin Eteri Gvasava aus Omsk. Sie überzeugte mit der Mimi-Arie aus Puccinis »La Bohème« und gewann fünfzehntausend Mark Preisgeld sowie eine goldene Stimmgabel. In bemerkenswerter Offenheit sagte sie in einem Zeitungsinterview, dass »ein Job in Westeuropa die einzige Hoffnung für viele russische Künstler« sei. Sie hatte das Glück, unmittelbar nach dem Wettbewerb in der Giorgio-Strehler-Produktion die Fiordiligi in Mozarts »Così fan tutte« am Mailänder Teatro Piccolo zu singen. Die letzte Regiearbeit des großen Theatermanns, für Rundfunk und Fernsehen aufgezeichnet, wurde zwischen Januar und März dreiundvierzigmal gezeigt. Die Wiederaufnahme ist geplant. Eteri Gvasava hat die Fiordiligi auch unter Daniele Gatti, Italiens neuem Dirigentenstar, am Teatro Communale von Bologna gesungen. Und gleich nach den italienischen Gastspielen konnte sie in ihr erstes festes Engagement gehen: als lyrischer Sopran an der Oper in Bielefeld. Der Vertrag war ihr sofort nach dem Wettbewerb angeboten worden. Dies ist nur ein Beispiel von vielen, wie sehr der Wettbewerb als Talentbörse für die Intendanten kleiner Häuser gilt. Schon nach zwei Spielzeiten hatte sie sich aus den »kleinen« Rollen herausgesungen. Sie sang dann bereits die Tatiana in Tschaikowskys »Eugen Onegin« und die Sklavin Liu in Puccinis »Turandot«. In dem Fernsehfilm »La Traviata á Paris« sang und spielte sie die Hauptrolle. Eine Milliarde Menschen sahen die Übertragung. Das ist eine schöne Erfolgsgeschichte.

Als ich Eteri Gvasava später bei einer Aufführung traf, kam sie nach der Vorstellung auf mich zu und bedankte sich mit strahlendem Lächeln bei meinem Mann und mir für die Chance, die sie durch den Wettbewerb »Neue Stimmen« erhalten hatte. Für mich gehören solche Augenblicke zu den Glanzpunkten meiner beruflichen Tätigkeit: Gibt es etwas Schöneres, als einem jungen Menschen zu helfen, seine Talente zu entfalten?

Eteri Gvasava sprach später sehr offen über ihre Gefühle während des Wettbewerbs: »Jeder Wettbewerb ist wie ein Roulette. Man kann hoffen und aufgeregt sein, aber man weiß nie, was passieren kann. Aber ich war ruhig, weil ich am Tag meiner Abreise nach Gütersloh bei der Abschlussprüfung der Musikhochschule gesungen und meine ganze Nervosität dort gelassen hatte.« Und weiter: »Ich muss ehrlich sagen, der Wettbewerb ›Neue Stimmen‹ war der anstrengendste, an dem ich bis dahin teilgenommen hatte. Eine sehr harte Prüfung. Einerseits ist das sehr schwer, andererseits mobilisiert man dadurch sein ganzes Körperpotenzial. Es ist gut zu wissen, was du kannst und was du nicht kannst.«

Und es gibt noch viele andere Erfolge: Endrik Wootrich gelangte 1989 zwar »nur« in die Finalrunde, gehört aber heute zu den besten deutschen Tenören. Marina Ivanova, erste Preisträgerin von 1993, wurde an die Oper von Essen engagiert; der englische Tenor Gwen-Hughes Jones, Preisträger von 1995, gehörte zum Ensemble der Welsh National Opera und sang sogar schon in Salzburg; Roman Trekel, Finalist des Jahres 1989 – er war kein Preisträger –, ist inzwischen Ensemblemitglied der Berliner Staatsoper. Ebenso Bariton Falk Struckmann, der dort wie auch an der Metropolitan Opera den Wozzeck gesungen und unter Daniel Barenboim auch aufgenommen hat.

Jedes Jahr gibt es bei diesem Wettbewerb junge Menschen, die mir unvergesslich bleiben, die ich in mein Herz geschlossen habe. Dazu gehört die heute siebzehnjährige Koreanerin Yu-Ye-Kim, die 1997 als Vierzehnjährige an der Vorauswahl in Japan teilnahm. Sie fiel mir damals auf als ein halbes Kind mit einer wunderschönen entwicklungsfähigen Stimme. Im vergangenen Jahr nahm sie am Meisterkurs in Japan teil, und ich fand sie entzückend bei ihrem Auftritt in einem weißen Kleid mit roten Rosen und einer brennenden Kerze in der Hand. Sie erschien mir wie eine kleine Elfe. In diesem Jahr lud ich sie ein, bei der Eröffnungsveranstaltung der Festhalle von Alcudia auf Mallorca, die die Bertelsmann Stiftung organisiert hat, im Konzert zu singen. Es war ein schöner Erfolg für sie, und sie schrieb mir einen rührenden Dankesbrief. Ich werde sie weiter im Auge behalten und versuchen, sie zu fördern.

Auch den Weg der Russin Tatjana Woropai verfolge ich sehr

interessiert. Sie erschien zum Vorsingen bei uns in Gütersloh nach mehr als zwei Tagen Bahnfahrt aus Sibirien. Kaum jemand von unseren jungen Leuten in Westeuropa würde eine so lange, strapaziöse Reise auf sich nehmen, um zu einem Wettbewerb zu fahren. Sie erschien in einer zerrissenen Jeans, mit struppigen Haaren und einer Brille, die ihr Gesicht fast versteckte. Es tat mir in der Seele weh, sie so zu sehen. Wie sollte dieses begabte hübsche Menschenkind in diesem Aufzug gegen die große Konkurrenz eine Chance haben? Ich ließ ihr ein Bühnenkostüm von den Bielefelder Bühnen besorgen, schickte sie zum Friseur, ließ sie von einer Visagistin schminken und nahm ihr die Brille vor dem Auftritt ab. Aus dem hässlichen Entlein war ein junger, schöner Schwan geworden, als sie die Bühne betrat. Noch heute schreibt sie mir und berichtet von ihren Engagements, die sie inzwischen hat.

Im Jahr 1999 – es war der achte Wettbewerb – haben sich 1022 Bewerber aus 46 Nationen beteiligt. Sechzig Kandidaten gelang der Sprung in die Endrunde. Es fanden weltweite Vorauswahlen in Berlin, Buenos Aires, London, Madrid, Mailand, Moskau, München, New York, Paris, Peking, Pretoria, Sofia, Stockholm, Tokio und Warschau statt. Das zeigt, wie international unser Wettbewerb inzwischen geworden ist.

Gustav Kuhn sowie Brian Dickie, Generaldirektor des Chicago Opera Theatre, nahmen die weltweite Vorauswahl vor. Allein Brian Dickie hörte über neunhundert Stimmen. Eineinhalb Jahre dauern die Vorarbeiten zur Ausrichtung des Wettbewerbs. Schon im Sommer verschicken wir über tausend Einladungen für die Veranstaltungen im Herbst. Eine Einladung zu einem der zwei Konzertabende in Gütersloh ist sehr begehrt. Neben den zahlreichen Medienvertretern, Intendanten und Musikfachleuten sind viele Geschäftsleute aus der Region Gütersloh und Bielefeld dabei. Sie sind eifrige Sponsoren und unterstützen mich tatkräftig. Dafür danke ich ihnen von ganzem Herzen.

Ein rauschendes Fest

Um die Bühnensituation möglichst realitätsnah abzubilden, erwartete die Teilnehmer im Jahr 1999 ein neues künstlerisches Konzept. Die in einem ersten Vorsingen ermittelten sechzehn Semifinalisten wurden im Rahmen eines viertägigen Meisterkurses unter der Leitung des Dirigenten Professor Gustav Kuhn erstmals auf eine szenische Präsentation ihres Könnens vorbereitet. Unter diesen jungen Opernsängern und -sängerinnen ermittelte eine hochkarätig besetzte Jury die drei Preisträger. Professor Gustav Kuhn führte 1999 in die Punktevergabe der Jury eine differenzierte Pflicht- und Kürwertung nach dem Vorbild des Eiskunstlaufs ein. Pflicht sind die gesanglichen Qualitäten, Kür ist die Bühnenpräsenz. Der Wettbewerb wurde dadurch nach allgemeiner Auffassung lebendiger, farbiger und abwechslungsreicher.

Neunzehn junge Künstler aus elf Ländern traten im letzten Jahr im Finalkonzert auf. Erstmals gewann 1999 mit der achtundzwanzigjährigen Tina Schlenker eine deutsche Teilnehmerin den Wettbewerb »Neue Stimmen«. Mit der Zerlina aus Mozarts »Don Giovanni« und als Zerbinetta aus »Ariadne auf Naxos« überzeugte sie nicht nur das Publikum, sondern auch die Jury. Gustav Kuhn bewertete dies als »Traumentscheidung«. Tina Schlenker hat an der Musikhochschule in Freiburg studiert und ist lyrische Koloratursopranistin. Sie ist am Braunschweiger Staatstheater engagiert. Jurypräsident René Kollo – der nach dem Tod von August Everding den Vorsitz der Jury übernahm – sagte: »Ich bin stolz, dass eine Sängerin aus unserem Land, die ihre Sache wirklich ganz besonders gut macht, den Wettbewerb gewonnen hat.«

Höhepunkt ist jedes Mal die rauschende Abschlussfeier nach dem Finalkonzert im Parkhotel Gütersloh – für Gäste und Künstler zusammen. Sie ist so fröhlich und ungezwungen, man merkt den jungen Leuten an, dass der Prüfungsstress und die Anspannung wohltuend von ihnen abgefallen sind. In Grüppchen stehen sie zusammen, trinken Sekt, verstehen sich über die verschiedenen Nationalitäten hinweg. Nur dem einen oder anderen merkt man die Enttäuschung großer Hoffnungen an. Zu später Stunde steigt dann das inoffizielle Finale am Flügel im Foyer. Dort intonieren die jungen Leute eine Arie nach der anderen, und man merkt ihnen die mitreißende Freude am Singen an. Die Gespräche der Gäste verstummen, sie wiegen sich im Rhythmus der bekannten Opernmelodien oder singen lauthals mit. Leuchtende Augen, strahlende Gesichter, Umarmungen sprechen eine beredte Sprache – Musik ist ein Gemeinschaftserlebnis, die Freude an ihr eint an diesem Abend verfeindete Politiker, Vorstände, Künstler und die geladenen Gäste – sie singen gemeinsam, und es ist allen anzusehen, wie viel Spaß sie dabei haben.

Wenn ich in den frühen Morgenstunden nach Hause gehe, bin ich stets erschöpft, aber auch stolz und glücklich darüber, so vielen Menschen Freude bereitet und Freunde und Bekannte aus allen Ländern zusammengeführt zu haben.

Doch am nächsten Tag geht die Arbeit schon weiter. In einer Konferenz mit der Jury und allen Mitarbeitern diskutieren wir, was wir bei den nächsten »Neuen Stimmen« in zwei Jahren besser machen wollen. Positive Manöverkritik nennen wir das bei uns – ein guter Weg, sich ständig zu verbessern.

Kunst und Kultur, so hatte der unvergessene August Everding stets betont, haben einen eigenen Wert, der jenseits aller Zweckbindung liegt. »Deshalb ist öffentliche Förderung wichtig – der Bürger und Bürgerinnen, der Stifter und Sponsoren.« Die Bertelsmann Stiftung handle auf diesem Gebiet vorbildlich. »Ihr Erfolgsgeheimnis ist es zu fördern, aber auch zu fordern. Wettbewerbe wie dieser helfen den jungen Künstlern, Mut zur eigenen Anstrengung zu haben. Das braucht die heutige Gesellschaft mehr denn je.«

Der Zauber der Musik geht über alle Grenzen hinweg, schlägt Brücken, rührt das Herz. Musik bringt Gemeinschaft und ist deshalb bedeutend für die Gesellschaft, für die Menschen. Die Beteiligung von fünfzig Nationen unterstreicht den Völker verbindenden Charakter des Wettbewerbs. Musik und Kultur verbinden Nationen und Gesellschaften, bauen Brücken zur Verständigung zwischen den Menschen und fördern Toleranz. Wenn man einander besser kennt, kann man einander auch besser tolerieren. Man hat keine Angst mehr vor der fremden Mentalität, Sprache, Religion, vor der anderen Kultur. Musik als klingende Sprache der Welt – sie verbindet alle Wettbewerbsteilnehmer.

Musikerziehung in Kindergärten und Grundschulen

Ein weiteres Musikprojekt der Bertelsmann Stiftung habe ich 1998 initiiert: »Musikerziehung in Kindergärten und Grundschulen«. Auch hierzu gibt es eine Vorgeschichte, die zeigt, wie ich arbeite.

Anlässlich einer Weihnachtsfeier mit den Betriebsangehörigen der Bertelsmann Hauptverwaltung und der Bertelsmann Stiftung sangen wir gemeinsam Weihnachtslieder. Während ich aus vollem Herzen mitsang, beobachtete ich, dass viele der jungen Leute in unserer Gruppe stumm blieben. Genierten sie sich, in der Gruppe zu singen, oder kannten sie die Lieder nicht? Auf meine Fragen gaben viele von ihnen zu, die Lieder nicht zu kennen. Sie hätten sie nie gelernt – weder in der Schule noch zu Hause bei den Eltern. Es gebe kein gemeinsames Singen in ihren Elternhäusern und hätte auch keines gegeben, als sie Kinder waren.

Ich fand die Antwort der Jugendlichen erschreckend. Singen gehört für mich zu den elementarsten Gemeinschaftserlebnissen für Kinder. Wir verlieren ein Stück Kulturgut, wenn wir unseren Kindern Musik und Liedersingen nicht mehr beibringen. Hermann Rauhe, Präsident der Hamburger Hochschule für Musik, drückt es so aus: »Singen ist die erste Muttersprache des Menschen. Sprechen kommt erst viel später, weil es an Begrifflichkeiten gebunden ist. Durch Musik entsteht ein Gemeinschaftsgefühl, das mit nichts zu vergleichen ist.« Genau so habe ich es als Kind auch erlebt, wenn wir in der Pfadfindergruppe gesungen haben.

Ich werde nie vergessen, was mir ein zwölfjähriges Mädchen berichtete, das in ihrer Schule freiwillig nach dem Unterricht in einer Flötengruppe mitspielte. Sie erzählte mir, dass sie sich nach dieser Stunde Flötenspiel immer sehr wohl fühle, sie sei an diesen Nachmittagen immer besonders guter Stimmung. Das Mädchen spürte ganz offensichtlich die positive Wirkung des gemeinsamen Musizierens – es befreit die Seele.

Warum verlernen unsere Kinder das Singen und Musizieren? Dieser Frage ging ich nach und stellte fest, dass in den Schulen achtzig Prozent des Musikunterrichts entfallen oder fachfremd unterrichtet wird. Ich dachte zurück an die vielen Male, als ich als Kind bei den Pfadfindern zu Gitarrenklängen oder auch zu Hause mit der Mutter gesungen habe. Es sind Erinnerungen, die ich nie missen möchte. Solche Erfahrungen dürfen wir unseren Kindern nicht vorenthalten!

Musik ist Nahrung für die Seele. Musik gehört zu unserem Leben. Musik gehört zur Wesensart des Menschen. Musik macht Kranke gesund, kann Menschen aus dem Koma zurückholen, fördert psychische Stabilität, baut Aggressionen ab. Denken wir nur daran, wie Musik uns nach einem harten Tag entspannen kann und uns hilft, unsere Gefühle zu bewältigen – genug Gründe für mich, mich für die Förderung der Musikkultur einzusetzen.

Das Gehör ist als erstes Sinnesorgan bereits Ende des fünften Monats während der Schwangerschaft voll ausgebildet und ermöglicht die Wahrnehmung von Stimmen und Tönen. Eine Förderung der musikalischen Begabung sollte schon im Kleinkindalter einsetzen. Dabei wird die Lebensfreude des Kindes angeregt und gestärkt, und seine emotionalen Kräfte werden aufgebaut. In Kindergärten und Grundschulen können die besten Voraussetzungen für eine Vielfalt musikerzieherischer Maßnahmen geschaffen werden.

Phantasie, Kreativität und Leistungsfähigkeit werden durch Musikerziehung unterstützt. Musik soll Freude an Bewegung, Gesang und kreativer Gestaltung prägen. Eine Stärkung des Zusammengehörigkeitsgefühls beeinflusst das soziale Verhalten positiv. Musik lockert und löst – durch Singen und Musizieren überwinden Kinder Hemmungen und Ängste, sie können besser kommunizieren. Musik fördert Toleranz und internationale Verständigung – das habe ich bei den »Neuen Stimmen« gut beobachten können. Durch Musizieren können Gemeinsamkeiten und gegenseitiges Verständnis aufgebaut und gestärkt werden, es entsteht eine Kommunikation auf emotionaler Ebene, die keiner Worte bedarf. So ist Musikunterricht wichtig für die Persönlichkeitsentwicklung der Kinder. Speziell in unserer hoch technisierten Zeit ist es unabdingbar, Kindern die Erfahrung zu ermöglichen, mit allen Sinnen zu lernen. In Lehrplänen wird betont, Musikunterricht entwickle die gestalterischen Kräfte der Kinder, erweitere die Erlebnisfähigkeit, differenziere die Ausdrucksfähigkeit, wecke die Freude am Musizieren und an der Bewegung nach Musik. Der Musikunterricht soll die Freude am Singen, Musizieren und am Musikhören wecken, erhalten und steigern. Dazu bedarf es erheblicher musikalischer Kenntnisse und Fertigkeiten der Lehrerinnen und Lehrer. Wir wollen helfen, sie zu entwickeln.

Aus diesen Gedanken entstand eine gemeinsame Bildungsinitiative mit der nordrhein-westfälischen Landesregierung. Wir starteten einen bundesweit einmaligen Modellversuch, der Musikerziehung neue Impulse zu geben. 2,5 Millionen Mark hat die Bertelsmann Stiftung zur Verfügung gestellt. Ziel des Projekts ist es, neue pädagogische Konzepte zur Musikerziehung zu entwickeln, den Kindern Freude an der Musik zu vermitteln und auch die Eltern stärker mit einzubeziehen. Fünf Jahre wird dieses Projekt an fünf Grundschulen in Nordrhein-Westfalen laufen. Die Schulen werden mit den umliegenden Kindergärten zusammenarbeiten und neue didaktische und methodische Konzepte zur Musikerziehung für die Kleinsten entwickeln. Pädagogen und Erzieher sollen lernen, die Kinder ihrem Alter entsprechend spielerisch in die Welt der Musik einzuführen. Einen besonderen Stellenwert wird dabei die Einbeziehung unterschiedlicher Musikstile in den Unterricht einnehmen. Zum Leben der Kinder gehören nun mal Popmusik, Musicals und auch Volksmusik. Die Motivation und Identifikation von Kindern und Jugendlichen mit der Musikerziehung werden wir nur fördern können, wenn wir ihre Musik ernst nehmen.

Zentraler Mittelpunkt des Projekts ist die Fortbildung der Lehrer und Erzieher. In Seminaren erhalten sie Informationen und Übungen im Musizieren und Singen, in Musik und Bewegung, in

Musikhören, in Grundlegung und Erweiterung theoretischer Kenntnisse und praktischer Fertigkeiten (einschließlich Liedbegleitung und Improvisation), im spielerischen Umgang mit Musik, in szenischer Darstellung, im Umsetzen der Musik in bildliche Darstellung, in Rhythmustraining/Rhythmuserziehung, außerdem im Singen und Musizieren für Eltern und Kinder. Alle Erzieher und Lehrer, die sich an diesem Projekt beteiligen, bekommen einen Gitarrenkurs und Stimmbildung angeboten. Lehrer und Erzieherinnen sollen Kontakte zu Musikschulen pflegen.

Zu dem Expertenkreis, der mir geholfen hat, gehören sowohl der Popsänger Peter Maffay, den ich gut kenne und der eine große Liebe zur Musik hegt, als auch Staatssekretär Wolfgang Meyer-Hesemann vom nordrhein-westfälischen Schulministerium, der bekannte Musikkritiker Jürgen Kesting, der Fernsehmoderator Uwe Hübner, Viva-Chef Dieter Gorny sowie Thomas M. Stein von der Bertelsmann Music Group. Peter Maffay sagt: »Es ist mir lieber, jemand singt falsch, als dass er überhaupt nicht singt.«

5. Die Rolle der Frau und der Wert der Familie

Es war eine große Freude für mich zu sehen, wie sehr die »Neuen Stimmen« ankamen. Mein erstes Projekt war ein schöner Erfolg für die jungen Sänger, für die Bertelsmann Stiftung, aber auch ein persönlicher für mich. Darauf war ich ein bisschen stolz.

Ich wurde eigenständiger. Dadurch veränderte sich natürlich auch die Partnerschaft zu meinem Mann. Wir mussten uns daran gewöhnen, dass ich anfing, eigene Aufgaben und eine eigene Meinung zu haben, auch mal Nein zu sagen. Es war ein Annäherungsprozess. Zwei Persönlichkeiten mussten aufeinander zugehen und neu lernen, einander zu akzeptieren. Aus dem kleinen niedlichen Mädchen war eine Frau geworden, die selbstständig im Unternehmen agierte. Wir wurden zwei gleichwertige Partner.

Es gibt Männer, die können es nicht ertragen, wenn ihre Frauen wachsen, eigenständig und selbstbewusst werden. Sie bekämpfen und demütigen sie, aus Angst, ihre Überlegenheit, die ihnen die traditionelle Rolle des Familienernährers gibt, zu verlieren. Viele Männer engen ihre Frauen ein, sie meinen, ihre Frau solle ihnen dienen. Das sind oft tragische Entwicklungen in Beziehungen, die man auch heute erleben kann. Ehen, in denen der Mann sich weigert, seine Macht zu teilen, scheitern viermal häufiger, besagen entsprechende Studien.

Mein Mann reagierte nicht so. Er war und ist begeistert über meine Entwicklung. Er ist dankbar für unsere Partnerschaft, so wie sie gewachsen ist. Er sagt immer, es sei das Schönste für ihn im Leben. Das empfinden wir beide voller Dankbarkeit.

Für eine glückliche Ehe gilt die einfache Wahrheit, dass sie auf tiefer Freundschaft begründet sein muss. Dazu gehören Respekt und Achtung voreinander sowie die Freude an der Gemeinschaft mit dem anderen. Beide Partner sollten sich bemühen, den anderen in seiner Wesensart zu verstehen und zu akzeptieren. Man sollte nie vergessen, dass es den perfekten Menschen ohne Fehler nicht gibt. So entstehen Nähe und Vertrauen zueinander. Man sollte seine Zuneigung auch in kleinen Dingen zeigen, nicht nur mit großen Geschenken bei besonderen Anlässen. Dazu gehören das Auffangen in Gesprächen und das Zuhörenkönnen, kleine Aufmerksamkeiten und auch vertraute liebevolle Gesten.

Mein Mann hört mir zu, wenn ich ihm erzähle, welche Träume ich noch habe, aber auch, wenn ich traurig bin – er ist jemand, der sich sehr gut auf andere Menschen einstellen kann. Er ist sensibel genug, die richtigen Worte für jede Situation zu finden.

Ich halte die Eigenständigkeit der Frau gegenüber ihrem Mann für eine gute Basis zum Gelingen einer Partnerschaft. Eine Frau muss selbstständig sein – und wenn es ein »Taschengeld« ist, das sie sich selbst verdient und über dessen Verwendung sie selbst bestimmen kann. Ich würde jeder Frau dazu raten. Es verleiht mehr Selbstbewusstsein, und es ist nie gut für eine Partnerschaft, wenn der eine vom anderen abhängig ist. Viele Menschen nutzen die Abhängigkeit eines anderen für ihre Machtbedürfnisse aus. Darunter leidet dann die Partnerschaft. Besser ist es, wenn Partner Freiraum haben.

Ganz wichtig für eine gute Partnerschaft ist der Dialog – das vertraute, offene Gespräch. Wenn man miteinander reden kann – nicht nur über Alltägliches, sondern auch über Gefühle und Lebensanschauungen –, dann ist das eine gute Basis für eine Lebensgemeinschaft. So wächst die Achtung und die Liebe füreinander.

Die Partnerwahl ist entscheidend für das Leben. Der richtige Partner unterstützt und fördert, stimuliert die guten Eigenschaften, der falsche Partner behindert die Entwicklung. Ich habe meinen Kindern immer gesagt, bei der Partnerwahl ist ein anständiger Charakter entscheidend, jeder Partner muss sein Leben selbstständig führen. Für mich war es nicht überraschend, dass meine beiden Söhne berufstätige Frauen haben möchten. Offensichtlich sind sie geprägt von dem Bild, das mein Mann und ich ihnen vorgelebt haben. Und wir haben bei der Erziehung auch darauf geachtet, dass die Jungen beispielsweise auch »Küchendienst« mitmachten. Wenn in unserem Ferienhaus auf Mallorca das Personal frei hat, ist es für die Jungen ganz selbstverständlich, Hausarbeit zu übernehmen – sie räumen den Tisch ab, bestücken den Geschirrspüler, waschen ihre Wäsche. Ich glaube, meine Jungen können besser kochen als ich, sie mussten es ja während ihrer Studentenzeit lernen.

Frauen stärken im Beruf

Für uns Frauen ist das Leben vielfältiger in all seinen Möglichkeiten und Angeboten geworden, allerdings auch sehr viel komplizierter. Auch ich habe dies empfunden, musste ich doch einfühlsame Mutter dreier Kinder, aufmerksame Ehefrau, Managerin und Gastgeberin im Beruf zugleich sein. Das war dreifacher Stress. Da fiel es manchmal schwer, sich auf die jeweiligen Anforderungen richtig einzustellen. Allerdings gebe ich zu: Seit ich berufstätig bin, verstehe ich die Männer besser, wenn es ihnen nicht immer gelingt umzuschalten: Im Beruf die tägliche Herausforderung, sich zu behaupten – was Kraft und Nerven kostet –, zu Hause aber der liebevolle Partner und Vater sein zu müssen – das ist nicht einfach.

Auch bei meinen Kindern gab es anfangs öfter Tränen, weil ich nun mehr im Unternehmen und nicht immer zu Hause war. Sicher hatte ich das Glück, dass mein Büro und mein Privathaus nicht weit voneinander entfernt liegen. So konnte ich, wenn es zu Hause mal »brannte«, zu Hilfe eilen. Während eines Urlaubs in der Schweiz erklärte mein Mann zu Anfang meiner Berufstätigkeit unseren Kindern ausführlich, warum ich arbeitete, dass es sowohl wichtig für mich sei als auch für das Unternehmen, dass er mich dort bräuchte. Er hatte sehr viel Überzeugungskraft – meine Berufstätigkeit war danach nie mehr ein Thema für die Kinder.

Wir Frauen haben es heute gleichzeitig so leicht und so schwer wie nie zuvor. Wir haben so viele Möglichkeiten, wie es sie noch nie gab, sind durch Haushaltsgeräte entlastet wie vor uns keine

Frauengeneration. Wenn ich nur daran denke, wie viele schwere Hausarbeit die Generation meiner Mutter verrichten musste, da haben wir heute mit all den Küchengeräten, über die wir verfügen, paradiesische Zustände. Dafür stehen wir vor anderen Problemen – vor der Qual der Wahl, unsere Möglichkeiten zu nutzen. Viele moderne Frauen wollen alles: Karriere, Familie und Kinder. Das erfordert zum Teil eine regelrechte Organisationsakrobatik und viel Kraft.

Berufstätigkeit erfüllt viele Funktionen für die Frauen: Interessen und Fähigkeiten können weiterentwickelt, neue Kontakte geknüpft, und ein soziales Netzwerk kann aufgebaut werden. Der Beruf kann sogar eine sinnstiftende Funktion für den gesamten Lebenszusammenhang erlangen – wenn die Frauen zufriedener sind, kommt es auch der ganzen Familie zugute. Sie sind dann auch fröhlichere und glücklichere Mütter und Partnerinnen.

Allerdings erfordern die wirtschaftlichen Rahmenbedingungen oft, dass Frauen berufstätig werden *müssen*, um das Familieneinkommen aufzubessern und Wünsche und Bedürfnisse zu erfüllen.

Nach wie vor beklagen viele Frauen mit Recht mangelnde Chancengleichheit. Zum Beispiel in der Vergütung: Die Gehälter von Frauen betragen in Deutschland im Durchschnitt nur etwa dreiundachtzig Prozent der Einkünfte von Männern. Nach Angaben des statistischen Bundesamtes betrug der Bruttoverdienst männlicher Arbeitnehmer 1999 durchschnittlich 5559 Mark, der ihre Kolleginnen 4316 Mark. Auch weibliche Führungskräfte mit außertariflicher Vergütung sind benachteiligt. Eine deutsche Managerin verdient monatlich rund zwanzig Prozent weniger als ihre gleichgestellten männlichen Kollegen.

»Frauen sind zu bescheiden«, sagen viele Fachleute des Personalwesens. Sie trauen sich zu wenig zu. Viele Gründe sind dafür ausschlaggebend: Auftreten, Kommunikations- und Verhandlungsgeschick – hier haben wohl Männer die größere Übung und das höhere Selbstbewusstsein. Obwohl Verhandlungsgeschick gerade eine spezifisch weibliche Eigenschaft ist, müssen Frauen dabei noch dazulernen. Hinzu kommt, dass viele Frauen sich für eine Berufstätigkeit aus Gründen der Selbstverwirklichung entscheiden und nicht, um Mann und Kinder zu ernähren. Auch das wird sich in der Zukunft ändern und ändern müssen. Für Frauen bedeutet dies einen Lernprozess.

Und zum Thema Führungsposition: In den alten Bundesländern stellen Frauen nur acht Prozent der Führungskräfte, in den neuen Bundesländern sind es sechzehn Prozent.

Es wird wohl noch geraume Zeit dauern, bis noch mehr Frauen in die Topetagen gelangen. Kulturveränderungen brauchen Zeit. Aber ich bin sicher, es wird gelingen.

Nur wenn sich das geistige Potenzial und die Kreativität der Frauen in Wirtschaft und Gesellschaft voll entfalten können, wird unser Land und die Welt die Herausforderung der Zukunft bestehen. Ich meine, dass auch Unternehmer immer mehr erkennen werden, welch hoher Stellenwert den spezifisch weiblichen Eigenschaften zukommen wird, als da sind: Intuition und Diplomatie sowie eine hohe soziale Intelligenz kombiniert mit großer Flexibilität; Eigenschaften, die Frauen tagtäglich in der Familie trainieren müssen. Frauen schlagen Brücken, finden einen gangbaren Weg, auch bei verhärteten Fronten, das ist meine Erfahrung. Ich finde es nicht gut, dass es zahlreichen Frauen lediglich durch die Quotenregelung gelungen ist, in politischen Gremien nach vorn zu rücken, an Gestaltung und Macht teilzuhaben. Wir werden auch allein mit unserem Können, unseren Fähigkeiten und Leistungen überzeugen. Wer gut ist, wird Erfolg haben. Ich bin auch nicht der Meinung, dass Frauen im Berufsleben in Sprache und Verhalten es den Männern gleichtun sollten. Wir sollten unsere Weiblichkeit nicht an der Garderobe abgeben. Ich bevorzuge es, wenn eine Frau sachlich, kompetent und gleichzeitig charmant ist. Ein großes Vorbild in dieser fabelhaften überzeugenden Eigenschaftskombination war für mich immer Elisabeth Noelle-Neumann. Von unglaublicher fachlicher Präsenz, doch nie schroff und unweiblich. Selbst im hohen Alter benutzt sie in Gesprächspausen gern den Lippenstift. Dies ist für mich ein Signal: Ich diskutiere mit euch Männern auf einer Ebene – aber ich bleibe doch eine Frau.

Gleiches gilt für mich. Wie oft sitze ich als einzige Frau in großen Männergremien. Doch nicht im Traum dächte ich daran, mich nun auch dem bei uns üblichen schwarzen, grauen oder blauen Businesslook anzupassen. Ich liebe meine femininen Kostüme in schönen kräftigen Farben – und ich trage sie. Sie signalisieren Lebensfreude und spiegeln die Vielfalt des Lebens.

Letztlich zählt doch allein der Mensch mit all seinen Begabungen – ob Mann, ob Frau.

Leider müssen viele Frauen noch lernen, sich in der Berufswelt sachbezogener zu verhalten, statt häufig übersensibel und persönlich getroffen auf Kritik oder Widerspruch zu reagieren. Ich habe beobachtet, dass Männer sich trotz unterschiedlicher Standpunkte besser arrangieren können. Hier sollten Frauen noch dazulernen.

Ich halte nichts vom Kampf der Geschlechter. Ich gehöre nicht zu den streitbaren Kämpferinnen für die Rechte der Frau. Im Rahmen meiner Möglichkeiten habe ich mich jedoch immer für die Rechte und die Verwirklichung der Frauen eingesetzt. Zum Beispiel war es nicht üblich, als ich wieder anfing, in der Firma zu arbeiten, Frauen zu den internen Bertelsmann-Foren einzuladen. Diese Foren sind Vortragsveranstaltungen für unser Management zu Wirtschafts- und sozialen Themen unserer Zeit mit anschließender Diskussion. So führte ich ein, dass auch Frauen daran teilnehmen konnten. Da gab es tatsächlich Männer, die meinten, nun wären die Foren »entwertet«. Dieser Geist herrschte vor gut zwanzig Jahren in den Köpfen einiger Männer!

Und so meine ich: Wenn wir Frauen unsere Entwicklung der vergangenen fünfzig Jahre betrachten, sieht unsere Bilanz sehr gut aus. Es ist erst hundert Jahre her, dass Frauen gestattet wurde, an deutschen Universitäten zu studieren. Und erst 1919 erhielten Frauen das Wahlrecht.

Fast die Hälfte der heutigen Abiturienten sind weiblich, die Mädchen haben bessere Abiturnoten als die Jungen, fünfundvierzig Prozent der Studierenden sind Frauen. Frauen sind heute in allen Berufen tätig: in Politik, Wirtschaft, Wissenschaft, Kunst, im öffentlichen Dienst, in der Bundeswehr. Schon zwei Monate nach Öffnung der Streitkräfte für Frauen gab es fünfzehnhundert Bewerberinnen; Frauen sollen auch als Pilotinnen für Kampfjets eingesetzt werden. Es gibt heute keinen beruflichen Bereich mehr, der Frauen wegen ihres Geschlechts verschlossen ist. Vierzig Prozent der Ärzte sind weiblich, Frauen sind unter harten körperlichen Strapazen erfolgreiche Polarforscherinnen, fliegen ins Weltall, sind Boxerinnen, Fußballerinnen und Flugkapitäninnen (dieses Wort schuf die Lufthansa extra für ihre Cheffrauen im Cockpit). Die Mehrheit der Frauen kann frei über die Art ihres Lebens entscheiden, ob sie berufstätig oder »nur« Hausfrau sein will. Im Durchschnitt heiraten Frauen heutzutage erst mit achtundzwanzig Jahren. Sie können bestimmen, ob und zu welchem Zeitpunkt sie Kinder bekommen – im Durchschnitt sind sie neunundzwanzig Jahre bei der Geburt des ersten Kindes. Frauen sind bei uns so frei wie nie zuvor in der Geschichte. Sie haben die Chance, so erfüllt zu leben wie nie zuvor, all ihre Begabungen zu entwickeln und zu nutzen. Das ist etwas absolut Positives, das wir nicht übersehen dürfen.

»Mögen Sie eigentlich Frauen?«, fragte ich einst den legendären Chefredakteur des »Stern«, Henri Nannen, nachdem Bertelsmann den Hamburger Verlag Gruner + Jahr gekauft hatte. Nannen war zu Besuch in unserem Haus auf Mallorca. Er war ja ein sehr charmanter und charismatischer Mann. »Na, sicher mag ich Frauen«, sagte Henri Nannen breit lächelnd. »Haben Sie auch Chefredakteurinnen im Verlag?«, fragte ich. Erstaunt musste er verneinen. »Aber ich arbeite gern mit Frauen.«

Dieser Dialog ist viele Jahr her. Inzwischen hat sich das Bild bei uns gewandelt: Von insgesamt fünfundzwanzig Chefredakteurspositionen bei Gruner + Jahr sind sieben mit Frauen besetzt – bei »Brigitte«, »Brigitte Young Miss«, »Geo Saison«, »Schöner Essen«, »Schöner Wohnen«, »Decoration«, »Marie Claire« sowie zwei Positionen im Bereich der Kunden- und Servicezeitschriften. In den USA hat Gruner + Jahr International alle sieben Chefredakteurspositionen mit Frauen besetzt. Ähnlich stellt sich die Situation in Amerika in den Buchverlagen dar, die zu Bertelsmann gehören.

In der Bundesrepublik sind heute vierundsechzig Prozent der Frauen berufstätig. Wir Frauen haben viel geschafft in einem kurzen geschichtlichen Zeitabschnitt. Ich bin sicher: Wir Frauen werden im neuen Jahrtausend eine viel größere Rolle im öffentlichen Leben spielen. Viele Trendforscher behaupten gar, die Rolle der Männer wird sich verändern. Weibliche Eigenschaften sind gefragt: Intuition, emotionale Intelligenz, soziale Intelligenz, Diplomatie.

Der Wert der Familie

Natürlich bringt unsere Freiheit auch Probleme mit sich. Zuallererst das Problem der Entscheidung: Wie will ich leben? Eine große Zahl der Frauen will *alles*: eine glückliche Beziehung, Kinder und einen erfüllenden Beruf. Und hier fangen die Schwierigkeiten an. Wie schon bemerkt: Frauen haben es auch so schwer wie nie zuvor. Denn sie stehen unter einer dreifachen Belastung, die häufig gewaltig an den Kräften zehrt. Es ist oft die anstrengendste Phase im Leben einer Frau. Ich erfahre es von meinen Mitarbeiterinnen, wie sie häufig noch bis in die Nacht hinein bügeln, aufräumen, Kindergeburtstage vorbereiten, um zu Hause alles am Laufen zu halten. Ein Großteil der Hausarbeit bleibt eben doch an den Frauen hängen. Das partnerschaftliche Lebensmodell ist bei den jungen Paaren, wie man hört, noch nicht so entwickelt, dass es den jungen Frauen genug Entlastung bringt. Nur zögerlich öffnen sich die Männer. Sie sind bisher – nach allem, was man hört – nur wenig in der Lage, das zu kompensieren, was einer Familie verloren geht, wenn sich die Frau der Doppelbelastung von Familie und Berufstätigkeit aussetzt. Frauen spielen im häuslichen Leben oft noch allein die zentrale Rolle. Insofern sagen viele, das Familienleben leide darunter, wenn die Frau voll berufstätig ist. Hier müssen die Männer mehr mithelfen und mehr Verantwortung übernehmen. Wir sollten ihnen dafür noch ein bisschen Zeit geben, die sie für das Einfinden in das veränderte Rollenbild brauchen. Ich hoffe, die nächste Generation wird es schaffen.

Zudem ist zu beobachten, dass das Verantwortungsgefühl für die Familie nachlässt. Etliche junge Männer und Frauen gründen eine Familie und verlassen sie. Denn heute zählt für viele Paare nicht mehr das »bis der Tod euch scheidet«. Unsere Gesellschaft hat sich schleichend verändert.

Durch die gewonnene Eigenständigkeit haben Frauen und Mütter heute die Möglichkeit, aus Ehen auszubrechen. Jedoch sind die Erwartungen der jungen Leute in eine Partnerschaft auch häufig zu hoch – viele sehen nicht, dass man an einer Beziehung arbeiten muss, dass sie nicht von allein gut funktioniert. Zwar haben drei Viertel der jungen Leute den Wunsch nach Ehe und Familie – aber bitte ohne Übernahme von zu viel Verpflichtung, habe ich den Eindruck. So kommt es zu den hohen Scheidungsraten und den häufigen Wechseln von so genannten Lebensabschnittspartnern. Die neuesten Zahlen besagen, dass inzwischen jede dritte Ehe, in der Großstadt jede zweite Ehe geschieden wird und davon rund 160 000 minderjährige Kinder betroffen sind.

Ich halte dies für eine gefährliche Entwicklung nicht nur für die Paare und die betroffenen Kinder, sondern auch für die gesamte Gesellschaft. Kinder brauchen eine gesicherte Perspektive in einer verantwortlichen Partnerschaft. Erst in einem Zuhause, in dem Kinder Liebe, Geborgenheit und Zuwendung, Orientierung und Vorbilder haben, können sie Werte ausbilden, die sie brauchen, um selbstständig zu urteilen und zu entscheiden, Verantwortung für sich selbst und für andere zu entwickeln. Das ist die »geistige Orientierung«, die beide Elternteile, Mann und Frau, geben können und die die Kinder brauchen. Andererseits sollte nicht außer Acht gelassen werden, dass man natürlich die Möglichkeit haben muss, sich zu trennen, wenn eine Partnerschaft tatsächlich nicht mehr funktioniert.

Auffallend ist darüber hinaus eine gewisse Bindungsunlust bei jungen Leuten. Für mich steckt zum Teil Angst vor Bindung oder Enttäuschung dahinter. Junge Leute sind nicht mehr »leidensbereit« und zu egoistisch, sie möchten die perfekte Beziehung haben, ohne sich kompromissbereit auf den Partner einzustellen. Die hohen Erwartungen sind offensichtlich eine Folge des anwachsenden Wohlstands. Werden die Beziehungsansprüche nicht erfüllt, ziehen sich die Menschen lieber zurück, als eine Verletzung zu ertragen und daran zu reifen. Haben wir den jungen Menschen zu viel Freiheit gegeben? Sind sie nicht mehr kompromissbereit genug für eine enge Lebensgemeinschaft?

Wir müssen aufpassen, die Werte der Familie nicht zu gering zu achten. Wird die Institution Familie noch erhalten bleiben? Wie wird sie in fünfzig Jahren aussehen? Fragen, die mir Sorgen bereiten und auf die die Gesellschaft im Moment keine Antwort hat.

Die Familie ist die Keimzelle unseres Gemeinwesens. Familie ist die beste Form lebenslanger Solidarität zwischen Jung und Alt, Stark und Schwach. Sie ist der wichtigste Ort für die Ausbildung und Einübung von Werten und Überzeugungen. Die Familie bietet Schutz und Geborgenheit. Sie gibt und lehrt Liebe. Hier entfaltet der heranwachsende Mensch seine Fähigkeiten. Zum Glück wird die Lebensform Ehe und Familie immer noch von großen Teilen der Bevölkerung als erstrebenswert angesehen. Aus der emotionalen Geborgenheit schöpft der Mensch Kraft, die stets steigenden Anforderungen in Beruf und Umwelt zu bewältigen. Die Familie gibt Rückhalt und Stärke. Der Mensch ist nicht zum Alleinsein geboren – Gefühlsbindungen werden bei fortschreitender Individualisierung immer wichtiger.

Die Familie ist eine Kraftquelle. Ich habe das für mich und meine Angehörigen immer so gesehen. Stets habe ich mich bemüht, in unserer Familie den Zusammenhalt zu stärken. Wir treffen uns regelmäßig zu Familienfesten, zu Weihnachten und bilden dann eine große Runde. Aber auch außerhalb der Feste suchen wir jede Gelegenheit, uns zu sehen oder wenigstens miteinander zu telefonieren.

Ob Ostern, Pfingsten oder Weihnachten – die Familienfeste sind Feste der Begegnung und der Liebe. Sie sind traditionelle Bräuche, die über die Generationen hinweg bewahrt werden können und auch sollten.

Die Lebensform Familie trägt zum Überleben einer Gesellschaft und Kultur bei, indem sie als sozialisierende Instanz deren Werte und Erfahrungen in der Generationenkette weitergibt. Sie erfüllt zentrale Bedürfnisse nach Anerkennung und Wertschätzung im Rahmen einer verlässlichen Beziehung sowie nach Lebenssinn überhaupt. Sie leistet als persönlicher Schutz- und

Schonraum, in dem Gefühle ausgelebt und Spannungen abgebaut werden, einen wichtigen Beitrag zur psychischen Regeneration und Erholung der menschlichen Arbeitskraft. Das zeigt auch ihre Bedeutung für die Gesellschaft. Wie viele Psychiater müsste der Staat beschäftigen, um Menschen seelisch aufzufangen und aufzurichten, wenn es die Institution Familie nicht gäbe? So ist die Leistung der Familie von unersetzbarem Wert und unvergleichlicher Bedeutung. Wer sonst reicht uns die helfende Hand? Der Staat kann es nicht!

In der Familie geht es um die Tugenden, die im Sozialleben nötig sind: Es geht um die Fürsorge für die Alten und Schwachen, die Verpflichtung der Nachkommen, das ererbte Vermögen zu bewahren, die Pflege der Erinnerung an die Vorfahren. In der Familie werden Einfühlungsvermögen, Flexibilität, Kreativität, Kommunikations-, Kooperations- und Konfliktfähigkeit täglich gefordert und geübt. Die Bereitschaft zum Teilen und Helfen, Treue, Gerechtigkeitssinn, Toleranz, Bescheidenheit, Geduld – Werte, die die Kinder in der Familie lernen. In der Familie wird das Fundament gelegt, auf dem ein Mensch sein ganzes Leben aufbauen kann. Eine der ersten und wichtigsten Lebenserfahrungen des Kindes ist das Vertrauen zu seinen Eltern. Jede Verletzung, jede Enttäuschung dieses Vertrauens hinterlassen bereits vom frühesten Säuglingsalter an Spuren in der Seele des Kindes. Alle Versäumnisse beim Aufbau von Vertrauen werden sich negativ auf die Entwicklung des Kindes auswirken, sagen Psychologen. Das ist eine große Verantwortung!

Was Vater und Mutter ihren Kindern vorleben, werden sie früher oder später im Verhalten des Kindes beziehungsweise der Jugendlichen oder Erwachsenen wieder entdecken. Eltern, die verantwortlich handeln, legen damit den Grundstein für das Verantwortungsbewusstsein ihrer Kinder!

Die emotionalen Bedingungen beeinflussen die Bereitschaft des Kindes, von Mutter und Vater zu lernen und sich an ihren Verhaltensweisen und Einstellungen zu orientieren. Werte und Normen werden im Zusammenleben von Eltern und Kindern vermittelt, so entstehen Vertrauen und wechselseitige Anerkennung.

So wird die Familie zur Erfüllungsinstanz für tiefe Sehnsüchte, emotionale und existenzielle Bedürfnisse. Sie ist der Ort, wo man sich ohne Maske zeigen und eine Geborgenheit erleben kann, die man sonst nirgendwo findet. In der Familie »kann ich sein, wie ich bin«.

Aber die Familie steht auch in einem Spannungsfeld: Die starke Emotionalisierung birgt die Gefahr, dass hohe Erwartungen nicht erfüllt werden können und Enttäuschungen leicht zu Krisen und zum Scheitern führen. Die Familie ist oft mit Alltagssorgen und Problemen aus Schule und Arbeitswelt überfordert. Arbeitslosigkeit und wirtschaftliche Schwierigkeiten sind häufig sehr bedrohlich für den Zusammenhalt. Partnerschaften zerbrechen daran. Dabei sollte sie gerade in wirtschaftlich schwierigen Zeiten und persönlichen Krisensituationen ein gutes soziales Auffangnetz sein.

Eine weitere große Gefahr für unsere Gesellschaft ist die zunehmende Individualisierung: Jeder will stark und unabhängig sein, als lebte er auf seiner eigenen Insel, nach seinen eigenen Gesetzen. Eine so verstandene Freiheit und Unabhängigkeit vertragen sich nicht mit verantwortlichem Einstehen füreinander. So lebt man nicht *mit*einander, sondern wirkt *gegen*einander. So wird auch das Zuhause eher zu einem Ort der ständigen Auseinandersetzung als zu einem des Friedens, der Wärme, der Geborgenheit und des Verstehens. Das hat Schwierigkeiten zur Folge. Partnerschaft erfordert Verantwortung füreinander und Vertrauen zueinander.

In diesem Zusammenhang ist es eigenartigerweise zu beobachten, dass viele Leute den Wert der Familie hoch schätzen, sich selbst aber nicht in der Lage sehen, dauerhafte Partnerschaften zu begründen und Elternverantwortung zu übernehmen. Egoismus und Erziehungsfehler in der Vergangenheit sind wohl die Ursachen dafür.

Unsere Gesellschaft lebt in der Gefahr der »Versingelung«. Der Individualismus leugnet die Bezogenheit des Menschen auf den Mitmenschen. Menschliches Leben entfaltet sich von Anfang an in Gemeinschaft und ist stets auf die Gemeinschaft mit anderen bezogen. Die Zahl einsamer, unglücklicher Menschen nimmt Besorgnis erregend zu. In manchen Großstädten hat die Zahl der Singel-Haushalte bereits knapp die Fünfzigprozentmarke erreicht.

Fehlende Kinderbetreuungsmöglichkeiten

Unzureichend gelöst ist nach wie vor die Vereinbarkeit von Familie und Beruf der Frau durch mangelnde adäquate Kinderbetreuungsmöglichkeiten. Häufig müssen Frauen beruflich einige Jahre kürzer treten, wenn sie Kinder haben wollen. Das ist oft eine schwierige Entscheidung. Kürzlich kam eine meiner Sekretärinnen zu mir und erzählte von ihrem Konflikt. Sie war lange Jahre die Chefsekretärin bei mir. Nun war sie schwanger. Sie hatte überhaupt nicht mehr damit gerechnet, war total überrascht und auch ein bisschen ratlos, wie sie Kind und berufliche Anforderung in Zukunft meistern könnte. Ich machte ihr Mut, sagte, welch großes Geschenk Kinder seien. Durch sie bekämen Frauen die Chance, ein neues Leben kennen zu lernen, Liebe und Mitgefühl weiterzuentwickeln. Kinder lassen eine Frau alle Fassetten des Lebens erfahren: Liebe, Freude, glückliche Momente, Verantwortung, aber auch Sorge und Enttäuschung. Mit Kindern wird das Leben voller und erfüllter, so dass man gern auch mal auf etwas anderes verzichtet.

Wir vereinbarten, dass sie nach der Geburt ihres Kindes nicht mehr als Chefsekretärin, sondern halbtags bei mir arbeiten würde. Heute ist ihre Tochter ihr größtes Glück. Wenn ihre Tochter größer ist und sie es möchte, kann sie jederzeit wieder bei mir voll einsteigen.

Jede Frau muss für sich entscheiden, wie sie ihre Prioritäten setzt. Es kommt dem Verhältnis zwischen Mutter und Kind zugute, wenn die Mutter die ersten drei Jahre bei ihrem Kind bleibt. Richtiger finde ich es jedoch, wenn wir in unserer Gesellschaft mehr Teilzeitarbeitsplätze für junge Mütter schaffen würden, damit sie beruflich nicht den Anschluss verlieren.

Immer noch gibt es zu wenig Kindergartenplätze. Doch auch

hier ist Privatinitiative gefragt. Wir können nicht alles vom Staat und von den Kirchen erwarten. Unternehmer und Bürger sind gefordert, Lösungen zu finden.

In unserem Unternehmen haben wir seit vielen Jahren einen Betriebskindergarten und eine Kindertagesstätte in der »Villa Kunterbunt«. In der Zeit zwischen sieben Uhr morgens und siebzehn Uhr nachmittags werden die Kinder liebevoll betreut, spielen, turnen und essen zusammen. Die Plätze für die Kinder sind sehr gefragt.

Mehr Unternehmen sollten diese Möglichkeiten ihren Mitarbeitern bieten. Ein Unternehmer trägt auch eine gesellschaftliche Verpflichtung. Viele Unternehmer und gut verdienende Leute meinen, ihr Beitrag für die Gemeinschaft sei mit der Zahlung von Steuern erledigt. Diese Haltung zeigt eine erschreckende Verantwortungslosigkeit und Gleichgültigkeit bezüglich gesellschaftlicher Belange.

Ein anderes Thema sind Ganztagsschulen. Hiervon gibt es bei uns in der Bundesrepublik meiner Meinung nach zu wenig. Ich verstehe, dass man nach den Erfahrungen des Dritten Reichs die Betreuung und Erziehung der Kinder in die Hände der Eltern legte und der Staat seinen Einfluss zurücknahm. Leider nehmen jedoch heute viele Eltern ihre Verpflichtung nicht mehr ausreichend wahr. Oder können es nicht, weil beide Eltern arbeiten oder allein erziehend sind oder weil sie es in ihrem Elternhaus nicht gelernt haben. Unsere Gesellschaft hat sich geändert, und die Politik müsste die Rahmenbedingungen an die veränderten Wünsche und Vorstellungen der Menschen anpassen.

Ich würde Ganztagsschulen nicht als Regel, aber als Wahlmöglichkeit anbieten. Ich fände Ganztagsschulen sinnvoller, als Kinder nach Schulschluss allein zu Hause oder auf der Straße zu lassen. Es ist kein Wunder, wenn Kinder, die sich selbst überlassen sind, auf dumme Gedanken kommen, manche auch kriminelle Banden gründen. Ihnen fehlt die Führung. Vielen Familien und sorgenvollen Eltern, die arbeiten, wäre mit Ganztagsschulen geholfen: Sie wüssten, ihre Kinder bekommen ein warmes Mittagessen, sind unter Aufsicht und werden sinnvoll beschäftigt. Damit könnte auch das leidige Thema mit den Hausaufgaben, das ganze Familien in Atem hält, gelöst werden. Die Hausaufgaben könnten am Nachmittag in der Schule unter der Aufsicht der Lehrer erledigt werden. Damit wäre den Familien schon ein großes Reiz- und Streitthema genommen. Vom Bundeselternrat hörte ich übrigens, dass sich rund achtzig Prozent der Eltern für ihre Kinder Ganztaggsschulen wünschen. In der angelsächsischen Kultur ist dieses Problem besser gelöst.

Und es sind nach wie vor flexiblere Arbeitszeiten und bessere Bedingungen für Teilzeitarbeit nötig. So wird auch die Telearbeit sicher eine Arbeitsweise der Zukunft sein, weil sie Frauen die Möglichkeit gibt, im Beruf zu bleiben und dennoch die Kinder zu versorgen. Allerdings gibt es auch Nachteile: Mitarbeiterinnen berichteten mir, dass man Kinder natürlich nicht so programmieren könne, dass sie nicht gerade in dem Moment quengelig würden und störten, wenn man über einer wichtigen Arbeit säße. Außerdem wird auch immer die Gefahr der Isolierung betont. Der Mensch ist ein soziales Wesen, er braucht die Kommunikation mit seinen Mitmenschen wie die Luft zum Atmen. Deshalb bevorzugen es viele Frauen, ins Büro zu gehen, weil das berufliche Umfeld mehr Abwechslung bietet und sie zudem mehr Anregungen bekommen. Berufstätige Frauen und Mütter in Teilzeitarbeit sind gesünder und zufriedener. Vierundzwanzig Prozent der nicht berufstätigen Mütter leiden dagegen Umfragen zufolge unter zeitweiligen Depressionen.

Wenn man Frauen in Spitzenpositionen fragt, wie sie es geschafft haben, Beruf und Familie zu verbinden, so lautet die Antwort oft: »Nur mit dem richtigen Mann – nur wenn er sich partnerschaftlich verhält, kann eine Frau sich entwickeln.«

So habe ich es auch erfahren dürfen.

6. Meine Rolle als Gastgeberin und bei Veranstaltungen

Zu meinen beruflichen Aufgaben gehört auch die Rolle der Gastgeberin und Familienrepräsentantin im Unternehmen. Mein Mann schätzt es sehr, dass ich damit einen wertvollen Beitrag zur Außenwirkung des Unternehmens leiste. Ich bin gern Gastgeberin und führe Personen aus den unterschiedlichsten Kulturen und gesellschaftlichen Bereichen zusammen. Ich liebe es sehr, Kontakte herzustellen, zu Diskussionen über Probleme und Themen unserer Zeit anzuregen.

Ich erinnere meinen Mann gerade in dieser Beziehung an seine Großmutter. Er hat wunderschöne Erinnerungen an die Weihnachtsfeste mit seiner Familie, die sie vor dem Krieg bei seiner Großmutter Friederike Bertelsmann feierten. Schon damals hatte sie häufig Geschäftspartner als Gäste. Er sagt dazu: »Es war nicht aufwendig – man konnte kein Essen für fünfundzwanzig Personen reichen –, aber es war nett dekoriert, mit blau-weißem Geschirr, Kerzen und Silber auf dem Tisch. Die Atmosphäre war behaglich und stilvoll zugleich.«

Es gab Zeiten, zu denen ich etwa zweitausend Gäste jährlich bei mir zu Haus bewirtete. Auch heute gebe ich noch zahlreiche Einladungen. Nach den Konferenzen, die ja oft acht Stunden am Tag dauern, eile ich nach Hause. Umziehen, Schminken, Schmuckanlegen dauert höchstens zehn Minuten – meine Haushälterin hat mir alles zurechtgelegt. Dann bin ich die strahlende Gastgeberin, die ihren Besuch herzlich empfängt, weil sie sich auf den Abend mit ihnen freut.

Die Abende bei mir zu Hause sind besonders beliebt. Die Gäste genießen das familiäre Zusammentreffen, man kommt sich menschlich näher. Die Konferenzen am nächsten Tag laufen dann viel besser und angenehmer. Dies ist ein wertvoller Nebeneffekt für die Arbeit.

Viele meiner Gäste loben meine Begabung, ein geschmackvolles Ambiente und eine menschliche Atmosphäre zu schaffen. Dafür gibt es bestimmte Regeln, die ich durch lange Erfahrung als Gastgeberin erworben habe. Es gehören viele Details dazu: eine behagliche Beleuchtung ist wichtig, Kerzen und gedimmtes Licht tragen viel zu einer guten Stimmung bei.

Und das Dekor – es macht mir Spaß, immer wieder neue Ideen auszuprobieren. Meist dekoriere ich den Jahreszeiten entsprechend. Blumenhändler aus der Region arbeiten schon seit Jahren mit mir sehr gut Hand in Hand. Ein Beispiel: Im Frühjahr blühen vor meinem Haus unzählige gelbe Narzissen auf der Wiese – es sieht aus wie eine Szene aus dem Film »Doktor Schiwago«. Zu dieser Zeit lasse ich auf dem Esstisch einen Grasteppich mit bunten Frühjahrsblumen auf Spiegelglas anlegen. Im Sommer dekorieren wir Rosen in allen Farben – sie korrespondieren dann mit dem Bild im Garten, das die Stimmung der Jahreszeit einfängt. Meine Gäste sind jedes Mal begeistert.

Soll es besonders edel sein, lasse ich schon mal Orchideen vom Kronleuchter herab auf den Tisch ranken – zum Beispiel als das Ehepaar Gorbatschow bei uns zu Gast war.

Für das Dekor sammle ich überall Ideen und Anregungen. Ich habe ein gutes visuelles Gedächtnis, sehe sehr viele Details, die in meinem Gedächtnis wie in einem Film gespeichert sind; bei Bedarf kann ich sie vor meinem geisten Auge abrufen. Blumen aus aller Welt, Zweige, Gräser, Bänder, Früchte, Nüsse, Kastanien, Glasmurmeln – es gibt heute nichts, was man nicht zum Dekorieren nutzen könnte.

Regelmäßig besuche ich Messen und lese internationale Lifestyle-, Heim- und Gartenmagazine, um Anregungen für Ideen zu bekommen. Ich freue mich, wenn ich meine Gäste immer wieder mit phantasievollen Einfällen überraschen kann.

Menüs stelle ich nach der Saison zusammen. Stark riechende Zutaten und schlecht verträgliche Speisen wie Zwiebel, Paprika, Knoblauch sollten nicht gereicht werden. Und aus eigener Erfahrung als Gast weiß ich, wie hilfreich es ist, Aspirin und Nähgarn für die Gäste bereitzuhalten.

Eine aufmerksame Gastgeberin erfreut ihre Gäste mit einem Programm: Ich umrahme den Abend gern mit Musik, zum Aperitif spielt ein Pianist, vor dem Abendessen gibt es eine Gesangsdarbietung eines jungen Künstlers – mit Stücken von der Oper über Musical bis zum Evergreen. Nach meiner Erfahrung trägt Musik zur atmosphärischen Auflockerung beim ersten Kennenlernen der Gäste nach harten Konferenztagen bei.

Stets halte ich eine zehn- bis fünfzehnminütige Ansprache zur Begrüßung, die auf den Inhalt des Projekts und die Teilnehmer des Abends abgestimmt ist und die Bereiche Kultur, Medizin, Unternehmenskultur, Wirtschaft und Politik behandelt.

Im Umgang mit den Gästen ist hohe Sensibilität nötig – ich bewirte in meinem Haus Staatschefs, Politiker, Unternehmer, Tarifpartner, Wissenschaftler, Künstler und Kulturschaffende. Bei mir waren unter anderem zu Gast: Bundespräsident Roman Herzog, Bundeskanzler Helmut Schmidt, der holländische Ministerpräsident Ruud Lubbers, der österreichische Bundeskanzler Wolfgang Schüssel, Jürgen Strube, Vorstandsvorsitzender BASF, Hans Reischl, Vorstandsvorsitzender Rewe, Klaus Zumwinkel, Vorstandsvorsitzender Deutsche Post AG, Herzspezialist Professor Reiner Körfer, die Stars Peter Maffay, Mireille Mathieu, Udo Jürgens, Peter Alexander.

Ist die Stimmung besonders gut, singen wir auch schon einmal spontan Lieder. Ich glaube, ich kann nicht besonders gut singen, aber ich singe gern. Ab und zu lasse ich Zettel mit den Liedtexten verteilen – »Gedanken sind frei« wähle zum Beispiel. Ich habe noch niemanden getroffen, dem das nicht gefiel. Im Gegenteil, manchmal fragen die Gäste: »Singen wir denn heute Abend nicht?« Ja, und dann stimmt jemand ein Lied an. Es können die schönsten Abende werden, weil sich ein Gemeinschaftsgefühl entwickelt.

Zur Internationalen Krankenhaus-Management-Tagung habe ich zum Beispiel einige Preisträgerinnen unseres Wettbewerbs »Neue Stimmen« eingeladen. Nachdem sie Lieder aus Opern und

Musicals vorgetragen hatten, überlegte ich, welches Lied so bekannt ist, dass es alle Menschen singen können. Es waren Gäste aus Amerika, Kanada, Israel, Südafrika, Skandinavien am Tisch. Mir fiel »New York, New York« von Frank Sinatra ein. Wir haben alle gemeinsam gesungen. Zwischen den Strophen hat einer schnell den Text vorgesprochen. Es war eine großartige Stimmung an diesem Abend bei mir zu Hause. So etwas plane ich nicht, das muss man improvisieren. Wahrscheinlich empfinden es viele Gäste gerade deshalb so nett und schön bei uns.

Aber wir singen natürlich nicht nur, sondern wir führen auch intensive Gespräche. Stets achte ich darauf, dass möglichst jeder von einem solchen Abend etwas mitnimmt, dass sich keiner langweilt. Ich versuche ein Thema zu finden, das alle interessieren könnte; ich versuche stets zu vermeiden, dass mehrere Themen gleichzeitig besprochen werden. Ich möchte vielmehr alle Gäste in ein gemeinsames Gespräch einbinden. Für einen »Smalltalk« lohnt es nicht, die langen Fahrten und Flüge nach Gütersloh auf sich zu nehmen. Es sollte schon jeder der Gäste neue Gedanken und Anstöße mitnehmen. Auch das ist eine Form der Höflichkeit und Achtung gegenüber dem Gast.

Meistens beende ich den Abend gegen dreiundzwanzig Uhr. Den Nightcup gibt es für viele meiner Gäste noch im Hotel. Am nächsten Tag stehen Konferenzen an, und alle sollten daran ausgeruht teilnehmen können. Sind die Gäste gegangen, brauche ich noch einen Moment, um abzuschalten und bei einem Glas Wein zur Ruhe zu kommen.

Übrigens: Gastgeberin bin ich stets allein. Das ist unsere Arbeitsteilung in der Partnerschaft. Mein Mann meint, dass ich eine Begabung hätte, Menschen zusammenzuführen – und so hat er mir diesen Part allein überlassen. Ihm fehlt häufig die nötige Zeit dafür.

Am anderen Morgen erzähle ich ihm ausführlich vom vorhergehenden Abend. Anerkennde Worte meines Mannes über eine gelungene Veranstaltung tun meinem Herzen gut. Er sagt dazu: »Wir haben unendlich viele Gruppen und Gäste aus vielen Län-

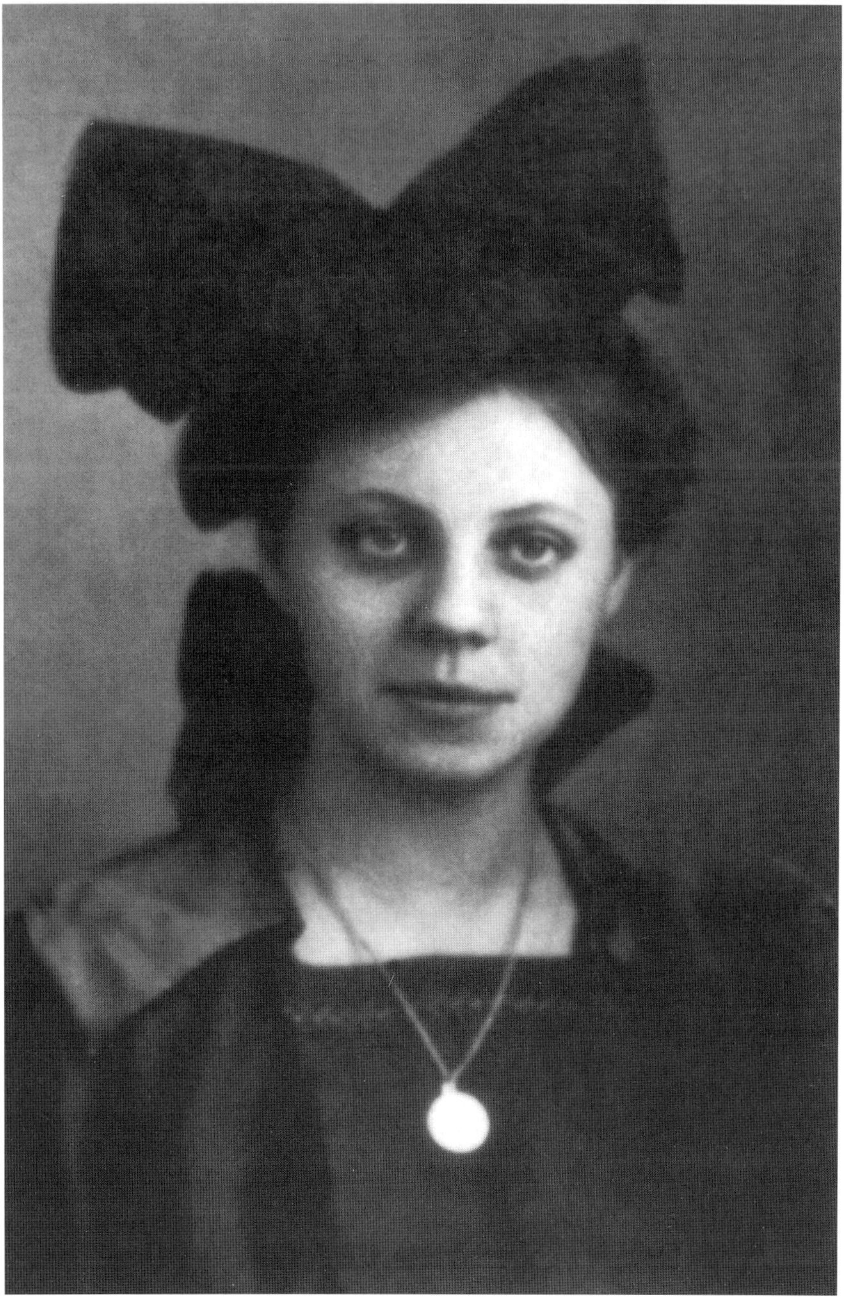

1 Meine Mutter Josefa: Bis heute eines meiner großen Vorbilder.

2 Die berühmte »Reise nach Jerusalem« – erste Begegnung und Auftakt einer wunderbaren Partnerschaft mit meinem Mann.

3 Mein Ein und Alles: Meine Kinder Andreas, Brigitte und Christoph beim Badespaß 1971.

4 Pfadfinderzeit: Gemeinschaft und Zusammengehörigkeitsgefühl, Verantwortung und Lebensfreude – hier bei einem Fahrradausflug gemeinsam mit meiner Cousine.

5 In einem wunderschönen Urlaub auf Rhodos 1972.

6 Gut behütet: Meine beste Freundin Jimmy A. Schmied und ich anlässlich der Hochzeit ihrer Tochter Alexandra .

7 Entspannte Atmosphäre bei dem 4. Kronberger-Gespräch über Europas Nahost- und Nordafrika-Politik 1998.

8 Geburtstagsständchen von Mireille Mathieu anlässlich des 75. Geburtstags meines Mannes.

9 Die große Gratulationsfeier am 75. Geburtstag meines Mannes im Juni 1996 in Gütersloh.

10 Aufbruchstimmung in Ost und West: Das Ehepaar Gorbatschow als Gast in meinem Haus während ihres Besuchs in Gütersloh im Frühjahr 1992.

11 Ein humorvoller Redner und beliebter Gast: Der damalige Bundespräsident Professor Roman Herzog bei einem Symposium über Stiftungsfragen im April 1996.

12 Professor Everding und ich gratulieren gemeinsam den Preisträgern des Gesangswettbewerbs »Neue Stimmen« 1997. In der Mitte Eteri Gvazava, die mit dem Opernfilm »La Traviata a Paris« ein internationaler Star wurde.

13 Der unvergleichliche und unvergessene August Everding beim Internationalen Gesangswettbewerb »Neue Stimmen« 1997.

14 Mit dem befreundeten Unternehmer Gerhard (›Gerry‹) Weber und der Designerin Caren Pfleger 1995 auf dem Empfang zum Abschluss des Gesangswettbewerbs.

15 Im Kreise der hochkarätigen Jury des Internationalen Gesangswettbewerbs »Neue Stimmen« 1995: Hellmuth Matiasek, Kammersängerin Edda Moser und Intendant Ioan Holender von der Staatsoper Wien (von links).

16 Weiterentwicklung der deutsch-jüdischen Beziehungen, unter anderem mit dem damaligen israelischen Staatspräsidenten Chaim Herzog (Mitte) und dem damaligen Bundesaußenminister Klaus Kinkel (rechts) in Bonn 1997.

17 Im Gespräch mit Wolfgang Schäuble, Lord George Weidenfeld (Mitte) und Professor Werner Weidenfeld auf dem Petersberg anlässlich des deutsch-jüdischen Dialogs Oktober 1997.

18 Eine gute Freundin und wichtige Projektpartnerin, nicht nur bei dem Aufbau der Mubarak Public Library: Suzanne Mubarak und ich bei der Einweihung einer Zweigstelle der Bibliothek in Kairo im März 1999.

19 Noch durch eine Armverletzung gehandicapt: Mira Barak, Ehefrau des israelischen Ministerpräsidenten, während meiner Nahost-Reise 1999 in Tel Aviv.

20 Ein charmanter und humorvoller Plauderer, ein großartiger Verleger und Unternehmer und ein guter Freund: Der unvergessene Henri Nannen.

21 Immer wieder gern gesehene Gäste und angenehme Gesprächspartner bei meinen Veranstaltungen: Gerd Schulte-Hillen und Joel Fleishman.

22 Zusammenführung unterschiedlicher Fachgebiete: Monti Lüftner von der Bertelsmann Music Group und Professor Reiner Körfer vom Herzzentrum Bad Oeynhausen.

23 Thomas Middelhoff, Vorstandsvorsitzender der Bertelsmann AG, und ich freuen uns über ein Wiedersehen mit Horst Teltschik, dem ehemaligen Geschäftsführer der Bertelsmann Stiftung, auf der Frankfurter Buchmesse im Oktober 1999.

24 Brückenschlag zwischen Israel und der Bundesrepublik: Das mit uns seit langem eng befreundete Ehepaar Teddy und Tamar Kollek im Gespräch mit dem damaligen Ministerpräsidenten des Landes Nordrhein-Westfalen, Johannes Rau.

25 Ein aufrechter Streiter für Toleranz und Verständigung: Ignaz Bubis als Gast in meinem Haus 1998.

26 Gastfreundschaft wie aus 1001 Nacht: Begrüßung durch Sheikh Nahayan bin Mubarak Al Nahyan in Abu Dhabi während unseres Besuchs im März 2000.

27 Begegnung auf wichtiger politischer Ebene: Gemeinsam mit Jacques Delors, G. A. Jawlinskij, Henry A. Kissinger und Professor Werner Weidenfeld im politischen Diskurs (von links).

28 Einweihung des Chopin-Denkmals in Warschau gemeinsam mit dem ehemaligen US-Außenminister Henry A. Kissinger und Bundespräsident a. D. Dr. Richard von Weizsäcker in Warschau.

29 Begegnung mit Bundeskanzler Gerhard Schröder auf dem ersten Berliner Forum der Bertelsmann Stiftung 1999.

30 Joel Fleishman im Gespräch mit meiner Tochter Brigitte und mir.

39 Ein Wanderer zwischen Kontinenten und Kulturen und ein guter Freund: Lord George Weidenfeld im Gespräch mit meiner Tochter Brigitte und mir.

40 Zusammentreffen mit der Friedensnobelpreisträgerin Rigoberta Menchu anlässlich der Präsentation des Berichts »Die Grenzen der Gemeinschaft« an den Club of Rome in Gütersloh 1996. Rechts auf dem Bild unser langjähriger Freund, Kooperationspartner und Berater Diez Hochleitner.

41 Gemeinsame Freude über eine Spende von 150.000,- DM an die Stiftung Deutsche Schlaganfall-Hilfe von Peter Maffay nach einem Konzert in Halle/ Westfalen 1997.

42 Übergabe eines Schecks zu Gunsten der Stiftung Deutsche Schlaganfall-Hilfe in Höhe von 50.000,- DM aus dem Erlös verkaufter Kochbücher durch die Letter-Landfrauen 1999.

43 Uschi Glas …

44 … und Boris Becker: Meine Tischnachbarn bei der Feier zum 60. Geburtstag von Hubert Burda.

dern der Welt in Gütersloh. Wenn die Gäste in diese Atmosphäre, die sehr wohl noch persönlich und familienbezogen ist, kommen und von meiner Frau bewirtet werden, wenn meine Frau eine Ansprache hält und eine der Sängerinnen vom Wettbewerb ›Neue Stimmen‹ auftritt, dann ist die Reaktion der Gäste fast stets Verwunderung: Gibt es diese Art Kultur überhaupt noch? Ich freue mich sehr darüber, dass meine Frau diese Familientradition weiterentwickelt hat.«

Da wir in der Bertelsmann Stiftung sehr viele Konferenzen, Symposien und überhaupt ständige Zusammentreffen von Gästen aus aller Welt haben, habe ich einen firmeneigenen Veranstaltungsdienst aufgebaut. Der schönste Lohn für mich ist es, wenn die Gäste sich wohl fühlen. Bei jeder Veranstaltung achte ich darauf, dass der Raum ein schönes Bild ergibt. Auch hier ist mir keine Mühe zu groß, einen Abend nett zu gestalten. An lauen Sommerabenden verlegen wir Essen und Empfänge in den Innenhof der Stiftung.

56 Veranstaltungen mit 8900 Teilnehmern haben wir im Jahr 1999 organisiert; darunter waren drei Veranstaltungen mit mehr als 700 Personen, fünf Veranstaltungen mit mehr als 200 Personen sowie unzählige Konferenzen.

Die Abteilung Veranstaltungsorganisation der Stiftung hat heute zwölf Mitarbeiterinnen. Es war meine Idee, diesen Bereich so aufzubauen. Bei Veranstaltungen tragen die Damen dunkelblaue Kostüme und weiße Blusen, die ich speziell hierfür habe anfertigen lassen. So sind unsere Damen als Ansprechpartnerinnen für die Gäste bei Großveranstaltungen zu erkennen. Es zeigt auch nach außen: Wir sind ein Team.

7. Meine Einstellung zu Menschen – meine Vorbilder

Meine Einstellung zu Menschen ist unbedingt positiv – ich glaube an das Gute in ihnen. Für mich ist ein Glas immer halb voll, nicht halb leer. Ich war und bin immer noch neugierig und offen für neue Begegnungen. Ein Mensch, den ich heute kennen lerne, kann morgen mein Freund sein – das ist meine Haltung. Wie oft entdecke ich etwas Wertvolles, Liebenswertes, eine Ähnlichkeit oder Ergänzung der eigenen Gedankenwelt – manchmal völlig unverhofft, wenn man es am wenigsten erwartet. Häufig hat man die Möglichkeit, etwas dazuzulernen. Das sind Begegnungen, die einem gern in Erinnerung bleiben.

Das erste Zusammentreffen mit dem amerikanischen Professor Joel Fleishman aus New York war so eine Begegnung. Er war mir als kompliziert und schwierig angekündigt worden. Ich wusste, dass er ein Weinliebhaber war. Ich lud ihn zu mir nach Hause ein, wir aßen zu dritt ein Sieben-Gänge-Menü mit dazu passenden Weinen und Champagnersorten. Wie in Amerika üblich, begannen wir unser Gespräch mit einem Smalltalk; ich fragte ihn nach seinen Hobbys. Und dann gab er eine wunderbare Antwort, die ich nie im Leben vergessen werde: »Freunde – Freundschaften zu finden und zu pflegen.« Das war eine bemerkenswerte Äußerung. Wie ich feststellte, war er ein sehr unkomplizierter und hilfsbereiter Mann. Er ist ein guter Bekannter und Freund unserer Familie geworden.

Die wichtigsten Dinge des Lebens habe ich von anderen Menschen gelernt – nicht aus Büchern. Fünf Männer und Frauen haben mich besonders geprägt – sie haben Vorbildfunktion für mich.

An erster Stelle steht meine Mutter mit ihrer großen Liebe zu den Menschen, ihrer Güte und ihrem positiven Denken bis ins hohe Alter. An zweiter Stelle möchte ich meinen Mann mit seinem großen Wissen und seiner beeindruckenden Persönlichkeit nennen – als Mann, als Vater und als Unternehmer. Er ist mein bester Lehrmeister in allen Dingen des Lebens.

Dazu gehört auch die Frau des früheren Geschäftsführers unseres Buchclubs in Rheda, die mir eine mütterliche Freundin wurde. Ich werde nie vergessen, als sie das erste Mal vor mir stand. »Mein Mann hat so viel von Ihnen erzählt, jetzt möchte ich Sie persönlich kennen lernen; ich möchte wissen, wer Sie sind und wie Sie aussehen«, sagte sie. Es war der Beginn einer echten, tiefen Freundschaft. Sie hieß Charlotte Borgmann, sie war dreißig Jahre älter als ich und hatte keine Kinder. Sie war eine eigenständige und charakterlich bewundernswerte Frau. Ich konnte alles mit ihr besprechen, auch Persönliches und Privates; bei Problemen hat sie mir oft mit ihrem Rat geholfen. Für mich als junge Frau, der manchmal buchstäblich alles über dem Kopf zusammenbrach – Kindererziehung, großer Haushalt, kranke Kinder, die Partnerschaft zu meinem Mann –, war sie häufig wie ein Anker. Wie oft sagte sie mir, ich müsste mehr Geduld haben, denn wenn man die Dinge von einer anderen Warte aus betrachte, sei alles nur noch halb so schlimm. In unseren Gesprächen konnte ich ihr mein Herz ausschütten, und danach ging es mir oft viel besser. Wir haben aber auch viel zusammen gelacht. Ihre Lebensklugheit habe ich sehr bewundert und viel von ihr gelernt: Geduld, Toleranz, Einsicht, Verzeihen. Ihr Tod vor vielen Jahren war ein großer Verlust für mich.

Der vierte Mensch, der mich sehr beeindruckt hat, ist Teddy Kollek, der ehemalige Bürgermeister von Jerusalem. Ich lernte ihn vor ungefähr zwanzig Jahren kennen, als ich mit meinem Mann Israel besuchte. Er empfing uns in seinem spartanisch ausgestatteten Büro im Bürgermeisteramt nahe der alten Stadtmauer. Es war voll gestopft mit Arbeitsunterlagen, Akten und Büchern. Trotz seines doch oft bestimmenden Tons merkte ich sehr schnell, dass er unter seiner rauen Schale ein gutes Herz verbarg. Er war energisch und gütig zugleich und konnte mit dieser Art Menschen für sich einnehmen. Wir sind Freunde geworden. Wir schreiben uns und sehen uns, wann immer ich in Israel bin oder sich sonst eine Möglichkeit bietet. Er ist ein sehr gradliniger, ehrlicher Mensch, und das gefällt mir an ihm. »Wenn ich etwas als richtig erkannt habe, dann bleibt es auch richtig für mich«, sagt er. Er weicht nicht von seiner Linie ab. Ich finde, dies ist eine sehr positive Eigenschaft. Ich habe ihn in mein Herz geschlossen. Wenn ich ihn sehe, auch seine Frau Tamar – wir blicken uns nur an, und schon verstehen wir uns. Wir haben große Achtung voreinander. Teddy Kollek ist ein großer Pragmatiker, der immer nur etwas tun wollte, was der Allgemeinheit dient. Unsere Gedanken und Ziele liegen eng beieinander. Er liebt es, Dinge anzupacken und nicht lange darüber zu reden oder endlose Konferenzen abzuhalten. Er ist der klassische Mann der Tat. Mit diesem Pragmatismus gelang es ihm, achtundzwanzig Jahre lang Bürgermeister von Jersualem zu bleiben. Er regierte diese schwierige Stadt, in der Araber, Juden, Christen und Fanatiker aller Couleur leben. Er wollte sie miteinander versöhnen. Eine Arbeit, die aus einem Traum immer wieder ein Trauma machen konnte. Sein Tag begann morgens um fünf, er hatte manchmal drei bis vier Arbeitsfrühstücke hintereinander. »Jerusalem ist mein Leben, wird es sein bis zum Ende meiner Tage«, sagt er. Durch seine Arbeit sicherte er über viele Jahre hinweg den Frieden in Jerusalem. Bewundernswert ist sein ausgleichendes Verständnis für alle Bevölkerungsgruppen. Er baute zum Beispiel Abteilungen in den Krankenhäusern, in denen Moslems getrennt – Männer von Männern, Frauen von Frauen – untersucht werden, weil ihre Religion dies vorschreibt.

Auch bei den amerikanischen Juden ist er sehr beliebt. Er hat in Amerika viel Geld für seine Aufbauarbeit in Israel gesammelt.

Einmal, nach einer gemeinsamen Tagung, gingen wir in der Pause eine halbe Stunde durch die Stadt. Er führte mich auch in den arabischen Teil Jerusalems. Ich war mehr als erstaunt und beeindruckt, wie freundlich er hier von arabischen und jüdischen Mitbürgern gleichermaßen voller Achtung begrüßt wurde. Jeder kannte ihn. Diese kleine Szene sagte eigentlich mehr über das, was er für diese Stadt geleistet hat, als lange Lobeshymnen, die über ihn geschrieben wurden.

Ein anderes Mal, so erinnere ich, wurde er in Jerusalem mit Tomaten und Früchten beworfen. Mein Mann und ich hatten darüber in der Zeitung gelesen und waren sehr erschrocken. In einem Brief baten wir ihn, er möge sich doch nicht mehr einer solchen Gefahr aussetzen. Es könnte unter Umständen lebensgefährlich für ihn werden. Seine Antwort war: »Wenn ich nicht mehr durch meine eigene Stadt ohne Schutz gehen kann, dann habe ich etwas falsch gemacht.«

Ich werde nie vergessen, was Teddy Kollek mir vor vielen Jahren über das multikulturelle Zusammenleben in Israel gesagt hat: »Die Probleme, die wir haben, bekommt ihr in Deutschland in einigen Jahren.«

Beeindruckt hat mich auch der Brasilianer Roberto de Abreusodré. Er war Gouverneur von São Paulo und später Außenminister seines Landes. Wir lernten ihn kennen, als mein Mann den Bertelsmann Buchclub in Südamerika aufbaute. Den Kontakt vermittelte sein Schwiegersohn, ein großer Verleger. Die Familie de Abreusodré gehörte zu den reichsten des Landes. Roberto lud uns zu einem Wochenendbesuch auf eine seiner Kaffeefarmen ein. Die Farm, die er uns zeigte, war vierzigtausend Hektar groß – unvorstellbare Dimensionen für uns hier in Deutschland. Etwa zweitausend Menschen arbeiteten dort. Sie wohnten in einem Dorf, das uns wie die Kulisse zu einem Westernfilm erschien: Pferdewiehern und Hufgetrappel auf der Dorfstraße, viele kleine Läden nebeneinander, laute Männerstimmen in einem Saloon. Anschließend sahen wir seine Rinderfarm mit tausenden von Tieren, die auf grünen Weiden grasten. Dazwischen Cowboys auf Pferden, die ihre Lassos schwangen. Die endlose Weite des Landes überwältigte mich – der Blick verlor sich am grenzenlos rot gefärbten Horizont, als die Sonne unterging. Deutschland war so fern, und es erschien mir als sehr eng und winzig klein im Vergleich dazu.

Wir erlebten eine Gastfreundschaft, wie ich sie vorher nicht gekannt hatte. Dreißig Bedienstete umsorgten uns, die eigens aus

São Paulo mit dem Bus gekommen waren. Roberto hatte für alles sorgen lassen – es lagen Hüte als Sonnenschutz bereit, die Koffer waren ausgepackt, als wir unsere Gästezimmer betraten. Die gebrauchte Wäsche fanden wir am nächsten Tag gewaschen und fein säuberlich im Schrank geordnet vor. Es war bezaubernd, wie Roberto uns das Gefühl vermittelte: Nichts ist mir wichtiger, als diese Zeit jetzt mit euch zu verbringen. Seine Aufmerksamkeit war nicht nur höflich, sie war warmherzig.

Seine Frau Anna Maria erzählte amüsiert von ihren häufigen Einkaufsausflügen nach New York oder schon mal nach Paris. Fünfzig leere Koffer nehme sie mit. Bei ihrer Rückkehr hätten die Zollbeamten sie gefragt: »Wo ist der Bus, wo sind die anderen Gäste?« Worauf sie lachend geantwortet hätte: »Welche Gäste? Es sind alles meine Koffer.«

Wir lernten einen Lebensstil kennen, den wir nur aus Hollywood-Filmen kannten: Wir standen am Swimmingpool, und Kellner mit dunklen Anzügen und weißen Handschuhen servierten uns Champagner und Kaviar. Wahrlich eine andere Welt als unsere in Deutschland ...

Trotz dieses aufwendigen Lebensstils war Roberto ein bescheidener Mann. Ein Blick in seine großen braunen Augen zeigte, dass er weder »abgehoben« noch weltfremd war. Er kannte die Probleme seines Landes, die Armut, die Arbeitslosigkeit, die große Kluft zwischen Arm und Reich – als verantwortungsbewusster Mann sorgte er sich um sein Land. Seine Arbeiter liebten ihn, für jeden hatte er ein gutes Wort. Er zeigte viel Menschlichkeit und Hilfsbereitschaft. Wir waren uns so nah, dass ich das Gefühl hatte, diesen Menschen schon ein Leben lang zu kennen. Mein Mann und ich schlossen ihn in freundschaftlicher Verbundenheit in unsere Herzen. Als wir abflogen, waren wir sehr bewegt. Bei dem Gedanken, Roberto vielleicht nie wieder zu sehen, kamen mir die Tränen.

Tief in meinem Herzen nahm ich mir vor, auch so eine gute und aufmerksame Gastgeberin zu werden. In diesen wenigen Tagen hatte ich viel gelernt. Wir wurden Freunde und haben uns seither regelmäßig gesehen.

8. Begegnungen – internationale Kontakte

Wer als Gastgeber fungiert, ist andererseits auch selbst häufig zu Gast. Ich erhalte sehr viele Einladungen, die mir interessante Einblicke in andere Welten und Kulturen verschaffen. Bei mir zu Hause oder in Königspalästen, bei Staatsbesuchen, Abendessen und Empfängen lerne ich oft nicht nur interessante, sondern auch liebenswerte, kluge Menschen kennen, die einen wichtigen Platz in unserer Gesellschaft einnehmen.

Eine beeindruckende Begegnung war für mich die mit dem ehemaligen Bundespräsidenten Roman Herzog. Ich lernte ihn kennen, als er anlässlich einer Konferenz mit zwanzig anderen Herren bei mir zu einem Abendessen zu Gast war. Zu dieser Zeit war er noch Präsident des Bundesverfassungsgerichts. Er war mein Tischherr, und wir verstanden uns sehr gut. In vielen Themen stimmten wir überein, zum Beispiel wie wichtig ehrenamtliches Engagement oder auch die Tätigkeit von Stiftungen für unsere Gesellschaft ist. Nie werde ich vergessen, mit welcher Wärme und Aufrichtigkeit er an diesem Abend über die Beziehung zu seiner Frau sprach. Sie seien echte Partner, stünden füreinander ein; keine Entscheidung würde er ohne seine Frau treffen. Seine offene, ehrliche Menschlichkeit nahm mich an diesem Abend sehr für ihn ein.

Später – als er bereits Bundespräsident war – begegneten wir uns öfter. Ich lernte auch seine Frau Christiane kennen; sie verkörperte eine bewundernswerte Haltung und Würde, und sie repräsentierte unser Land mit warmherzigem, mitmenschlichem Engagement, zudem leistete sie Großartiges für ihre Mukoviszidose-Stiftung.

Es entstand ein freundschaftlicher Kontakt mit beiden. Einmal unterhielten wir uns darüber, wie wichtig die Einnahme von Vitaminen, Mineralien und Spurenelementen für Menschen ist, die hohen Belastungen ausgesetzt sind. Ich legte Roman Herzog dies dringend ans Herz. Später sagte seine Frau mir, sie selbst hätte ihren Mann bisher nicht dazu bewegen können, regelmäßig Vitamine und Mikronährstoffe einzunehmen; doch mir war es offensichtlich gelungen, ihn zu überzeugen. »Jeden Morgen denke ich an Sie, Frau Mohn«, scherzte Roman Herzog.

Ich erinnere mich an eine nette Begebenheit mit dem Ehepaar Herzog. Es war an dem Tag, als ich in Leipzig den »Charity-Bambi« verliehen bekommen sollte. Ich wollte mit einigen Managern unseres Hauses von München aus dorthin fliegen. Als wir auf dem Flugplatz in unserer Maschine saßen, hieß es auf einmal, dass wir nicht fliegen könnten, weil die Maschine einen Schaden hätte. Was tun? Mussten wir den Abend ausfallen lassen? Als ich aus dem Fenster schaute, sah ich eine Maschine der Bundeswehr-Flugbereitschaft, wie sie unsere Politiker benutzen, fertig zum Abflug auf dem Rollfeld stehen. Vielleicht flog dort jemand, den ich kannte, der uns helfen konnte? Ich stürmte mit einem der Herren in meiner Begleitung aus unserem Flugzeug, und wir liefen zu der anderen Maschine hinüber. An der Rolltreppe stand das Sicherheitspersonal. Wir hatten Glück – sie erkannten mich. Es handelte sich um die Bodyguards von Bundespräsident Herzog und seiner Frau. Sie ließen mich in die Maschine einsteigen, die das Ehepaar Herzog gerade bestiegen hatte. »Frau Mohn, was machen Sie denn hier?«, fragte Roman Herzog erstaunt. Ich schilderte unsere Lage, und wie es der Zufall wollte, waren auch er und seine Frau auf dem Weg nach Leipzig. Dort sollte Christiane Herzog die Laudatio anlässlich der Überreichung des »Charity-Bambis« an mich halten. Natürlich haben sie mich und meine Begleiter mitgenommen – der Abend war gerettet.

Auf Staatsbesuch in England

Ein besonderes Erlebnis war die Einladung von Bundespräsident Herzog zum Staatsbesuch nach England im Jahr 1998. Schon mehrmals hatte Roman Herzog mich gebeten, ihn doch mal als Repräsentantin des internationalen Medienhauses Bertelsmann und der Bertelsmann Stiftung auf einem Staatsbesuch zu begleiten. Aus terminlichen Gründen musste ich häufig ablehnen. Diesmal klappte es.

In England bekam ich einen kleinen Eindruck davon, wie man als Königin lebt. Ich fuhr mit der Kutsche nach Windsor und erlebte die neugierigen und begeisterten Massen am Straßenrand, die uns zuwinkten. Ich übernachtete auf Schloss Windsor, das vor tausend Jahren eine normannische Festung und im Laufe der Jahrhunderte zum Schloss im gotischen Stil umgebaut worden war. Mit 680 Räumen ist es das größte bewohnte Schloss der Welt, über 9000 Angestellte gehören zu diesem riesigen Haushalt. Es war ein großes Erlebnis für mich, im Haus der Queen zu wohnen.

Es wird berichtet, dass die englische Königin Schloss Windsor sehr liebt. Als vor einigen Jahren der Nordflügel des Schlosses abbrannte, war die Queen sehr getroffen. Es muss ihr sehr nahe gegangen sein. Sie sagte damals: »Buckingham Palace ist mein Büro – aber Windsor ist mein Zuhause.« So wurde Windsor wieder restauriert – die königliche Familie zahlte zwei Drittel der hundertzehn Millionen Restaurierungskosten.

Für jeden Gast gab es während des Staatsbesuchs bestimmte Protokollregeln. Dennoch war Bundespräsident Herzog ein wenig irritiert. Er sagte zu mir: »Ich weiß gar nicht, wann ich den Zylinder abnehmen und wann ich ihn aufsetzen muss.« »Ach, Herr Bundespräsident«, sagte ich zu ihm, »achten Sie doch nur auf Prinz Philipp – wie er es macht, machen Sie es auch.«

Auch ich erlebte kleine Irritationen mit der Etikette. Zum Mittagessen, so konnte ich in meinem Ablaufplan lesen, sollten die Damen mit Hut und weißen Handschuhen erscheinen. Ich liebe Hüte, trage sie gern und wählte passend zu meinem Kostüm einen schwarzen Hut für diesen Anlass. Als ich am Tisch von Prinzessin Anne Platz genommen hatte, sah ich, dass die anderen Damen ihre Hüte offensichtlich schon abgenommen hatten. Ich war die Einzige, die noch einen Hut auf dem Kopf hatte. Durch ein Gespräch abgelenkt, hatte ich es versäumt, ihn abzulegen. Schnell erhob ich mich vom Tisch und zog mich in eine Ecke zurück. Dort gab ich den Hut einer Hofdame der Königin.

Der Service auf Schloss Windsor war leise und unaufdringlich – als ich auf meinem Zimmer ankam, waren die Koffer bereits ausgepackt. Auf dem Tisch lag auf blauen Samt gebettet der »Royal Victorian Order«, den die Königin mir anlässlich dieses Besuchs verliehen hat. Daneben lag ein Begleitbuch, das erklärte, wann und wie man diesen Orden trägt. Ich empfand es als eine große Ehre.

Beim Umziehen zum Defilee und Abendessen im Schloss entdeckte ich mein Abendkleid ordentlich aufgehängt im Schrank. Einige andere Kleidungsstücke konnte ich nicht finden. Ich klingelte nach dem Zimmermädchen und fragte sie danach. Sie wies auf einen Stuhl, auf dem feinstes, weißes, englisches Leinentuch lag. Darin eingehüllt war meine Wäsche und alles andere für den Abend bereitgelegt. Ein wahrhaft königlicher Service!

Zwanzig Minuten geht man vom Gästetrakt zum Dinner durch die menschenleeren Schlossflure, alle bestückt mit kostbaren Meisterwerken und Antiquitäten. Windsor beherbergt zahlreiche erlesene Gemälde, unter anderem von Van Dyck, Canaletto, Holbein. Als ich durch die langen Flure ging, fragte ich mich, wie man sich in einem solchen riesigen, weitläufigen Gebäude zu Hause fühlen könne. Ich spürte, dass man in solcher Pracht und Größe auch sehr einsam sein konnte. Alte Mauern und prächtiges Interieur können die Wärme und Zuwendung der Mitmenschen nicht ersetzen. Ich glaube, man muss in einem solchen Umfeld aufgewachsen sein, um einen solchen Verzicht auf Privatsphäre zu ertragen. Dazu bedarf es einer bestimmten Lebenseinstellung, die schon früh anerzogen werden muss – das wurde mir in den wenigen Stunden auf Schloss Windsor klar. Ich frage mich allerdings, ob man in einer solchen Welt wirklich glücklich sein kann.

Beim Defilee im Oak Room wurde ich der Königsfamilie vorgestellt. Laut Protokollchef war es nicht nötig, einen Hofknicks zu machen. Das anschließende Dinner an der festlich gedeckten Tafel mit antiken Silberleuchtern, englischer Rosendekoration, Silberbesteck mit königlichem Wappen und leiser Musik im Hintergrund fand in der sechzig Meter langen St. George's Hall statt.

Ich saß bei Tisch Queen Elizabeth, Prinzessin Margret und der Queen Mum gegenüber. Prinz Andrew fungierte als Tischherr, Prinz Charles hatte seinen Platz unweit von uns. Ich konnte die königliche Familie sehr gut beobachten und stellte fest, wie schwierig es ist, sich königlich zu benehmen. Stets beherrscht bleiben, Haltung bewahren, aufmerksam zuhören – ob man interessiert ist oder nicht, zudem zu allen möglichen Themen Ansprachen halten – dieses Leben zwingt die Angehörigen der königlichen Familie, viel vom eigenen Ich aufzugeben. Besonders gefiel mir Queen Mum, die ja am 4. August 2000 ihren hundertsten Geburtstag feierte. Sie war höchst imponierend – sie trug ein champagnerfarbenes Spitzenkleid, dazu ein schweres Diadem auf dem Kopf, trank voller Genuss Champagner, unterhielt sich angeregt und schien sehr vergnügt. Von nachmittags bis nach Mitternacht – von der Teestunde bis zum Ende des Dinners – zeigte sie keinerlei Ermüdungserscheinungen. Ich habe sie sehr bewundert. Aber auch für sie ist so ein offzielles Dinner protokollarische Pflicht, die sie mit einem Lächeln in ihren blauen Augen erfüllt. Ich unterhielt mich mit ihr über das politische und gesellschaftliche Leben in England und in unserem Land, über die Beziehung unserer beiden Staaten und über das zukünftige Europa. Ich war beeindruckt von ihrer reichen Lebenserfahrung – im Alter von hundert Jahren schaut man weise und gelassen auf viele Aufgeregtheiten unserer Tage.

Auch Prinzessin Anne hat mir sehr gefallen. Sie bewegt sich äußerst selbstbewusst und souverän auf dem gesellschaftlichen Parkett, plaudert charmant mit Würdenträgern, kennt sich in der internationalen Politik aus – man merkt, dass sie sich seit ihrer Kindheit in dieser Welt bewegt.

Ich fand die Berührung mit der traditionellen, von strengen

Normen geprägten Welt Englands und speziell der königlichen Familie beeindruckend und interessant. Seitdem verstehe ich die englische Kultur und das englische Königshaus besser. Doch ich befürchte, die Fixierung auf ein Zuviel an Normen und Traditionen verhindert eine Fortentwicklung und birgt die Gefahr der Erstarrung. Mein persönlicher Wunsch wäre: ein Drittel weniger strenge Formen in England, ein Drittel mehr davon bei uns in Deutschland – das wäre vielleicht das richtige Maß.

Diese Reise nach England war eine meiner letzten Begegnungen mit Christiane Herzog. Ich wusste schon länger, dass sie sehr krank war. Ihr Tod hat mich tief erschüttert. Viele Erinnerungen stiegen in mir auf, als ich die Nachricht erhielt. Eine so großartige Frau wie sie wird unserem Land fehlen.

Begegnungen mit beeindruckenden Persönlichkeiten

Häufig erhalte ich Abendeinladungen, die nicht so weit von Gütersloh entfernt sind. Ich versuche dann meistens, mich von meinem Chauffeur in der Nacht zurückfahren zu lassen. Ich bin lieber nachts um zwei Uhr zu Hause, als dass ich den nächsten Vormittag mit der Heimreise verbringe. So kann ich am Tag nach einer Einladung meinen beruflichen Terminplan einhalten. Dauert die Fahrt mehrere Stunden, starte ich meistens in bequemer sportlicher Kleidung – Hose und Pullover –, arbeite im Auto und packe meine Abendgarderobe ein. Kurz vor dem Haus der Gastgeber oder dem Ort der Veranstaltung hält mein Fahrer, ich ziehe die Gardinen im Auto zu und wechsle die Kleidung.

Kürzlich war ich zu einem Abendessen für zwölf Personen bei der niederländischen Königin Beatrix in ihrem privaten Palais »Huis ten Bosch« – zu deutsch »Waldhaus«, eine Neunundneunzig-Zimmer-Residenz aus dem 17. Jahrhundert – in Den Haag eingeladen. Es war das Abschiedsessen für den israelischen Botschafter Avor Primor, der nach Israel zurückkehrte. Ich habe ihn durch unsere langjährige Zusammenarbeit für verschiedene Projekte der

Bertelsmann Stiftung und der Bertelsmann AG in Israel kennen und sehr schätzen gelernt.

Ich hatte ein Abendkleid mit vielen kleinen Knöpfen mitgenommen und zog es – wie gewohnt – im Auto an. Plötzlich rissen fünf Knöpfe auf einmal ab. Es war eine Katastrophe – so konnte ich auf keinen Fall zu dem königlichen Dinner erscheinen. Für einen Moment war ich ratlos – dann hatte ich eine Idee: Mein Fahrer Thomas Barnhöfer fuhr mich zu einem großen Hotel in Den Haag, und ich schilderte an der Rezeption meine Notlage. Man hatte vollstes Verständnis – in einem offenen Kleid konnte ich nicht zum Dinner bei der Königin erscheinen. In kürzester Zeit wurde mir ein Zimmer zur Verfügung gestellt, eine Hausdame erschien und nähte die Knöpfe an.

Es wurde dann ein sehr nettes, informelles Abendessen, an dem neben Königin Beatrix und ihrem Mann Prinz Claus auch die Verlegerin Friede Springer, Graf und Gräfin Lambsdorff, Otto von Gablentz, der ehemalige deutsche Botschafter in den Niederlanden, und natürlich Avor Primor teilnahmen.

Die Lehre aus diesem Erlebnis für mich ist: Künftig nehme ich neben Ersatzstrumpfhosen und Nähzeug auch immer ein Ersatzkleid mit, wenn ich zu offiziellen Einladungen unterwegs bin. Und einen Trick kann ich noch denjenigen Damen verraten, die auch so viel unterwegs sind wie ich: Welch Albtraum, wenn man auf dem Weg zu einem offiziellen Termin plötzlich einen Fleck auf dem Kostüm hat. Erfrischungstücher aus den Flugzeugen leisten hier hervorragende »erste Hilfe« – sie entfernen die Flecken ohne Rand. Ich habe es ausprobiert!

Gern denke ich auch an die erste Begegnung mit dem Ehepaar Gorbatschow zurück. Ich lernte sie im Frühjar 1992 kennen. Michail Gorbatschow wollte ein Buch veröffentlichen. Aus diesem Anlass luden wir ihn und seine Frau zu einem Essen im kleinen Kreis – nur mein Mann und ich sowie einige Vorstandsmitglieder der Bertelsmann AG nahmen daran teil – in unser Privathaus ein. Gorbatschow war zu diesem Zeitpunkt sehr populär, besonders im Westen. Es war die Zeit des Aufbruchs nach dem Fall der Mauer.

Russland befand sich im Strudel des Wandels, angestoßen von Gorbatschow bahnte sich die Demokratie vorsichtig ihren Weg. Das Treffen war sehr herzlich, Michail Gorbatschow umfasste meine Hand mit beiden Händen zur Begrüßung – es war, als würde man einander schon lange kennen.

Wir unterhielten uns über die politische und wirtschaftliche Lage Russlands und über das Zusammenwachsen Europas. Er beschrieb eindrücklich, wie schwer die Last auf seinen Schultern liege, ein so riesiges Land, in dem alte Denkmuster vorherrschten, voranzubringen. Am meisten trieb ihn die Sorge um, dass sein eingeschlagener Weg zur Demokratisierung von Wirtschaft und Gesellschaft irgendwann einmal kippen und das Land wieder ins Chaos zurückfallen könnte. Ein Dolmetscher übersetzte die Unterhaltung. Ich empfand Michail Gorbatschow als einen sehr sympathischen Menschen mit einer starken emotionalen Kraft, Fröhlichkeit und Lebensfreude. Er erzählte, dass er immer sehr spät schlafen gehe – erst morgens um zwei, drei Uhr; er brauche die Zeit, um alles zu schaffen, was er sich vorgenommen habe. »Wer zu viel schläft, den bestraft das Leben«, meinte er damals lächelnd.

Seine Frau Raissa war eine sehr kluge Frau mit einer starken weiblichen Ausstrahlung. Sie hatte Soziologie und Politologie studiert. Sie war eine absolut ebenbürtige Gesprächspartnerin für ihren Mann und unterstützte ihn in seinen Visionen. Das bemerkte man bei dem Gespräch, an dem sie lebhaft teilnahm und bei dem er ihre Aussagen stets berücksichtigte. Mit ihrem Charme, ihrer eleganten Erscheinung, dazu stets farblich abgestimmtem Schmuck, war Raissa Gorbatschowa eine perfekte Ergänzung zu ihrem Mann. Auch ich als Außenstehende bemerkte die innige Verbundenheit dieses Paares – sie war ein Stück von ihm, er von ihr. Gemeinsam trugen sie ihre Pflichten, teilten Freude, Erfolg und Niederlagen – wie viel haben sie gemeinsam durchgestanden! Ich bin froh, dass ich diesem Paar begegnen durfte.

Vermutlich werden die starken seelischen Belastungen in diesen unruhigen Zeiten des Umbruchs nicht ohne Folgen für ihre Gesundheit gewesen sein. Der frühe Tod von Raissa Gorbatschowa hat mich und meinen Mann sehr bewegt.

Kritiker mögen Gorbatschow im Nachhinein politsche Fehler vorwerfen – für mich bleibt seine historische Leistung bestehen, Russland und Europa einen bahnbrechenden Weg in eine bessere Zukunft gewiesen zu haben.

Einen sehr freundschaftlichen Kontakt haben mein Mann und ich auch zu Ruud Lubbers, dem ehemaligen Ministerpräsidenten der Niederlande. Ich lernte ihn auf dem Bonner Petersberg anlässlich des Internationalen Bertelsmann-Forums kennen, an dem auch einige Staatspräsidenten teilnahmen. Ich saß an einem Tisch mit dem damaligen Bundeskanzler Helmut Kohl, dem spanischen Ministerpräsidenten Felipe Gonzales und Ruud Lubbers. Ich erinnere mich genau an diesen Tag, weil es der Geburtstag von Helmut Kohl war und er aus diesem Anlass eine Torte überreicht bekam. Das hatte Horst Teltschik organisiert, der vormalige außenpolitische Berater Helmut Kohls und damalige Geschäftsführer der Bertelsmann Stiftung.

Ruud Lubbers stammt aus einer mittelständischen Industriellenfamilie und kennt daher die spezifische Situation von Unternehmern sehr gut. So fanden wir rasch eine gemeinsame Ebene für unser Gespräch. Sein Vater hatte eine Bau- und Maschinenfabrik, in die Lubbers nach dem frühen Tod seines Vaters als Direktionsassistent in den Vorstand eintrat. Zwei Jahre später wurde er bereits einer der Direktoren des Unternehmens – neben zwei weiteren Brüdern. Es heißt, dass er als Unternehmer sehr erfolgreich war. Sein soziales und gesellschaftspolitisches Interesse war schon früh ausgeprägt, mit vierunddreißig Jahren war er bereits Wirtschaftsminister seines Landes. Mit dreiundvierzig Jahren wurde er als jüngster Regierungschef der Niederlande vereidigt.

Mit seinen breit gefächerten Interessengebieten und seiner umfangreichen Lebenserfahrung erinnerte er mich sehr an meinen Mann. Zwölf Jahre war er Ministerpräsident seines Landes, dann trat er zurück. Ich fragte ihn nach den Gründen und ob ihm das nicht schwer gefallen sei. Freiwillig gäben doch nur wenige Menschen eine solche Position auf, was ja stets verbunden sei mit einem Verlust an Einfluss, Macht, vielseitigsten Kontakten und auch Annehmlichkeiten im Lebensstil. Er antwortete damals, dass er lange genug auf der Bühne gewesen sei, so lange wie Herr Kohl wolle er nicht im Amt bleiben. Er glaubte, dass er als Ministerpräsident ein intensives Leben geführt habe und es an der Zeit gewesen sei, das Amt in andere kompetente Hände zu geben. Seine gelassene Einstellung beeindruckte mich damals sehr. Er ist bis heute ein häufiger und gern gesehener Gast der Bertelsmann Stiftung, sein Rat und sein Wissen sind nach wie vor sehr gefragt.

Ruud Lubbers war übrigens maßgeblich an dem Aufbau der so genannten Stiftung für Arbeit in den Niederlanden beteiligt. Die Einrichtung mit Vertretern von Gewerkschaften und Arbeitgeberverbänden verpflichtet sich zur Konsensfindung in tarif- und sozialpolitischen Fragen. Meinen Mann, mich und den Beirat der Bertelsmann Stiftung hat dieses Modell so überzeugt, dass der Einrichtung 1997 der Carl-Bertelsmann-Preis verliehen wurde.

Heute hat Ruud Lubbers Lehraufträge an mehreren Universitäten. Er arbeitet außerdem viel für den Club of Rome, in dem ich Mitglied bin und mein Mann Ehrenmitglied. Dadurch stehen wir heute noch in Verbindung. Mittlerweile wurde aus einer Bekanntschaft eine Freundschaft.

Dass Ruud Lubbers ab dem Jahre 2001 das Amt als UN-Hochkommissar für Flüchtlinge übernimmt, hat mich ganz besonders für ihn gefreut – nicht nur, weil ich davon überzeugt bin, dass er hervorragende Arbeit leisten wird, sondern weil es auch seine Verdienste um den Ausgleich zwischen den Völkern, Kulturen und Menschen würdigt.

Ein guter Freund ist inzwischen auch der englische Verleger Lord George Weidenfeld, der in London lebt. Er wurde in Wien geboren, verbrachte dort seine Jugendjahre und flüchtete nach dem Anschluss Österreichs unter Hitler nach London, nachdem sein Vater festgenommen worden war. Während des Krieges arbeitete Weidenfeld als Journalist, später gründete er seinen Verlag in London. Seit vierundzwanzig Jahren ist er »Life Peer«, seine politische Tätigkeit beschränkte sich jedoch lediglich auf das Halten von Reden im Oberhaus, in denen er für die Politik Israels warb. Ein politisches

Amt hat er nicht ausgeübt. Wir kennen ihn seit vielen Jahren, einmal hat er mich zu einem Lunch im House of Lords mitgenommen. Seinen achtzigsten Geburtstag in London werde ich nicht vergessen. Er wurde von Freunden im Trinity House ausgerichtet. Ich war fasziniert vom Stil des Hauses, die Einrichtung ist kostbar wie in einem Museum; es war wunderschön dekoriert, Rosen mit Hortensien gemischt, dazu rosarote Samtbänder und Tischdecken, die Tafel festlich illuminiert mit Kerzen in großen Silberleuchtern. Es sah phantastisch aus. Lord Weidenfeld war mein Tischherr – er ist immer noch ein Liebling der Frauen, charmant, unterhaltsam, ein Kavalier, wie man ihn heute kaum noch findet. Er ist wirklich »very British«. Es war bemerkenswert, dass alle Ansprachen an diesem festlichen Abend von Frauen gehalten wurden.

Er arbeitet mit uns im deutsch-jüdischen Dialog der Bertelsmann Stiftung zusammen und ist ebenso wie ich Mitglied der wissenschaftlichen Akademie in Salzburg. Die weltweiten Verbindungen, die er nutzt und weitervermittelt, sind unbezahlbar.

Lord Weidenfeld war es auch, der 1996 die Gründung des »Club of Three« initiiert hat. Ich bin seit Anbeginn Mitglied des Clubs. Sein Grundgedanke ist es, dass England, Frankreich und Deutschland nicht nur politisch und wirtschaftlich in Europa zusammenwachsen, sondern auf dem Weg zur Einheit versuchen müssen, unterschiedliche Standpunkte zu verstehen und zu überwinden. Dazu sollen regelmäßige Treffen von Meinungsführern und Entscheidungsträgern aus den Bereichen Politik, Wirtschaft, Wissenschaft und Medien dieser drei Länder beitragen. Das erste Treffen fand im Juni 1998 im »Spencer House« von Lord Rothschild in London statt, im Dezember 1999 trafen wir uns in Berlin im Haus der Deutschen Bank und auch bei DaimlerChrysler Unter den Linden. Gastredner war unter anderem Sachsens Ministerpräsident Kurt Biedenkopf, Bundespräsident Johannes Rau, Wirtschaftsmanager wie Klaus Mangold, Vorstandsmitglied von DaimlerChrysler, sowie Rolf E. Breuer. Der Club ist ein Forum für anregende Diskussionen, die Mitgliedern und Gästen innovative Gedanken vermitteln. Interessante Leute können neue Kontakte knüpfen und gemeinsame Ziele entdecken.

Ein guter Freund ist für meinen Mann und mich auch der spanische Verleger Ricardo Diez Hochleitner, Präsident des Club of Rome seit 1991. Wir haben ihn vor vielen Jahren durch verlegerische Kontakte kennen gelernt. Diez Hochleithner ist ein sehr gebildeter Mann, der zuerst in Spanien Betriebswirtschaft und anschließend in Deutschland an der TU Karlsruhe Chemie studierte. Er war Universitätsprofessor in Spanien und Kolumbien, danach sammelte er zahlreiche Erfahrungen in verschiedenen Tätigkeiten für die Bereiche Erziehung und Bildung bei der UNESCO und der amerikanischen OAS. Heute ist Diez Hochleitner vor allem verlegerisch tätig. Er ist Vizepräsident der spanischen Mediengruppe Timon sowie der Santilla Foundation und gehört dem Verwaltungsrat der PRISA (Tageszeitung »El Pais«) an.

Mit meinem Mann und mir hat er einen deutsch-spanischen Kulturdialog initiiert. Wir haben seine weltgewandte Art, sein großes Wissen, seinen selbstverständlichen, charmanten Umgang mit Menschen sehr schätzen gelernt. Er ist ein höchst angenehmer Gesprächspartner, mit dem man über alle Themen dieser Zeit sprechen kann. Ruhig und bedächtig hört er zu und macht dann eine klare Analyse oder gibt – wenn gewünscht – einen klugen Rat.

Seit 1993 ist Ricardo Diez Hochleitner Mitglied des Beirats der Bertelsmann Stifung, ist Gast und begehrter Berater bei vielen Tagungen.

Mein Mann erhielt den Prinz-von-Asturien-Preis. Diese Auszeichnung wurde ihm in der Sparte Kommunikation und Geisteswissenschaften »für ein Lebenswerk, das seinesgleichen suche« verliehen – so formulierte es die Jury. Der Prinz-von Asturien-Preis gilt als eine der bedeutendsten Auszeichnungen Spaniens.

Unser Unternehmen ist seit fünfunddreißig Jahren in Spanien präsent. Wir sind dort mit zahlreichen Zeitschriften, Verlagen, Musikfirmen und einer Druckerei vertreten. Außerdem gibt es einen Buchclub. Der »Circolo de lectores« hat einen anderen Stellenwert in Spanien als der Bertelsmann Buchclub in Deutschland.

Anderthalb Millionen Mitglieder zählt der spanische Club, zweihundert Millionen Bücher wurden bisher verkauft. Er ist eine Kultureinrichtung des Landes, auf die die Spanier sehr stolz sind. Selbst der König ist Mitglied des Buchclubs.

1995 gründete mein Mann in Barcelona eine gemeinnützige Stiftung, die »Fundacion Bertelsmann«, die die spanische Lese- und Medienkultur sowie die Entwicklung öffentlicher Bibliotheken und der Führungskräfteausbildung fördert. »Mit der Einrichtung zahlloser Bibliotheken und der Herausgabe Millionen von Büchern und anderer Publikationen hat sich Mohn mit dem von ihm geleiteten Unternehmen in besonderem Maß um die Förderung der Lesekultur auch in Spanien verdient gemacht«, erklärte Jurypräsident Manuel Olivencia. Er hob zudem das von meinem Mann entwickelte Unternehmensmodell der Mitarbeiterbeteiligung hervor. Der Preis wurde meinem Mann von Kronprinz Felipe in Anwesenheit von Königin Sofia im Theater von Oviedo in Nordspanien überreicht.

Im Mai 1999 erhielt mein Mann zudem das »Großkreuz des Ordens für Zivildienste« vom spanischen Ministerpräsidenten José Maria Aznar. In der Begründung hieß es, der Orden sei Zeichen der Anerkennung der spanischen Regierung für sein Lebenswerk als Unternehmer, der sich der Förderung kultureller Werte in Europa und weltweit gewidmet habe. Anschließend wurden mein Mann und ich von dem spanischen König Juan Carlos im Zarzuela-Palast in Madrid empfangen.

Wir bewundern die spanische Königsfamilie seit vielen Jahren. Sie ist sehr modern, pflegt einen unkomplizierten und informellen Umgangsstil, der sehr bürgernah ist. So repräsentiert sie in vorbildlicher Weise ihr Land. Besonders gern mögen mein Mann und ich Kronprinz Felipe. Er ist ein sehr kultivierter und sympathischer junger Mann, der einen reifen, gefestigten Eindruck macht. Spanien kann auf König Juan Carlos und Kronprinz Felipe, der sein Nachfolger werden soll, stolz sein. Es ist eine große Hilfe für das Land, wenn die Kontinuität gewahrt bleibt.

Als das Buch meines Mannes »Menschlichkeit gewinnt« kürzlich in Spanien vorgestellt wurde, war Kronprinz Felipe als Gast anwesend. Zu meinem Mann sagte er lachend: »Ihr Buch enthält so viel Wissen und Erfahrung. Ich werde es unter mein Kopfkissen legen, damit ich es schneller verstehe.«

Mit einer Mischung aus Neugier und Distanz – wegen seiner reichlichen Skandale – traf ich den amerikanischen Präsidenten Bill Clinton. Ich war eingeladen zum Staatsempfang in Berlin. Er stand mit Roman Herzog und Helmut Kohl beisammen, als ich ihm vorgestellt wurde. Liebenswürdig lächelnd entgegnete er: »Aha, Sie sind also Mrs. Bertelsmann.« Das fand ich sehr erstaunlich. Er machte einen fabelhaft informierten Eindruck, wusste auch, dass Bertelsmann gerade in New York den Verlag Random House erworben hatte. Man erzählte mir, dass der Präsident sich viele Notizen über Menschen macht, die er interessant findet. Mir fiel seine sehr jungenhafte Ausstrahlung auf, er hat lachende blaue Augen und ist sehr charmant. Hinterher sagte ich zu meinem Mann: »Ich kann jede Frau verstehen, die gern einmal mit ihm essen gehen würde.«

Kulturelle Projekte in aller Welt

Häufig bleibt es aber nicht nur bei freundlichen menschlichen Begegnungen, sondern es ergeben sich durch die persönlichen Kontakte gemeinsame Projekte. So zum Beispiel mit der Ehefrau des ägyptischen Präsidenten, Suzanne Mubarak. Wir waren einander sofort sympathisch, als wir uns kennen lernten, und sind einander heute freundschaftlich verbunden. Sie ist eine sehr warmherzige Frau und enorm tüchtig. Sie kümmert sich sehr intensiv um Kultur-, Bildungs- und Erziehungsfragen ihres Landes. Ich finde es bemerkenswert, dass es durch das Verstehen auf menschlicher Ebene Suzanne Mubarak, meinem Mann und mir gelungen ist, Kulturen miteinander zu verbinden.

Ich lernte Frau Mubarak kennen, als die Bertelsmann Stiftung bei der Errichtung einer öffentlichen Bibliothek in Kairo das Management und Marketing finanzierte. Durch die gemeinsame Arbeit kamen wir einander näher. Suzanne Mubarak ist eine echte Landesmutter, die sich mit ihrem ganzen Wissen und ihrer Klugheit für ihr Land einsetzt. Sie hat diese Form von Klugheit, die nicht nur auf angelerntem Wissen basiert, sondern gespeist wird von viel Lebenserfahrung und Menschlichkeit. Das gefällt uns so an ihr.

Die Bibliothek wurde auf Initiative der Ägypter ins Leben gerufen. Auf der Konferenz »Herausforderung Mittelmeer – die europäische Antwort« (Oktober 1992) mit hohen Regierungsvertretern arabischer und europäischer Anrainerstaaten sowie weiteren Repräsentanten aus Wissenschaft, Wirtschaft und Kultur, die ich mit meinem Mann besuchte, fragte ein ägyptischer Teilnehmer meinen Mann, ob er sich denn auch mal für Moslems engagieren würde und nicht nur für die Juden in Israel. Mein Mann sagte: »Ja – warum denn nicht?« So ist es zur Idee zu der Einrichtung einer Bibliothek in Kairo gekommen. Als internationales Medienhaus ist es stets unser Anliegen, Lese- und Bildungsförderung zu betreiben. Als der ägyptische Botschafter uns in Gütersloh besuchte, um die Rahmenbedingungen für eine solche Bibliothek abzuklären, fragte mein Mann dann vorsichtig nach der geschätzten Nutzungsintensität dieser Bibliothek; er hätte gehört, fünfzig Prozent der Ägypter seien Analphabeten. Daraufhin antwortete der Botschafter, das stimme nicht, es seien sechzig Prozent. Diese Tatsache war jedoch letztlich ein Argument mehr, diese Bibliothek einzurichten, denn uns gefiel der Gedanke sehr, das Lesenlernen in Ägypten zu unterstützen. Lesen vermittelt Bildung, es unterstützt den ersten Schritt aus hoffnungsloser Armut in die Möglichkeit, selbst Geld zu verdienen. Wenn jemand lesen und rechnen kann, kann er vielleicht Händler werden oder einen anderen Arbeitsplatz finden, seinen Lebensunterhalt selbst verdienen, seine Familie ernähren, und er muss nicht mehr betteln. Wir leisten damit Hilfe zur Selbsthilfe, und ich halte eine Unterstützung in dieser Weise für sehr sinnvoll.

Die ägyptische Regierung stellte eine alte Villa, in der früher Staatspräsident Nasser gelebt hat, zur Verfügung. Sie ist sehr schön direkt am Nil gelegen. Die Bertelsmann Stiftung bezahlte die Kosten für den Umbau. Die Einweihung der »Mubarak Public Library« vor zwei Jahren in Kairo war ein großes Ereignis. Ich erinnere mich an die ausgeprägten Sicherheitsvorkehrungen, denen sich alle Anwesenden unterziehen mussten. Handtaschen, Gepäck – alles wurde bis ins Detail untersucht. Zum Beispiel wollte ich zwei Mitarbeiterinnen, die mich begleiteten, Frau Mubarak vorstellen. Wir warteten also zu dritt auf Frau Mubarak, aber in dem Moment, als sie kam und ich sie begrüßte, wurden meine beiden Begleiterinnen von Sicherheitsbeamten in einen anderen Raum geführt. Es wurde deutlich, mit welchem Sicherheitsrisiko Suzanne Mubarak und ihr Mann leben. Offensichtlich wurde alles separat für sie vorbereitet – sogar Essen und Trinken. Selbst eine Toilette wurde nur für sie reserviert und war für die anderen Gäste gesperrt. Ich bewundere es sehr, wie sie sich trotz des hohen Sicherheitsrisikos so stark für ihr Land engagiert.

Die Bibliothek ist inzwischen zu einem lebendigen Kulturmittelpunkt geworden und wird von der Bevölkerung stark frequentiert. Die Menschen warten lange, um eingelassen zu werden. In dem gepflegten Garten finden Theateraufführungen statt, zum Teil auch von Kindern für Kinder. Und wann immer Staatsgäste nach Kairo kommen, steht die Bibliothek auf dem Besuchsprogramm.

Dabei fällt mir eine rührende, sehr menschliche Begebenheit ein, die ich selbst einmal erlebt habe: Wann immer ein offizieller Besucher erscheint, fährt ein Lastwagen mit Blumentöpfen vor. Damit wird die Bibliothek für die Dauer des Besuchs dekoriert. Ist der offizielle Besucher nach einer Stunde abgefahren, werden auch die Blumentöpfe wieder eingesammelt und zu einem anderen Ort gebracht, wo man sie gebrauchen kann. Die Bibliotheksmitarbeiter freuen sich wie kleine Kinder, wenn ein Töpfchen übrig bleibt und sie es in den Räumen behalten können.

Vor nicht allzu langer Zeit erlebte ich die Einweihung einer zweiten Bibliothek in einem sehr armen Viertel Kairos. Es handelte sich um eine Zweigstelle. Dort leben die Ärmsten der Armen, die barfuß auf den schmutzigen Straßen gehen und nichts besitzen als die Kleider, die sie auf dem Leib tragen. Ich finde es richtig, gerade in diesem Stadtteil eine Bibliothek einzurichten, damit auch diese Menschen eine Chance auf Bildung haben. Die Eröffnung fand unter starken Sicherheitsvorkehrungen statt. Als mein persönlicher Referent Martin Spilker, der nicht angemeldet war, mit mir hineingehen wollte, sagte ich schnell, er sei mein Leibwächter – das erschien sehr glaubhaft. So eine kleine Mogelei muss mal erlaubt sein.

Inzwischen habe ich gehört, dass die Bibliothek sehr gut angenommen wird. Es ist erstaunlich, welch großer Andrang dort herrscht. Kinder und Jugendliche stehen Schlange, um eingelassen zu werden. Ich bin der Meinung, dass wir als Medienhaus verpflichtet sind, auf diese Weise zu helfen.

Es freut mich besonders, dass unsere Initiative auf fruchtbaren Boden gefallen ist: Die Bürgermeister der Stadtbezirke gründen mittlerweile eigene Bibliotheken mithilfe ihrer Kaufleute und der Industrieansässigen. Es ist ein kleiner Anfang auf dem mühsamen Weg, die Zahl der Analphabeten in Ägypten zu verringern.

Mittlerweile haben wir gemeinsam mit Frau Mubarak einen neuen Plan. Da der Gesangswettbewerb »Neue Stimmen« zu einem wichtigen Baustein der auswärtigen Kulturpolitik wurde, war es unsere Idee, darauf aufbauend zukünftig die Ausrichtung regelmäßiger internationaler Kulturtage zu initiieren. Diese Begegnungen sollen die internationale Verständigung über nationale, kulturelle, ethnische und religiöse Grenzen hinweg fördern.

So wollen wir einen Meisterkurs in Kairo veranstalten, an dem zwölf Sänger teilnehmen werden. Er findet im Frühjahr 2001 statt. Zusätzlich wollen wir rund vierzig Teilnehmer aus den Bereichen Politik, Bildungs- und Schulpolitik, Wissenschaft unterschiedlicher Fachrichtungen, Wirtschaft und Medien an einen Tisch bringen und einen Kulturdialog zu aktuellen Themen führen. Das Symposium wäre eine fabelhafte Gelegenheit zur Begegnung zweier Kulturen, die einvernehmliche Ziele und Gemeinsamkeiten erörtern. Das Thema für Kairo lautet: »Arabische Identität –

Europäische Identität: Dialog der Kulturen.« Das abendliche Konzert der jungen Künstler vom Meisterkurs »Neue Stimmen« ist dann Abschluss und Krönung des Dialogs. Eine solche Veranstaltung bietet kulturellen Austausch einerseits und Talentförderung andererseits. Ähnliche Veranstaltungen planen wir von der Bertelsmann Stiftung in Zusammenarbeit mit Japan, China und in weiteren Ländern.

Es ist schön, dass ich mittlerweile zahlreiche internationale Kontakte aufbauen konnte; so kann man viele gemeinsame Projekte unbürokratisch durch den direkten menschlichen Zugang entwickeln. Manche bezeichnen mich deshalb inzwischen als Botschafterin zwischen den Kulturen. Es ist immer wieder faszinierend zu erleben, dass Menschen aus unterschiedlichen Kulturen doch in vielen Bereichen gleiche Empfindungen verspüren, die über alle sonstigen Schranken hinweg verbinden.

So war es, als ich 1999 Jolanta Kwasniewska, die Ehefrau des polnischen Staatspräsidenten, kennen lernte. Am Rande des Internationalen Bertelsmann-Forums im Warschauer Präsidentenpalast lud sie mich zu einer Teestunde ein. Wir plauderten zwei Stunden in höchst angenehmer Atmosphäre. Ich war überrascht, wie souverän und sicher Jolanta Kwasniewska ihre Rolle als »Landesmutter« angenommen hat und sie ausfüllt. Sie ist sehr engagiert, die Armut ihres Landes zu bekämpfen. Ich erzählte ihr von meiner Stiftungsarbeit und bot ihr an, bei der Gründung von eigenen Stiftungen ratgebend behilflich zu sein. Sie lud mich zur Teilnahme an der Konferenz »Keep Children Smiling in the New Millenium« ein, die sie 1999 in Warschau veranstaltete. Sie möchte gemeinsam mit anderen Nationen an einer besseren Zukunft für Kinder arbeiten und zur Völkerverständigung beitragen. Vier Königinnen und fünfzehn Ehefrauen von Staatspräsidenten nahmen daran teil. Die Ehefrau des Bundespräsidenten, Christina Rau, hatte aus Zeitmangel abgesagt. Aus dieser Begegnung ist jetzt das Projekt entstanden, »Schulen der Toleranz« einzurichten. Jugendliche zwischen fünfzehn und siebzehn Jahren der unterschiedlichsten Nationen verbringen zehn Tage zusammen mit weiteren Jugendlichen aus Bosnien und der Herzegowina in einem Sommerlager. Das erste soll 2001 in Polen stattfinden. Hauptanliegen ist es, die Kinder mit der Andersartigkeit verschiedener Völker vertraut zu machen und durch Diskussionen sowie gemeinsame sportliche, kreative und unterhaltende Aktivitäten Toleranz zu lernen und einzuüben. Dabei sollen sie erkennen, dass es vieles gibt, was alle Menschen über kulturelle, ethnische und soziale Unterschiede hinweg verbindet. Diese Initiative soll zum Frieden und zur Verständigung zwischen den Völkern beitragen.

Ich finde die Idee gut und richtig und werde es ermöglichen, dass zwei Teilnehmer aus Deutschland an diesem Camp teilnehmen können.

Im Mai 2000 traf ich Königin Silvia von Schweden zum Mittagessen in München. Wir waren uns im vorigen Jahr in Warschau ebenfalls bei der Konferenz »Keep Children Smiling in the New Millenium« begegnet. Über einen deutschen Schulfreund – Achim Middelschulte, Vorstand bei der Ruhrgas AG – nahm die Königin mit mir Kontakt auf. Sie möchte, dass ich im Kuratorium ihrer »World Childhood Foundation« mitarbeite. Die Stiftung kümmert sich um vernachlässigte, verarmte, verwaiste, missbrauchte Kinder und will weltweit die Lebensbedingungen gefährdeter Kinder verbessern. Sie sollen eine faire Chance erhalten, ihr eigenes Glück zu finden. Schwerpunkte zur Linderung der Not richten sich auf Straßenkinder – weltweit leben etwa zehn Millionen Kinder auf den Straßen der großen Städte –, auf vermisste Kinder, gegen sexuellen Missbrauch und Kinderpornografie, Drogenmissbrauch und Kriminalität sowie fehlende Grundbildung. Zurzeit ist der Hauptsitz der Stiftung in Schweden. Sie unterstützt bisher viele Projekte in Brasilien, aber auch in Afrika und Lettland.

Zusammen mit den deutschen Freunden von Königin Silvia und meinem persönlichen Referenten Martin Spilker führten wir ein sehr angeregtes Gespräch über die Arbeit für ihre Stiftung und meine Arbeit für die Bertelsmann Stiftung. Sie zeigte auch großes Interesse an Gesundheitsfragen. Die Begegnung war sehr informell und herzlich. Königin Silvia ist äußerst charmant. In meinen Augen ist sie eine echte »Lady«, sehr stil- und würdevoll. Sehr aufmerksam hörte sie zu, und – was ich immer besonders wichtig finde – sie blickt einem in die Augen, während man mit ihr spricht. Viele Menschen haben die Gewohnheit, ihre Blicke schweifen zu lassen, während sie sich unterhalten. Ein solches Verhalten finde ich unangenehm. Ich sagte der Königin meine Unterstützung für ihre »World Childhood Foundation« zu und werde zudem die Medienberatung für sie und ihre Stiftung in Deutschland übernehmen.

Ein sehr freundschaftliches Verhältnis habe ich auch zu Königin Noor von Jordanien. Ich lernte sie 1998, kurz nach dem Tod ihres Mannes, bei einer Veranstaltung der UWC (United World Colleges) in Berlin kennen. Wir saßen bei Tisch nebeneinander und fanden einander sehr sympathisch, denn wir schienen gefühlsmäßig auf einer Wellenlänge zu sein. Obwohl wir uns noch nicht lange kannten, konnten wir sehr gut auch über persönliche Themen sprechen. Vier Stunden haben wir an diesem Abend miteinander geredet. Wir sprachen auch über ihren verstorbenen Mann König Hussein. Sie offenbarte mir, wie schmerzlich sein Tod für sie sei. Am schlimmsten sei es, dass sie keine Gespräche mehr mit ihrem Mann führen könne. Das konnte ich sehr gut nachempfinden. Sie fühle sich verpflichtet, in seinem Sinne weiterzuarbeiten – im Dienst an ihrem Volk. Und sie hätte das Gefühl, dass er immer bei ihr sei. Auch das konnte ich gut verstehen; unsere Lebensauffassungen ähneln sich. Auch ich würde ebenfalls immer im Sinne meines Mannes weiterarbeiten und leben, es ist eine Verantwortung, die man weiterträgt.

Sie erzählte von ihrer Stiftung, die den Frieden im Nahen Osten sowie Jordaniens Entwicklung fördern soll. Ich berichtete von meiner Arbeit in der Bertelsmann Stiftung sowie der Bertelsmann AG, und wir überlegten, ob die Bertelsmann Stiftung sich auch in Jordanien engagieren könne. Sie lud mich nach Amman ein, damit sie mir ihr Land zeigen könnte. Wir verabschiedeten uns mit einer herzlichen Umarmung.

Solche Begegnungen sind wie ein Geschenk. Es geschieht nicht oft, dass zwei Menschen einander zum ersten Mal treffen, sich so nah sind und einander verstehen. Das hat nichts mit der gesellschaftlichen Stellung zu tun, sondern es gibt einfach eine Übereinstimmung im Denken und Empfinden, die beglückend ist. Dafür bin ich dankbar.

Ein halbes Jahr später besuchte ich Königin Noor in Amman. Es war eine Vierländerreise. Zuvor hatte ich mit meinem Mann Ägypten und Israel besucht. Wir nahmen in Kairo an einer Sitzung des Vorstands der Mubarak Library teil und in Jerusalem an einer weiteren des Adam Institute, das sich in vorbildlicher Weise der Toleranz- und Demokratieerziehung widmet. Natürlich führten wir auch am Rande der Sitzung Gespräche und trafen zum Beispiel auch unseren alten Freund Teddy Kollek. Dann trennten sich unsere Wege – mein Mann flog nach Gütersloh zurück, und ich reiste mit meiner Begleitung weiter nach Jordanien und Abu Dhabi.

Der Flug von Jerusalem nach Amman war kurz – er dauerte nur zwanzig Minuten. Dadurch wurde mir erst so richtig bewusst, wie eng die Länder Jordanien und Israel beieinander liegen. Ich war zum ersten Mal in Amman. Es überraschte mich sehr, wie schön der Weg vom Flughafen in die Stadt zu beiden Seiten bepflanzt war; die Bäume waren grün, die Rosen blühten. Das hatte ich nicht erwartet in einem Land, das zu neunzig Prozent aus Wüste besteht. Natürlich wird dort künstlich bewässert. Auch die zahlreichen neuen Häuser und Straßen in der Stadt erstaunten mich.

Kaum war ich auf meinem Hotelzimmer angelangt, klingelte das Telefon. Ich dachte, es wäre vielleicht einer meiner Mitarbeiter, die mich begleiteten. Doch zu meiner Überraschung meldete sich Königin Noor, die sich erkundigte, ob ich gut angekommen und alles zu meiner Zufriedenheit sei. Ihre unaufdringliche Aufmerksamkeit empfand ich als sehr wohltuend und liebevoll.

Am Abend hatte sie uns zu einem Essen in ihren Palast eingeladen. Wir waren zu viert – Königin Noor und eine Direktorin ihrer Stiftung sowie ich mit meinem persönlichen Referenten.

Der Palast liegt malerisch oberhalb der Stadt, die lange Einfahrt führte durch saftig grüne Rasenflächen – dank der künstlichen Bewässerung. Wir durchfuhren mehrere Sicherheitskontrollen, bevor wir zum Palast gelangten. Zwei steinerne Löwen bewachen das Portal, das sich von selbst öffnete. Sofort waren Bedienstete um uns herum. Wir betraten die große Eingangshalle, in der auf einem schwarzen Flügel Familienbilder in silbernen Rahmen dekoriert waren. Der Raum wirkte auf mich wie eine Kapelle – er strahlte sehr viel Ruhe aus. Ein großes Gästebuch lag dort aufgeschlagen, in das ich mich eintrug.

Von der großen Eingangshalle gelangten wir in einen Salon, der durch warme Terrakottatöne besticht. Besonders schön ist der Fußboden in braunem Travertin – ein Kalktuffstein, den man in jedem italienischen Palast findet und der aus den Steinbrüchen im Umkreis von Rom stammt. Königin Noor kam herein. Sie trug ein blaues Gewand, das farblich sehr schön zu ihren blonden Haaren und ihren großen blauen Augen passte. Sie besaß eine sehr warmherzige Ausstrahlung und füllte mit ihrer majestätischen Erscheinung den ganzen Raum aus.

Wir aßen nebenan in der kleinen Bibliothek, die rundherum in warmem Eichenholz verkleidet ist. Der Tisch war nett gedeckt, das Blumendekor der Teller und der Sets sei von Menschen, die in ihrer Stiftung arbeiteten, gemalt worden, erzählte Königin Noor. Wir sprachen über potenzielle gemeinsame Projekte. Wir stimmten überein, dass der Toleranzerziehung nicht nur im Nahen Osten, sondern auch bei uns in Europa eine große Bedeutung zukomme. Ich hatte die Idee zu einem Jugendaustausch zwischen Deutschland und Jordanien. Junge Jordanier und Jordanierinnen könnten bei uns im Unternehmen eine Zeit lang tätig sein und dabei sehen, wie wir arbeiten, wie wir leben, wie unser Familienleben ist, unsere Religion, unsere Kultur – und umgekehrt sollten auch Deutsche nach Jordanien reisen. Es wäre ein Anfang, einander besser kennen zu lernen und Brücken der Verständigung aufzubauen.

Die wirtschaftlich hoch entwickelten Staaten haben eine Verpflichtung, armen Ländern zu helfen. Armut und Hunger in unterentwickelten Ländern forcieren Hass und Kriege, die wir vermeiden wollen und müssen. Vielleicht ergibt sich auch mit der Zeit die Gelegenheit, dass jordanische Einrichtungen im Netzwerk des israelischen Adam Institute mitarbeiten; so könnte langfristig vielleicht ein Austausch von jordanischen mit israelischen Jugendlichen stattfinden.

Am nächsten Tag besuchten wir das »House of Arts«, das sie mit ihrer Stiftung aufgebaut hat. In diesem Haus lernen Frauen nähen, sticken, töpfern, Teppiche weben – also Kunsthandwerkliches herzustellen, das sie dann auch verkaufen können. Ich habe vier schöne Teppiche erstanden, die ich in meinem Gütersloher Haus in die Gästezimmer gelegt habe. Am meisten beeindruckte mich jedoch, wie man dort in diesem Projekt versucht, Kindern und Jugendlichen Toleranz und Konfliktfähigkeit beizubringen.

Wir wohnten einer Musicalszene bei, einer Aufführung von Jugendlichen für Schulkinder. Man sah zwei junge Menschen, die offensichtlich einen Konflikt austrugen, sie stritten sich lautstark. Dahinter war eine kleine Bühne aufgebaut – fast wie ein Kasperletheater. Hier kommentierten Puppenfiguren das Geschehen – sie fragten, warum die Kinder miteinander stritten, gaben Anweisungen, wie man den Konflikt lösen könne – durch sachliches miteinander Reden zum Beispiel. Mit diesen Aufführungen gehen die Akteure auch in Schulen und in Theater. Ich finde den Denkansatz, der hinter der Inszenierung dieser Szenen steht, sehr lehrreich. Es ist wichtig, schon in der Kindheit Toleranz und die Kompetenz zur Konfliktlösung zu lernen, damit sich Feindbilder nicht entwickeln und verfestigen.

Ich verabschiedete mich von Königin Noor mit dem Versprechen, gemeinsam an Projekten zur Entwicklung von mehr Toleranz in unserer Welt zu arbeiten.

In den nächsten Tagen flog ich weiter nach Abu Dhabi. Scheich Nahayan bin Mubarak al Nahyan hatte mich eingeladen, sein Land zu besuchen. Ich hatte ihn bei uns in Gütersloh kennen gelernt. Der Kontakt kam durch Arvato, den technischen Bereich von Bertelsmann, zu Stande, der sich um den Auftrag zum Druck des Korans auf Arabisch bemühte. Der vierundvierzigjährige Scheich gilt als ein westlich orientierter Mann. Er studierte in Oxford und ist gleichzeitig Kultusminister seines Landes. Er interessierte sich für die gesamte Produktpalette von Bertelsmann und reiste zu uns nach Gütersloh, unter anderem weil er den Aufbau einer Bibliothek in Abu Dhabi plant. So besichtigte er bei uns die Stadtbibliothek, die die Bertelsmann Stiftung gemeinsam mit der Stadt Gütersloh als Pilotprojekt entwickelt hat. Es ist eine Modellbibliothek, die in Organisation, Ausstattung und Wirtschaftlichkeit wegweisende Arbeit leistet. Ihr Konzept beruht darauf, sie als Begegnungsstätte der Bürger von Gütersloh und zugleich als ein aktuelles Informations- und Medienzentrum zu gestalten, das die Bürger zu kreativem Umgang mit allen klassischen und modernen Medien anregt. Sie soll eine Bibliothek für Bürger aller Schichten sein und nicht nur für »Bücherwürmer« und Kulturinteressierte.

Der Scheich war sehr angetan von diesem Konzept. Aus der Musterbibliothek, die er anfangs plante, soll inzwischen ein »Wissenszentrum« werden, das er mit unserer Hilfe erstellen will. Es soll ein Prestigeprojekt werden, mit modernster Internetausstattung und Vernetzung zu allen Universitäten des Landes. Scheich Nahayan ist sehr engagiert, die Bildung in seinem Land voranzubringen und den wirtschaftlichen Anschluss an das 21. Jahrhundert nicht zu verpassen. Er möchte, dass jeder Bürger in seinem Staat einen Computer bekommt. Mein Mann lobte bei den Gesprächen sehr, dass die Ölmilliarden auf diese Weise sehr sinnvoll angelegt werden – und vor allem für eine Zukunft, in der die Ölquellen versiegt sein werden. Das zeigt den Weitblick des Scheichs, er betreibt aktive Bildungspolitik. Aus aller Welt holt er das Know-how in sein Land und die besten Professoren an die Universitäten, in denen mit kleinen Gruppen von etwa fünfzehn Studenten gearbeitet wird. Wenn man das mal mit unseren überfüllten Hörsälen in Deutschland vergleicht, so haben diese Studenten die wesentlich besseren Studienbedingungen. Bemerkenswert ist es, dass sechzig Prozent der Frauen an Frauenuniversitäten studieren.

Bei dieser ersten Begegnung in Gütersloh haben wir dem Scheich von der Tradition unserer Familie und des Hauses Bertelsmann erzählt, das immerhin seit hundertsechsundsechzig Jahren besteht. Insbesondere schilderten wir ihm die spezielle Bertelsmann-Unternehmenskultur, die ihn sehr interessierte. Dieser persönliche Kontakt ist von großer Bedeutung, um Vertrauen bei arabischen Geschäftspartnern zu wecken.

So wurde ich mit meiner Begleitung in Abu Dhabi wie ein Staatsgast empfangen. Es war eine Reise in eine andere, faszinierende Welt. Es ist ein überwältigender Anblick, über das Meer kommend die Skyline der Hochhäuser zu sehen – als hätte jemand die Wolkenkratzer von New York mitten in die Wüste gestellt. Dazu reichlich Grün und Blumen rundherum, die bereits der Vater von Scheich Nahayan, Scheich Zayed, hat anlegen lassen. Gastarbeiter aus Pakistan pflegen und wässern die Pflanzen. Unvorstellbar, wie viel Wasser dafür gebraucht wird.

Vor dem Essen in seinem Palast wurden mir die Gäste vorgestellt – Minister und Persönlichkeiten des Landes. Ich saß vorn an der Stirnseite neben dem Scheich, die Gäste nahmen, nachdem sie uns vorgestellt worden waren, links und rechts in U-Form der Reihe nach Platz. Es entsprach der arabischen Höflichkeit, dass sich jedes Mal, wenn ein Gast vorgestellt wurde, alle von ihren Plätzen erhoben – das heißt, wir waren eigentlich permanent in Bewegung. Bei hundertfünfzig Gästen, die an dem Essen teilnahmen, kann sich jeder vorstellen, wie lange diese Zeremonie dauerte. Auf dunklen Holztischen, die mit üppigem Blumenschmuck dekoriert waren, wurden riesige Schalen mit Safranreis und Fleisch serviert. Es gab Lamm und mir zu Ehren – das ist arabische Sitte für besondere Gäste – Fleisch von einem sieben Tage alten Kamel. Auf den Schalen wurden die Höcker aufgebaut, sie enthalten oben sehr viel Fett, aber darunter das beste Fleisch. Der Scheich versorgte mich mit den besten Stücken. Manch einer lehnt vielleicht fremde Genüsse dieser Art ab; ich jedoch probiere alles gern, wenn ich unterwegs bin. Das Kamelfleisch fand ich sehr wohlschmeckend. Die Araber an der Tafel haben übrigens nach Landessitte mit den Händen gegessen, auch der Scheich. Für uns westliche Gäste gab es Messer und Gabeln. Alkohol wurde selbstverständlich nicht gereicht. Bedienstete näherten und entfernten sich nur in gebückter Haltung. Für den süßen arabischen Kaffee galt die folgende Regel. Kaffeetasse schütteln bedeutet: Ich möchte keinen Kaffee mehr; Kaffeetasse still halten hieß: Ich möchte bitte noch Kaffee. Das lernten wir schnell – am zweiten Tag war uns diese Sitte nicht mehr fremd.

Ich gewann einen hochinteressanten Einblick in eine völlig andere Kultur, lernte offene, warmherzige Menschen kennen. Die Reise war eine Bereicherung, weil man durch solche Begegnungen wichtige Erfahrungen mitnimmt und die Sitten und Bräuche anderer Menschen viel besser verstehen und beurteilen kann.

Da Scheich Nahayan sich sehr für die Bertelsmann-Unternehmenskultur interessierte, lud er meinen Mann einige Zeit später für einen Vortrag zu diesem Thema nach Abu Dhabi ein. So reiste ich ein zweites Mal in den Golfstaat.

Wir wurden sehr warmherzig und freundschaftlich empfangen. Scheich Nahayan holte uns persönlich von unserer Hotelsuite ab, die – typisch für den arabischen Stil – reichlich vergoldet war. Zu Ehren der Gäste hatte unser Gastgeber ein weißes traditionelles Gewand, das mit einer Goldkante verziert war, angelegt. Er war ein sehr aufmerksamer Gastgeber, und wir fühlten uns erneut wie Staatsgäste. Auch bei dieser Begegnung gab es ein hochoffzielles Essen, bei dem diesmal mein Mann der Ehrengast war. Sein Vortrag über die Bertelsmann-Unternehmenskultur wurde mit allergrößtem Interesse aufgenommen. Die lange, mittlerweile hundertfünfundsechzigjährige Firmentradition von Bertelsmann hat den Scheich sehr beeindruckt. Für ihn war und ist es ein Beweis für Kontinuität, Vertrauenswürdigkeit sowie Integrität und bedeutete die Grundlage für die geschäftlichen Kooperationen und die spätere gegenseitige Freundschaft zwischen uns und den jeweiligen Kulturen.

Am nächsten Tag wollte Scheich Nahayan uns seine Privatinsel zeigen. Er flog mit uns in seinem Privatjet zu einer der sechsundfünfzig zu Abu Dhabi gehörenden Inseln. Wir erlebten dort eine üppige Flora und Fauna inmitten eines Wüstenlandes – es erschien uns fast wie eine Fata Morgana: Millionen Palmen, Büsche und Bäume, farbenprächtige exotische Blumen gedeihen auf dieser Insel; etwa sechzigtausend Tiere – Springböcke, Strauße, Antilopen, Giraffen, Flamingos, Pfauen, unzählige andere Vögel – bevölkern die Landschaft; dazwischen finden sich künstlich angelegte kleine Teiche mit Süßwasser, damit die Tiere genügend Wasser zu trinken haben. Mitten auf dieser Insel befindet sich der Sommerpalast der Scheichfamilie, ein Palast in Helltürkis, der aus dem dunklen Grün der Landschaft auftaucht wie ein Traum aus Tausendundeiner Nacht.

Die Gespräche mit Scheich Nahayan verliefen in sehr angenehmer Atmosphäre. Sie waren geprägt von der Achtung vor der jeweiligen Tradition und Kultur. Diese Haltung hat – glaube ich – die Zusammenarbeit sehr gefördert. Die Pflege der »investor relations« liegt mir sehr. Ich bin sehr glücklich, dass ich auf meine Weise zu dem Erfolg des Projekts beitragen konnte. Mein Mann und ich sind voller Dankbarkeit für den wertvollen Dialog und die Zusammenarbeit mit Scheich Nahayan und seinen Mitarbeitern.

9. Medizinische Projekte

Wenn es dunkel wird

Wie bunt ist unsere Welt, wenn wir sie sehen dürfen! Eine Vielzahl von Farbtönen fließt in der Natur harmonisch zusammen. Wunderschöne Beispiele sind Sonnenauf- und -untergänge, Bergpanoramen, das Farbspiel des Meeres und die Farbenpracht von Flora und Fauna. Die Fähigkeit, sehen zu können, ist für uns etwas Selbstverständliches, für viele ist sie das aber nicht mehr – zum Beispiel für die Menschen, die an Uveitis erkrankt sind. Was ist Uveitis?

Uveitis ist eine schubartig auftretende Entzündung der Aderhaut der Augen, an der auch Kinder und Jugendliche erkranken können. Uveitis kann zu dauerhaften Sehbehinderungen und im schlimmsten Fall sogar zur Erblindung führen. Für die Betroffenen und deren Angehörige ist diese Erkrankung eine große physische und psychische Belastung. Uveitis-Patienten werden oft von einer Minute zur anderen mit ihrer Krankheit konfrontiert und erleben eine belastende Zeit quälender Ungewissheit mit vielen Fragen und großen Schmerzen. Häufig beginnt eine Odyssee von einem Arzt zum anderen, da die Krankheit auch bei vielen Augenärzten in Diagnose und Therapie noch unzureichend bekannt ist. In etwa neunzig Prozent der Fälle bleiben die Ursachen der Erkrankung unbekannt. Das Krankheitsbild selbst kann als flüchtiges, einmaliges Ereignis auftreten, zuweilen nimmt es auch einen chronischen Verlauf. Eine chronische Uveitis kann zur Netzhautablösung führen.

Unser jüngster Sohn Andreas bekam diese Krankheit im Alter von sieben Jahren. Eigentlich entdeckten wir die Krankheit mehr oder weniger zufällig. Die vierjährige Tochter einer Freundin war an Augenkrebs erkrankt. Es ging mir wie sicherlich vielen anderen Müttern in einer ähnlichen Situation: Als ich von dieser tragischen Diagnose hörte, schickte ich unser damaliges Kindermädchen sofort mit unseren Kindern zum Augenarzt zu einer Kontrolluntersuchung. Noch heute erscheint mir diese Entscheidung als Wink des Schicksals. Der Augenarzt bat mich, ihn umgehend persönlich anzurufen. Und so erfuhr ich von ihm, dass unser jüngster Sohn Andreas an Uveitis litt. Es war ein Schock für uns.

Unsere Familie kannte weder diese Krankheit noch ihre Auswirkungen, ja noch nicht einmal ihren Namen. Wir waren verzweifelt, suchten nach Informationen über Ursachen der Krankheit und Linderungsmöglichkeiten. Es begann ein langer Leidensweg für den Jungen. Er hatte oft wahnsinnige Kopf- und Augenschmerzen, konnte während der akuten Krankheitsschübe nicht sehen, musste häufig in der Schule fehlen. Ausgelassen spielen und toben wie andere Kinder seines Alters war für ihn oft nicht möglich. Für mich als Mutter und für die ganze Familie war es sehr schmerzlich und belastend, den Jungen so leiden zu sehen. Wir lebten in ständiger Angst um ihn und sein Augenlicht; die Ängste und Sorgen um mein Kind verfolgten mich bis in den Schlaf und die Träume. Wir suchten weltweit nach Spezialisten für diese Erkrankung und fanden sie in Europa an den Universitätskliniken Zürich und Kiel. Professor Boeke von der Augenklinik in Kiel klärte uns auf, dass Uveitis in Schüben verlaufe und kaum Behandlungsmöglichkeiten bekannt seien. Da die Ursachen der Erkrankung in der Regel unerkannt bleiben, stellt die Behandlung das zentrale Problem der Erkrankung dar: In der Regel gelingt es, die Krankheitssymptome medikamentös (mit Cortison) einzudämmen, ohne dass die Ursache erfolgreich bekämpft werden kann. Wir nahmen jedoch auch alternative Behandlungen vor, die uns einen Hoffnungsschimmer versprachen, wie Akupunktur und Homöopathie.

Zwei Jahre nach Ausbruch der Krankheit bei Andreas waren wir im Urlaub auf den Seychellen. Unser Sohn hatte außer seiner Augenkrankheit Neurodermitis an den Füßen, die wir normalerweise mit Cortisonsalben behandelten. Auf den Seychellen beobachtete ich, dass seine Haut innerhalb von zwei, drei Tagen ohne Cortisonbehandlung ausgeheilt war. Nach unserer Heimkehr stellte der Augenarzt fest, dass sich auch seine Augen und die Sehschärfe gebessert hatten. Wir waren gleichermaßen erfreut und überrascht – wie kam es zu diesem schönen Erfolg?

Da sich sowohl das Auge als auch die Haut zu gleichen Teilen gebessert hatten, hielten Ärzte es für möglich, dass beide Krankheitsbilder durch ein und denselben Behandlungsvorgang beeinflusst wurden. Doch was war dafür verantwortlich: die Seeluft, die Wärme oder die intensive Lichteinstrahlung? Dieser Frage gingen die Mediziner nach. Wenn der Zustand unseres Sohnes sich durch den Aufenthalt so gebessert hatte, konnte eine Klima- oder Lichttherapie vielleicht auch anderen Erkrankten helfen?

Dies war für mich der Anlass, Uveitis in einem Projekt der Stiftung erforschen zu lassen. Es wurde für mich zu einem Herzensanliegen, von dieser Krankheit betroffenen Menschen zu helfen. In der Bundesrepublik gibt es circa zweihunderttausend Uveitis-Erkrankte. Die direkten Behandlungskosten werden auf jährlich rund dreihundert Millionen Mark beziffert.

Die Bertelsmann Stiftung unterstützte Pilotstudien der Universitäts-Augenkliniken von Kiel und Münster, um Nachweise für meine Beobachtungen zu finden. Wir starteten den ersten Versuch mit achtzig Patienten, die auf Kosten der Bertelsmann Stiftung drei Wochen unter ärztlicher Aufsicht am Toten Meer in Israel verbrachten. Bei vierundvierzig Prozent der Patienten konnte eine positive Auswirkung beobachtet werden, bei einigen wurde sogar eine völlige Ausheilung festgestellt. Bei den restlichen Patienten reduzierte sich die Zahl der Entzündungsschübe, oder sie verliefen weniger lang und weniger heftig. Bei vielen Patienten konnten die nebenwirkungsstarken Cortisonpräparate verringert oder sogar abgesetzt werden. Die Studien hatten nachgewiesen, dass Licht und Klima die Heilung dieser Krankheit beeinflussen.

Die Licht- und Klimatherapie steigert die Abwehrkräfte des Immunsystems. Wichtig ist eine intensive UV-Bestrahlung. Durch die tiefe Lage der Region überwiegen am Toten Meer die positiv wirksamen UVA-Strahlen, während ein Teil der Sonnenbrände bewirkenden UVB-Strahlen herausgefiltert wird. So ist langes Sonnenbaden ohne die Gefahr eines Sonnenbrands möglich. Die Therapie erfolgt als Ganzkörper-Sonnenbehandlung, möglichst wenig bekleidet, so dass die Strahlen auf große Hautflächen treffen können. Ärzte überwachen und begleiten die Therapie.

Die Ergebnisse der Studie konnten Krankenkassen dazu veranlassen, die Kosten für eine Klimatherapie als therapeutische Maßnahme für Uveitis-Patienten anzuerkennen. Sie ist speziell für diejenigen geeignet, deren Erkrankung endogene beziehungsweise allergisch-immunologische Ursachen hat.

Mit der Haut- als auch der Augenklinik der Universität Münster wurde gleichfalls die Entwicklung der künstlichen Lichttherapie mit UVA-1-Licht intensiviert. Es konnte nachgewiesen werden, dass auch künstliches Licht eine Therapiealternative für Uveitis-Patienten darstellt.

Die Konfrontation mit der akuten oder chronischen Augenkrankheit Uveitis und die damit verbundenen Probleme, wie beispielsweise die häufig unbekannte Ursache der Krankheit, eine fehlende einheitliche Therapie und die unsichere Prognose, bedeuten eine dramatische Situation für die Betroffenen, insbesondere auch für die Familienmitglieder. Sie fühlen sich mit ihrer Krankheit allein, was zum Teil auch auf die unzureichenden Informationen über Uveitis, generell mangelndes Wissen und die begrenzte Beratungszeit vieler Augenärzte zurückzuführen ist.

Deshalb gab ich den Anstoß zur Gründung von Selbsthilfegruppen. Inzwischen gibt es bundesweit dreizehn dieser Initiativen, die sich regelmäßig treffen. Ziele der Gruppen sind die gegenseitige psychosoziale Hilfe und der Austausch über neue medizinisch-wissenschaftliche Informationen.

Meinen Mann und mich hat besonders erstaunt, als wir in Gesprächen mit Professor Busse, Direktor der Universitäts-Augenklinik in Münster, von den Auswirkungen unseres Projekts erfuhren. Professor Busse sagte, dass wir mit der von uns entwickelten Heil-

und Klimatherapie nicht nur Leid abwenden, sondern dass die Krankenkassen auch einen Milliardenbetrag an Behandlungskosten einsparen können. Für uns war dies ein schöner Erfolg.

Dieser Erfolg ist Ansporn für uns, ein neues Projekt zur Prävention in der Augenheilkunde zu entwickeln. Gemeinsam mit Professor Busse und der Uniklinik Münster möchten wir in Münsteraner und Gütersloher Kindergärten Vorsorge-Augenuntersuchungen durchführen. Heute weisen fünfzehn Prozent der Kinder schon im Alter bis zu sechs Jahren eine Beeinträchtigung des Sehvermögens auf. Wir möchten erreichen, dass das Gesundheitsministerium in Zukunft Augenuntersuchungen in den Vorsorgekatalog für Kinder mit aufnimmt.

Abschließend möchte ich noch erwähnen, dass die Krankheit unseres Sohnes Andreas uns bis zu seinem fünfundzwanzigsten Lebensjahr durch Phasen der Hoffnung, Tränen und Verzweiflung geführt hat. Immer wieder bestand bei ihm die Gefahr der Netzhautablösung. Doch wir konnten erreichen, dass sein Augenlicht erhalten blieb. Andreas ist mittlerweile vollständig geheilt.

Manuelle Medizin

1993 gründete die Bertelsmann Stiftung die Akademie für manuelle Medizin an der westfälischen Wilhelms-Universität in Münster.

Auch hierzu kam der Anstoß aus unserer persönlichen Erfahrung. Mein Mann hatte Bandscheibenprobleme, und uns fiel auf, dass in Deutschland das Wissen um die Chirotherapie völliges Neuland darstellte. Erst im holländischen Eindhoven fand er einen Chiropraktiker, der ihm helfen konnte. Dort gab es schon seit vielen Jahren eine Akademie für manuelle Medizin. In Ländern wie Holland, der Schweiz und den USA spielt die Anwendung der manuellen Medizin bei Erkrankungen des Bewegungsapparats eine viel größere Rolle als bei uns. Wer einmal in Amerika war, wird wissen, dass es fast an jeder Ecke eine Praxis eines Chirotherapeuten gibt. In Amerika dauert die Zusatzausbildung eines Orthopäden zum Chirotherapeuten vier Jahre. Das Wissen um diesen Tatbestand und die persönliche Erfahrung meines Mannes boten den Anlass zu fragen, ob wir in Deutschland nicht auch eine solche Akademie benötigten. Die Antwort lautete eindeutig: Ja!

Ausschlaggebend für die Einrichtung der Akademie war die Erkenntnis, dass Erkrankungen des Bewegungsapparats beziehungsweise degenerative Gelenkerkrankungen sich zu einem Volksleiden entwickelt haben. Da sie oft chronisch werden, führen sie früh zu langer Arbeitsunfähigkeit. Allein Beschwerden im Rücken- und Wirbelsäulenbereich verursachen etwa ein Drittel aller Fehltage in Betrieben – nämlich 80 Millionen Arbeitsunfähigkeitstage pro Jahr. Die hieraus resultierenden Kosten sind nach Expertenmeinung alarmierend. Die Gesamtkosten von 33 Milliarden DM pro Jahr werden nur zu einem Drittel durch Diagnostik, ärztliche Behandlung, Medikamente, Physiotherapie etc. verursacht – der überwiegende Teil dagegen durch Lohnfortzahlung, Krankengeld, Produktionsausfall usw. Auch bei den Ursachen für die Frühverrentung stehen diese Krankheiten an erster Stelle.

In den meisten Universitätskliniken und orthopädischen Abteilungen werden in Ausbildung, Lehre und Forschung operative Techniken naturgemäß vorrangig behandelt. Dadurch ist es in der Orthopädie in der Vergangenheit zunehmend zu einer Schwerpunktverlagerung zu operativen Techniken gekommen. In der Bundesrepublik werden jährlich etwa 100 000 Eingriffe am Hüftgelenk und 80 000 Eingriffe am Kniegelenk vorgenommen. Da ein Drittel der Bevölkerung ab dem sechzigsten Lebensjahr degenerative Gelenkveränderungen aufweist, ist auf Grund des demographischen Wandels ein weiterer Anstieg der Operationen zu erwarten.

Doch nur bei einem geringen Teil der Patienten ist ein operatives Vorgehen sinnvoll und Erfolg versprechend. Nur dreißig bis vierzig Prozent der Krankheitsbilder im Rücken- und Wirbelsäulenbereich kann die Schulmedizin erfolgreich therapieren. Bei den Patienten zeigt sich dagegen ein wachsendes Bedürfnis, auch mit nicht medikamentösen, naturheilkundlichen Verfahren behandelt zu werden. Diese Erkenntnisse veranlassten uns dazu, nach neuen Wegen zu suchen. In Zusammenarbeit mit der Universität Münster wollte die Bertelsmann Stiftung Behandlung, Fort- und Weiterbildung, Lehre und Forschung im Rahmen der konservativen Orthopädie fördern und zur Integration der manuellen Medizin in die Universität beitragen.

Die manuelle Medizin bietet diagnostische Methoden an, die bei der gestörten Funktion des Bewegungsapparats unverzichtbar sind. Sie sind eine Erweiterung orthopädischen, rheumatologischen, neurologischen und physikalischen Wissens. Die manuelle Medizin bietet eine Kombination der verschiedensten Verfahren an.

Es ist bekannt, dass Wissenschaftler an den Universitäten immer skeptisch Verfahren gegenüber sind, deren Wirkungsweise wissenschaftlich nicht nachgewiesen werden kann. Vieles in der manuellen Medizin beruht auf Erfahrung und nicht auf wissenschaftlicher Erkenntnis.

Die Bertelsmann Stiftung wollte mit der Gründung der Akademie eine größere Akzeptanz der manuellen Medizin bewirken, indem ihr Stellenwert innerhalb der gesundheitlichen Versorgung, insbesondere der chronischen Erkrankungen des Bewegungsapparats, sachlich und kompetent dargestellt wird. Die Akademie sollte die Entwicklung der manuellen Medizin und ihrer Grenzgebiete in Forschung, Lehre und Therapie fördern.

In der manuellen Medizin wie auch in der gesamten Medizin liegt die große Kunst nicht in der Behandlungstechnik, sondern in der richtigen Diagnose. Durch eine exakte Untersuchung werden Funktionsstörungen an Wirbelsäule und Gelenken manuell diagnostiziert und behandelt. Das Ziel der Diagnose ist die verbesserte Behandlung des Patienten. Die Therapie hängt aber auch davon ab, welche Behandlungsmöglichkeiten der Arzt beherrscht. Wenn ein Orthopäde nur chirurgisch ausgebildet ist, wird er schneller eine Operation vorschlagen und den Patienten auch dahingehend untersuchen. Dieser Problematik wollen wir entgegenwirken, indem die manuelle Medizin ein wesentlicher Bestandteil der Orthopädie wird. Denn viele Beschwerden sind auf funktionelle Störungen zurückzuführen und können mit der richtigen Chirotherapie oder einem breiten Spektrum an Übungen behandelt werden.

Wir gründeten eine Ambulanz, die dem Bedürfnis der Bevölkerung entgegenkommt, Methoden zur Behandlung der Erkrankung des Bewegungsapparats gezielt einzusetzen, um nicht gleich zu operieren, sondern Schmerzen alternativ zu behandeln. Die Behandlungstechniken der manuellen Medizin sind unter anderem Mobilisation, Manipulation, neuromuskuläre Therapien, das heißt, Behandlung der Muskulatur und/oder Mobilisation der Gelenke unter Ausnutzung neurophysiologischer Mechanismen, Verhaltenstraining, Bewegungstherapien und Rückenschule.

In den Räumen der Akademie für manuelle Medizin findet laufend eine umfassende Patientenversorgung mit orthopädischer Sprechstunde, Physiotherapie und Rehabilitation in Zusammenarbeit mit anderen Institutionen innerhalb und außerhalb der Universität statt. Es gibt folgende Behandlungsschwerpunkte: die Therapie von Erkrankungen des Bewegungsapparats bei Kindern und Erwachsenen, Sporttherapie sowie interdisziplinäre Kopfschmerzsprechstunde.

Häufig ist eine zu schwach ausgeprägte Muskulatur die Ursache für Rückenschmerzen. Die gezielte Entwicklung der wirbelsäulenstabilisierenden Muskulatur ist bei vielen Patienten eine wirkungsvolle Maßnahme zur Linderung bei Rückenschmerzen. Mit einer biomechanischen Funktionsanalyse lassen sich die Stärken und Schwächen des Muskelkorsetts exakt bestimmen. So entsteht ein »muskuläres Profil der Wirbelsäule«. Nach den Analyseergebnissen wird ein maßgeschneidertes Trainingsprogramm für den Patienten entwickelt.

Mit Unterstützung moderner apparativer Diagnostik – von Röntgen über Ultraschall und Kernspintomographie bis hin zur dreidimensionalen videooptischen Vermessung der Wirbelsäulenoberfläche – sowie in enger Zusammenarbeit mit Spezialisten innerhalb und außerhalb der Universität wird dem Patienten in der Akademie ein Netzwerk geboten, das optimale Behandlungslösungen unter Einbezug ergänzender Fachkompetenz aus allen wesentlichen Bereichen anstrebt.

Außerdem werden angeboten: Fort- und Weiterbildungsveranstaltungen für Ärzte und Physiotherapeuten in spezieller Schmerztherapie, manueller beziehungsweise Chirotherapie (nach Beendigung der Kurse können die Ärzte die Zusatzbezeichnung »Arzt der Chirotherapie« erlangen); Lehrveranstaltungen für Studenten, unter anderem manuelle Diagnostik und Therapie am Bewegungsapparat, Vorlesungen zur Schmerztherapie, klinische Aspekte im Rahmen des Anatomieunterrichts; klinisch orientierte Forschungsprojekte.

Therapie, Fort- und Weiterbildung, Lehre und Wissenschaft – die Akademie für manuelle Medizin schafft für jeden dieser vier Schwerpunkte ein optimales Umfeld mit dem Ziel, lebendiges Lernen und medizinische Behandlung auf dem neuesten Stand des Wissens miteinander zu verbinden.

Das nächste Gesundheitsprojekt: Hilfe bei Stoffwechselstörungen

Bei einem Pensionärstreffen klagte eine Frau mir ihr Leid: Sie hatte schweres Rheuma und konnte sich nur unter Schmerzen mit einer Gehhilfe bwegen.

Ein Dreivierteljahr später traf ich sie wieder. Sie strahlte, als wir uns begegneten. Sie brauchte keine Gehhilfe mehr und war schmerzfrei! Es schien wie ein Wunder. Was war der Geheimnis? Sie habe – nachdem sie diesen Tipp eines Arztes in einem Magazin gelesen hatte – hoch dosierte Vitamine, Mineralien und Spurenelemente eingenommen, verriet sie mir. Und nach einigen Wochen sei die Besserung eingetreten.

Das fand ich hochinteressant! War es die Idee zu einem neuen Projekt? Sollte man diese Erfahrung wissenschaftlich untersuchen? Welche Informationen gab es zu diesem Thema?

Als mein Mann kurz darauf über Schmerzen in der Hand beim Schreiben klagte, versorgte ich ihn mit hoch dosierten Vitaminen, Mineralien und Spurenelementen. Und siehe da – es half. Nach einer Woche war er schmerzfrei.

Diese Erfahrung war für uns der Startschuss zu einem neuen Projekt: Wir stellten uns die Frage, welche Krankheiten im Zusammenhang mit einem gestörten Mineralstoff-, Spurenelement- und Vitaminstoffwechsel stehen.

Viele Patienten leiden an Krankheiten, auf die die heutige Medizin noch keine Antwort weiß. Offensichtlich führen in unserer Zeit Lebens- und Arbeitsbedingungen sowie Stressfaktoren zu Krankheiten, die wir früher nicht gekannt haben. Nicht nur bei älteren Menschen, auch bei Kindern und Säuglingen gibt es Hinweise darauf, dass eine Mitursache solcher Krankheitsbilder unter Umständen in einem gestörten Stoffwechsel von Mineralien, Spurenelementen und Vitaminen zu finden ist.

Zur Vermeidung von Funktionseinschränkungen müssen Mineralstoffe, Spurenelemente und Vitamine in ausreichender Menge mit der Nahrung zugeführt werden. Mangelzustände können negative Auswirkungen haben, diverse Ausfallerscheinungen stellen sich bei jedem Betroffenen unterschiedlich dar. Das klinische Erscheinungsbild ist meist unspezifisch.

Belastungssituationen, wie zum Beispiel Stress, intensiver Sport, Schwangerschaft und Stillzeit, übermäßiger Konsum von Genussmitteln, extreme Schlankheitsdiäten, Bewegungsarmut sowie Fastfood, aber auch eine gestörte Magen-Darm-Funktion im zunehmenden Alter können zu einem Mangel an Mineralstoffen, Spurenelementen und Vitaminen und damit zu erheblichen Gesundheitsstörungen führen.

Wir initiierten eine Blutserienuntersuchung mit 298 Mitarbeitern der Bertelsmann Stiftung und der Bertelsmann AG, aus deren Blutproben wir den Gehalt von Mineralstoffen, Spurenelementen und Vitaminen bestimmten.

Die Überraschung war groß: Fast alle Teilnehmer hatten Mangelzustände, und zwar:

Magnesium 41 Prozent
Zink 40 Prozent
Selen 50 Prozent
Vitamin B_{12} 46 Prozent
Vitamin E 12 Prozent

Das war umso erstaunlicher, weil es überwiegend junge Mitarbeiter betraf.

Es gibt auch heutzutage noch Ärzte, die behaupten, bei unserem heutigen Angebot und Verzehr von Nahrungsmitteln in der Bundesrepublik gebe es keine Vitamin-, Mineralstoff- und Spurenelementemängel. Die Teilnehmer unserer Screening-Aktion waren allesamt überzeugt, sich recht gesund zu ernähren. Desto größer war unsere Verwunderung über die Ergebnisse.

Dabei fielen auch die Unterschiede bei dem durch Blutanalysen ermittelten Mikronährstoffstatus und den Ernährungsprotokollen auf. Als Gründe für die Differenz nehmen wir an:

Viele Familien haben offensichtlich Wissensdefizite bei Einkauf, Zusammenstellung und Zubereitung von Lebensmitteln. Falsche Lagerung und Zubereitung durch den Verbraucher haben einen Verfall an Mikronährstoffen in den Lebensmitteln zur Folge; die Gemeinschaftsverpflegung (ca. 15 Millionen Arbeitnehmer in Betriebskantinen) enthält nicht die notwendigen Mikronährstoffe für eine ausreichende Versorgung; auch verändertes Einkaufs- und Essverhalten (z. B. Fastfood), bedingt etwa durch lange Arbeitszeiten, bringt ein Defizit an Mikronährstoffen.

Auch bei Überernährung können Vitaminunterversorgungen oder gar schwere Mangelzustände vorkommen – so unsere Erkenntnis. Besonders häufig betroffen von Mangelzuständen sind Kinder und alte Menschen, Schwangere und stillende Mütter, Leistungssportler, Raucher, Alkoholiker, Personen mit einseitigen Ernährungsgewohnheiten (z. B. Veganer), mit Magen-Darm- oder Lebererkrankungen.

Bei vielen Vitaminen äußert sich eine Unterversorgung in uncharakteristischen Erscheinungen wie Müdigkeit, körperlichem und geistigem Leistungsabfall, häufigen Infekten, Stimmungslabilität, Wachstumsverzögerung bei Kindern. Dabei muss man berücksichtigen: Wenn ein Mangel an Vitaminen oder Spurenelementen Beschwerden bereitet und es Befunde darüber gibt, ist er erheblich und besteht meist schon über einen längeren Zeitraum. Außerdem betreffen Mangelerscheinungen von Vitaminen und Spurenelementen nur selten eine einzige Substanz.

Gerade bei Vitaminen, Mineralstoffen und Spurenelementen ist Selbstmedikation weit verbreitet. Millionen Tabletten und Kapseln mit diesen Nahrungsergänzungsstoffen werden jährlich in der Bundesrepublik konsumiert – meist ohne ärztliche Verordnung. Man will sich etwas Gutes tun. Doch hierin liegt ebenfalls eine große Gefahr. Das Zusammenspiel der Vitamine, Mineralstoffe und Spurenelemente im Körper muss man sich wie das eines Orchesters vorstellen. Fällt ein Instrument aus, spielt es zu leise oder zu laut – ist die Harmonie gestört, entsteht ein Missklang. Genauso ist es bei den Vitaminen, Mineralstoffen und Spurenelementen: Haben wir zu wenig oder zu viel, gerät der Stoffwechsel aus den Fugen, und es können Krankheiten entstehen. Die Wirkung eines Mikronährstoffs im Organismus muss stets im Zusammenhang mit den anderen Nahrungsbestandteilen gesehen werden. So kann die zu hohe Aufnahme eines Mikronährstoffs negative Folgen auf die Wirkung beziehungsweise Aufnahme eines anderen, ebenfalls lebensnotwendigen Mikronährstoffs haben.

Aber wer weiß schon, welche Wechselwirkungen zwischen einzelnen Mikronährstoffen entstehen können? Natürlich ist heute bekannt, dass ein Fluormangel Zahnkaries begünstigt. Aber was bedeutet letztendlich ein Vitamin-C-Mangel oder eine Überdosierung für den Körper? Viele Menschen denken nach wie vor viel zu wenig über ihre Gesundheit, über Mangelerscheinungen bei Mikronährstoffen und die damit verbundenen Folgen nach.

Da ein Vitaminmangel durch Blutuntersuchungen oft schon nachgewiesen werden kann, bevor Beschwerden oder Krankheitserscheinungen auftreten, würde ich es mir für jeden Menschen wünschen, dass er diese Untersuchung machen lässt, ehe er sich selbst mit Tabletten oder Kapseln versorgt. Leider bezahlen die Krankenkassen diese nicht in jedem Fall. Eine längere Einnahme von Vitaminen und Spurenelementen sollte jedenfalls nur in Absprache mit einem Arzt erfolgen.

Die Bertelsmann Stiftung hat einen Leitfaden für die niedergelassenen Ärzte erstellt, der sie umfassend über die klinischen Aspekte und die chemische Analyse der Vitamine, Mineralstoffe und Spurenelemente informiert. Zudem wurde ein Leitfaden für den Verbraucher entworfen. Wir wollen damit einen Beitrag zur Bildung von mehr Gesundheitsbewusstsein in der Bevölkerung leisten.

Ich lasse bei mir diese Blutanalyse einmal jährlich machen und nehme die jeweils vom Arzt verordneten fehlenden Mikronährstoffe ein, etwa Vitamin C, Vitamin E und Magnesium, die sehr wichtig sind. Magnesium zum Beispiel ist ein schützender Mikronährstoff. Es kann das Herz vor Rhythmusstörungen und sogar vor einem Infarkt schützen, indem es die Muskulatur entspannt, die Blutgefäße erweitert und die Funktion des Herzens verbessert.

Meine Erfahrung hat mir gezeigt, dass jeder von uns der Manager seiner Gesundheit sein kann – es sei denn, er leidet an Erbkrankheiten.

Meine Ratschläge zur gesunden Lebensführung

Meine These ist: Belastbarkeit kann man lernen. Ich bin heute leistungsfähiger und belastbarer als in jungen Jahren. Aus vielen gesundheitlichen Krisen habe ich gelernt, meinen Körper zu beobachten, herauszufinden, was ihm gut tut und was er braucht, um leistungsfähig zu sein. Großes Vorbild dafür war wieder einmal mein Mann. »In einem gesunden Körper wohnt ein gesunder Geist« – das war und ist seine Devise. Tagtäglich radelt er zwanzig Kilometer und unternimmt regelmäßig Wanderungen. In den Ferien schwimmt er viel und wandert durch die Berge. Auch mit seinen achtzig Jahren ist er sehr beweglich und aktiv. Er isst sehr maßvoll, trinkt wenig Alkohol und raucht nicht. So ist er schlank geblieben und trägt nicht – wie viele Männer seines Alters – einen großen Bauch vor sich her. Man stelle sich einmal bildlich vor: Fünf Kilo Übergewicht sind zwanzig Pakete Butter, die der Körper mittragen muss. Welch eine Belastung! Abgesehen davon, dass der Anblick eines übergewichtigen Menschen auch nicht unbedingt schön ist.

Ich habe durch das Beispiel meines Mannes gelernt: Gesundheit ist nichts Selbstverständliches.

Man muss etwas dafür tun, diszipliniert daran arbeiten. Für mich gibt es heute keinen Tag ohne Sport. Ich stehe dafür extra eineinhalb Stunden früher auf. Jeden Morgen absolviere ich mein Fitnessprogramm: fünf bis sechs Kilometer joggen, danach fünfzehn bis zwanzig Minuten schwimmen und anschließend Rückengymnastik. Dies halte ich bei Wind und Wetter so eisern durch, dass mir etwas fehlen würde, wenn ich es einen Tag einmal nicht täte. Ich habe festgestellt, dass mein Kreislauf und mein Stoffwechsel viel besser arbeiten, seit ich dieses Programm durchhalte. Auch mental fühle ich mich dadurch besser – mit Sport arbeitet man Stress und Aggressionen ab. Bewegung setzt im Körper Endorphine – die »Gute-Laune-Hormone« – frei. Seit ich regelmäßig Sport treibe, bin ich viel ausgeglichener und besser gestimmt. Außerdem habe ich mir das Rauchen abgewöhnt – ich habe früher dreißig Zigaretten und mehr am Tag geraucht – und ernähre mich seit fünf Jahren mit Trennkost. Täglich trinke ich vier Liter Wasser oder Tee – meine bevorzugte Mischung ist Kamille mit Pfefferminz. Seitdem habe ich rund zehn Pfund abgenommen (ich trage Größe 36). Ich bin heute viel gesünder und leistungsfähiger als in meinen jungen Jahren, denn der Stoffwechsel arbeitet besser.

Oft sitze ich an fünf Tagen in der Woche jeweils bis zu sechs Stunden in Konferenzen – ich beobachte, dass viele Menschen Mühe haben, so lange hintereinander aufnahmefähig und konzentriert zu bleiben. Ich habe keine Probleme damit. Mein Rezept: An diesen Tagen esse ich sehr wenig und trinke sehr viel – drei bis vier Liter Wasser oder meinen Gesundheitstee. So belaste ich den Körper nicht mit Verdauungsvorgängen, bei denen das Blut aus dem Kopf in die Körpermitte abgezogen wird und man müde wird. Ich bleibe wach und klar im Kopf. Und am Abend kann ich dann eine vollwertige, leichte Mahlzeit – bevorzugt Fisch und Gemüse – genießen.

Allerdings geht es nicht nur darum, lediglich den Körper zu pflegen. Das wäre eine verfehlte Lebensführung, denn Körper und Seele bilden eine Einheit. So sollte man extreme Einseitigkeit meiden. Körperliche, seelische und geistige Fitness steigern Wohlbefinden und Selbstwertgefühl.

Und deshalb hilft mir noch etwas, den Alltag mit seinen Problemen und Sorgen zu bewältigen: positives Denken. Es ist eine fabelhafte Kraftquelle, um mental gesund zu bleiben. Dabei kommt mir mein optimistisches Lebensgefühl zugute. Mein Temperament ist eher fröhlich und unbeschwert als mürrisch und trübsinnig. Offensichtlich ist dies eine genetische Mitgift meiner Mutter, die ein ähnliches Naturell hatte. Dieses positive Grundgefühl habe ich bewusst trainiert.

Positives Denken hat mich gelehrt, dass ich Schöpfer meiner eigenen Erfahrungen bin. Ich weiß um die Macht, die negative Gedanken über uns haben können. Ich habe gelernt, mein Denken zu kontrollieren nach dem Motto »Was du denkst, das bist du«. Denken heißt Bewusstsein gebrauchen. Durch die Wahl der Gedanken, des Glaubens, des Empfindens kann man seine Erfahrungen kontrollieren. »Wir werden nicht von den Dingen bewegt, sondern von den Meinungen, die wir von den Dingen haben«, sagte schon der griechische Philosoph Epiktet. In der Sache des erfolgreichen Lebens sind wir selbst unser einziges Problem. Schwierigkeiten ergeben sich nicht durch andere Menschen oder die falsche Umgebung. Es kommt vielmehr darauf an, wie wir mit dem anderen umgehen, welche Haltung wir einnehmen. Ändern wir unsere Haltung, ändern wir die Situation. Eine positive Einstellung kann für einen selbst und in der Kommunikation mit anderen viel bewirken. Wir haben unser Leben selbst in der Hand!

An meiner Einstellung, an meiner Haltung zu Menschen, zu Situationen habe ich viel gearbeitet. Ganz bewusst zähle ich mir jeden Tag auf, wofür ich dankbar sein kann. So schärfe ich meine Wahrnehmung für die angenehmen Seiten des Lebens, ich denke, fühle und lebe dadurch unbelasteter und fröhlicher. Ich sage mir: Ich bin. Ich kann. Ich will. Ich bin motiviert – und Schwieriges ist überwindbar. Das Leben wird leichter und schöner! Das habe ich oft erfahren dürfen. Und ich bin jeden Tag aufs Neue dankbar, dass ich gesund bin, dass ich kreativ sein kann und mein Leben gestalten darf.

Stets hören wir, wie belastet unser Gesundheitssystem ist. Ich meine, dass jeder Mensch verpflichtet ist, selbst verantwortungsbewusst mit seiner Gesundheit umzugehen. Das System der Krankenversicherungen funktioniert nach dem Solidaritätsprinzip. Ich finde es höchst unsolidarisch, nachlässig und leichtsinnig mit seiner Gesundheit umzugehen. Alle Mitglieder müssen dafür zahlen, wenn die Beiträge der Krankenkassen immer weiter steigen. Wenn jeder Versicherte ein besseres Gesundheitsbewusstsein entwickelte, bräuchten weniger Menschen ärztliche Behandlung, und die Kosten könnten eingedämmt werden. Viele Menschen haben keine bewusste Beziehung zu ihrem Körper – sie betrachten ihre Gesundheit als etwas Selbstverständliches. Doch damit erhalten sie sich nicht ihre Lebensqualität bis ins hohe Alter. Wer seinen Körper missachtet, schenkt auch seiner Seele nicht die gebührende Achtung. Der Grundstein für zahlreiche psychosomatische Beschwerden wird durch diese Haltung gelegt.

Nur wer sich selbst liebt, kann auch andere lieben. Liegt hier der Schlüssel für die zunehmende Lieblosigkeit in unserer Welt? Vergessen wir auf der Jagd nach Erfolg, nach Geld, nach Ansehen nicht nur unsere Mitmenschen, sondern auch uns selbst?

Eine gesunde Lebensweise ist Krankheitsvorbeugung – durch Gewichtskontrolle oder -abnahme und eine vernünftige Ernährung kann man versuchen, das Entstehen von Krankheiten zu verhindern. Auch im Bereich der klassischen Medizin setzt ein Umdenken ein, weil man viele chronische Erkrankungen nicht angemessen behandeln kann. In der chinesischen Volksmedizin beispielsweise ist der Gedanke an die Vorbeugung besonders ausgeprägt. Hier bezahlt der Patient den Arzt immer dann, wenn er gesund ist. Wird er krank, stellt er seine Bezahlung ein.

Die vorbeugende Medizin legt großen Wert auf eine gesunde Ernährung. Um gesund zu bleiben, ist eine bedarfsgerechte Versorgung mit Mineralstoffen, Spurenelementen und Vitaminen notwendig – das ist unser Erkenntnisstand heute.

Seiner Gesundheit zuliebe sollte man einige Ratschläge bei seiner Ernährung berücksichtigen: Lieber Vollkornbrot statt Weißbrot, Orangensaft oder Milch statt Cola oder Limonade. Zu Hause kommen bei mir bevorzugt frisches Obst, Rohkost, schonend zubereitetes Gemüse, fettarme Milchprodukte, Fisch oder kleine

Portionen mageres Fleisch auf den Tisch. Speziell nach stressigen Arbeitstagen ist es für mich besonders wichtig, auf eine ausgewogene Ernährung zu achten, um meinen Bedarf an Mineralstoffen, Spurenelementen und Vitaminen zu decken und das Risiko von Konzentrationsmangel, Müdigkeit, Schlaflosigkeit, Nervosität, Leistungsschwäche etc. zu vermeiden. Auch regelmäßigen Alkoholkonsum gilt es tunlichst zu unterlassen. Auf Reisen ist es für mich besonders wichtig, auf Grund der veränderten Ernährungsgewohnheiten, der Zeitumstellungen und Klimaveränderungen auf meine Gesundheit zu achten. Aus Liebe zu unserer Gesundheit und zu der unserer Kinder sollten alle Menschen einige grundlegende Regeln der Ernährung beachten.

Die Rolle der Ernährung

Besondere Aufmerksamkeit fordert die Ernährung der Kinder. Es ist wichtig, auf die Zusammensetzung des ersten Frühstücks zu Hause und des zweiten in der Schulpause zu achten. Weißmehlbrötchen mit Marmelade oder Nutella, Süßigkeiten, Limonade oder Zitronentee mit Zucker sind nicht nur arm an Ballaststoffen und Vitaminen, sondern auch an Mineralstoffen und Spurenelementen.

Ich finde es lieblos und falsch, dass viele Eltern ihre Kinder morgens ohne Frühstück zur Schule schicken. Auch die Angewohnheit, den Kindern zwei Mark in die Hand zu drücken, damit sie sich in der Pause etwas kaufen, ist unklug. Das Geld wird meistens für Süßigkeiten und stark zuckerhaltige Limonade und Colagetränke ausgegeben. Mit dieser Ernährung können die Kinder nur wenig konzentrations- und leistungsfähig sein. Auch versteckte Fette in Wurst als Brotbelag sind nicht gesund und tragen zum Übergewicht bei. Das ist fahrlässiger Umgang mit der Gesundheit der Kinder, die ja noch im Wachstum sind. Ratsamer ist es dafür, phantasievolle Pausenbrote zu kreieren. Anregungen dafür gibt es in zahlreichen Frauenzeitschriften und Ratgebern.

Die physiologische Leistungskurve und die Beanspruchung im

Unterricht bedingen, dass Kinder und Jugendliche vormittags bereits mehr als ein Drittel des gesamten Energiebedarfs des Tages benötigen. Psychische Unausgeglichenheit, die sich mitunter in aggressivem oder apathischem Verhalten äußert, erhöhte Unfallgefahr im Straßenverkehr und beim Sport auf Grund beeinträchtigter Aufmerksamkeit und Reaktionsfähigkeit können die Folgen eines vitamin-, mineralstoff- und spurenelementearmen Frühstücks sein. In der Entwicklungs- und Reifungsphase führt eine unzureichende Aufnahme wichtiger Mikronährstoffe zu Wachstumsstörungen und Schäden, die sich, wie zum Beispiel Osteoporose, erst im späteren Leben oder im Alter zeigen. Eisen, Kalzium und Folsäure sind für Kinder und Jugendliche besonders wichtig.

Ernährungsbedingte Krankheiten belasten das Gesundheitssystem in der Bundesrepublik mit mehr als hundert Milliarden Mark.

Wir sind dabei, ein Konzept für die intensive Aufklärung der Bevölkerung über gesunde Ernährung und Essverhalten zu erstellen. Dazu habe ich eine interdisziplinäre Expertenkommission »Ernährung und Gesundheit« einberufen, der Ernährungsmediziner, Dermatologen, Geriater und Spezialisten für Kinderernährung angehören. Wir wollen in Kooperation mit der Akademie für Ernährungsmedizin Hannover Expertenwissen zusammenbringen, einen Diskussionsprozess in Gang setzen und die Relevanz von Ernährung im Zusammenhang mit Gesundheit deutlicher ins Bewusstsein der Öffentlichkeit rücken.

Zuerst wollen wir uns an die Schüler wenden. Die Ernährungssituation von Kindern und Jugendlichen soll verdeutlicht und Vorschläge für eine sinnvolle Weiterentwicklung auf diesem Gebiet ermittelt werden. Allergien und Haltungsschäden nehmen in bedenklicher Weise zu. Falsche Ernährung – zu süß und zu fett – sowie zu wenig Bewegung sind mögliche Ursachen. Grundschulkinder bewegen sich im Durchschnitt weniger als eine Stunde am Tag. Viele Kinder haben nicht mehr die naturverbundenen Lebensräume, um aktiv Geschicklichkeit, Kraft und Ausdauer zu entwickeln. Manche Kinder können nicht mehr klettern oder rückwärts laufen, so unbeweglich sind sie geworden. Jedes zweite

Kind hat zu schwache Muskeln, jeder fünfte Schüler klagt über Rückenschmerzen, jedes sechste Kind zwischen sechs und achtzehn Jahren ist zu dick. Schuluntersuchungen ergaben, dass die Zahl der übergewichtigen Kinder in Deutschland auf über zwei Millionen gestiegen ist.

Ernährungsverhalten übt man in der Kindheit und Jugend ein. Essgewohnheiten in fortgeschrittenem Alter zu ändern, fällt vielen Menschen sehr schwer. Ich bin der Meinung, Kinder und Jugendliche sollten schon in der Schule ausreichend über den Nutzen gesunder Ernährung, die ja Krankheitsvorbeugung ist, informiert werden. Auch die deutsche Ärzteschaft fordert die Einführung eines Unterrichtsfachs Gesundheitserziehung an den Schulen, unter anderem zur Bekämpfung von Alkohol- und Nikotinmissbrauch. »Die Schulen sind neben dem Elternhaus der einzige Ort, wo junge Menschen frühzeitig über die Gefahren von gesundheitsschädlichem Verhalten informiert werden können«, sagt der Präsident der Bundesärztekammer Jörg Dietrich Hoppe.

Äußerst bedenklich finde ich auch, dass acht Prozent der elfjährigen Jungen und vier Prozent der Mädchen mindestens einmal im Monat Beruhigungsmittel einnehmen. Das geht aus einer Studie der Weltgesundheitsorganisation hervor, die 120 000 Kinder aus 28 Ländern befragte.

Zu den großen Volkskrankheiten, die eng mit der Ernährung verbunden sind, zählen Krebserkrankungen, Schlaganfall, Diabetes, Herz-Kreislauf-Erkrankungen, Übergewicht, aber auch Darmerkrankungen mit Beeinträchtigung des Immunsystems. Man geht davon aus, dass allgemein durch eine verbesserte Ernährung dreißig bis vierzig Prozent der Krebsneuerkrankungen vermieden werden könnten. Schätzungen zufolge verursacht falsches Ernährungsverhalten jährlich etwa hundert Milliarden Mark an Kosten. Ein erheblicher Teil dieser Kosten könnte eingespart werden, wenn in der Gesamtbevölkerung eine Veränderung der Essgewohnheiten erreicht würde. Deshalb beschäftigen wir uns im Arbeitskreis »Ernährung und Volkskrankheiten« mit Fragen nach gesicherten Erkenntnissen bezüglich des Zusammenhangs zwischen Ernährungsfaktoren und einzelnen Krankheitsbildern.

Welche Ernährungsfaktoren verhindern die Entstehung bestimmter Erkrankungen, welche begünstigen diese? Wie sollte eine optimale Ernährung unter Präventionsaspekten aussehen? Welche Ernährung sollte nach Eintritt einer Krankheit empfohlen werden? Wie beeinflusst die Ernährung den Krankheitsverlauf? Wir wollen Informationsmaterial und Empfehlungen erstellen, die sich nicht nur an den Endverbraucher, sondern auch an Ärzte, Ernährungsberater, Diätassistenten und Lehrer wenden sollen.

Außerdem arbeiten wir zurzeit mit einer Expertenkommission daran, den Zusammenhang von Brustkrebsentstehung und Ernährung zu ergründen. Diese Frage beschäftigt mich, seit ich bei meinem Aufenthalt in Japan gehört habe, dass dort viel weniger Frauen an Brustkrebs erkranken als bei uns in Europa. Experten führen dies auf die unterschiedlichen Ernährungsgewohnheiten zurück. Japaner essen viel mehr Soja und Fisch als wir Europäer. In Amerika lebende Japanerinnen erkranken genauso häufig an Brustkrebs wie Amerikanerinnen. So gibt es inzwischen gesicherte Erkenntnisse, dass der Ernährung im Entstehungsprozess von Brustkrebs eine wichtige Rolle zukommt. Entsprechend können präventive Maßnahmen im Ernährungsbereich zur Verhinderung dieser Krankheit beitragen.

Professor Peter Brätter, einer unserer wissenschaftlichen Beiräte, der zahlreiche Leitfäden für Ärzte und Verbraucher geschrieben hat, weist darauf hin, dass antioxidative Substanzen wie Carotinoide und Vitamin C die Zellen vor freien Radikalen – das sind aggressive, zellschädigende Sauerstoffverbindungen – schützen. Die Analyse sekundärer Pflanzenstoffe hinsichtlich ihrer Funktion insbesondere bezüglich Tumorwachstum ergab ernst zu nehmende Indizien dafür, dass unter anderem Beta-Carotin und Phytoöstrogene – das sind pflanzliche Östrogene – das Brustkrebsrisiko senken können.

Allerdings zählen für Wissenschaftler nur Beweise und nicht vereinzelte Indizien. Deshalb gibt es heute noch viele Fragen und wenig Antworten. Als Risikofaktoren für Brustkrebs gelten auch Bewegungsdefizite und Alkohol sowie die erbliche Veranlagung. Ob der Genuss von Soja oder Getreide die Entstehung von Brustkrebs verhindern kann, ist nicht bewiesen. Unleugbar ist jedoch, dass eine gesunde Ernährung mit fünf Gemüsemahlzeiten am Tag, wenig Fett und wenig Alkohol sinnvoll ist. Insofern können die Experten, bevor sie nicht wissenschaftlich bewiesene Erkenntnisse haben, nur die Empfehlung geben, diese Ernährungsratschläge zu berücksichtigen.

Wir hoffen, dass die Ernährungskommission der Bertelsmann Stiftung im nächsten Jahr mit ihren ersten Empfehlungen an die Öffentlichkeit gehen kann.

10. Stiftung Deutsche Schlaganfall-Hilfe

1992 gründete ich die Stiftung Deutsche Schlaganfall-Hilfe. Auch hierzu gab den Anstoß ein persönliches Erlebnis, das ich kurz erzählen will.

Einer meiner Söhne hatte im Alter von vierzehn Jahren des Öfteren ein taubes Gefühl zuerst im linken Fuß, dann im gesamten linken Bein. Wir gingen von Arzt zu Arzt, doch keiner wusste eine Antwort auf die Frage nach der Ursache. Während unseres anschließenden Urlaubs in Spanien fiel er ohne erkennbare Ursache öfter hin. Ich betrachtete dies mit großer Sorge, ließ mir aber nichts anmerken. Nach der Rückkehr aus den Ferien suchte ich sofort mehrere Ärzte mit ihm auf, doch eine neurologische Ursache konnte nicht festgestellt werden. Im Gegensatz zu mir maßen die Ärzte dem Vorfall keine so große Bedeutung bei, sondern meinten, der Junge hätte vielleicht Wachstumsstörungen. Vier Tage nach dem letzten Arztbesuch rief mein Sohn mich eines Nachmittags in der Firma an und sagte: »Mami, ich kann nicht mehr laufen.« Jede Mutter, jeder Vater kann sich vorstellen, wie erschreckt und fassungslos ich war. Sofort ließ ich in der Firma alles stehen und liegen, holte meinen Sohn zu Hause ab und fuhr mit ihm in die Klinik nach Hannover. Nie in meinem Leben werde ich diese Fahrt vergessen. Meine Hände zitterten, meine Gedanken rasten. Ich hielt den Jungen fest im Arm, tröstete ihn und war selbst verzweifelt. Was hatte das Schicksal mit uns vor?

Wieder einmal saß ich auf einem kahlen Krankenhausflur, mein Junge war im Untersuchungszimmer, Schwestern eilten geschäftig hin und her. Starr sah ich dem Treiben zu. Sorge und Angst lähmten mich, ich fühlte mich hilflos und ausgeliefert. Was passierte mit meinem Kind?

Auch die Ärzte standen ratlos vor dieser Entwicklung. Der Junge hatte eine linke Halbseitenlähmung. Die große Sorge war, ob auch die inneren Organe – Herz und Lunge – von der Lähmung erfasst würden. Dann wäre sein Leben beendet gewesen. Nach zwei endlos langen und angstvollen Tagen hatten wir die Gewissheit, dass unser Sohn weiterleben durfte – aber wie? Bliebe er ein Pflegefall?

Die Lähmung war zum Glück nur vorübergehend – nach sechs Wochen konnte mein Sohn wieder laufen. Die Neurologen in Hannover standen vor einem Rätsel – sie hatten keine Ursache für die Lähmung gefunden. Ein Schlaganfall war es nicht. Später mutmaßten die Ärzte, dass wahrscheinlich ein Zeckenbiss die Ursache gewesen sein könnte. Wir haben Schäferhunde, mit denen der Junge viel im Park herumgetollt hatte. Genaueres haben wir bis heute nicht erfahren.

So schwer diese Erfahrung für unsere Familie war – sie hatte auch etwas Positives: Sie war weichenstellend für die Gründung der Deutschen Schlaganfall-Hilfe, mit der vielen Menschen geholfen werden konnte. Die Neurologen, die ich in der Zeit der Erkrankung meines Sohnes kennen gelernt hatte, baten um Hilfe für ein Projekt zur Früherkennung des Schlaganfalls, die damals noch sehr schwierig war.

Diagnose und Behandlung des Schlaganfalls waren zu dieser Zeit noch weitaus schwieriger als heute. Oftmals konnten die Ärzte nur durch einen operativen Eingriff helfen, indem sie den Blutpfropf chirurgisch aus dem Gefäß entfernten. Nach reiflicher Überlegung begann die Bertelsmann Stiftung unter meiner Federführung mit einem Projekt zur Diagnose und Prävention von Hirnleistungsstörungen gemeinsam mit den Unikliniken Düsseldorf und Münster. Nachdem das Vorhaben mit der Weiterentwicklung und der Erprobung der Doppler-Sonographie erfolgreich abgeschlossen war, kamen die Experten erneut auf mich zu und beklagten, dass Schlaganfallpatienten keine Lobby hätten. Ein bekannter Herzchirurg sagte mir damals: »Diese Patienten sind die Ärmsten in unserem Lande.« Zum einen ist die Behinderung sichtbar, und zum anderen verursacht sie einen hohen und schweren Pflegeaufwand, der mit enormen Kosten verbunden ist. Das Leid der Betroffenen und Angehörigen war für Außenstehende damals wie auch heute noch kaum zu ermessen.

Die Mediziner klärten mich über die heimtückische Volkskrankheit Schlaganfall auf: Sie ist die dritthäufigste Todesursache in der Bundesrepublik, 250 000 bis 300 000 Menschen erleiden jährlich einen Schlaganfall – es gibt eine hohe Dunkelziffer, weil nicht jeder Schlaganfall als solcher diagnostiziert wird. Jeder fünfte Patient stirbt daran, über die Hälfte bleibt lebenslang behindert oder eingeschränkt. Nur ein Viertel der Betroffenen wird wieder arbeitsfähig. Siebzehn Prozent der Kranken gesunden einigermaßen, nur sechs Prozent vollständig. Eine bis eineinhalb Millionen Deutsche sind vom Schlaganfall betroffen. Die volkswirtschaftlichen Kosten des Schlaganfalls werden auf zehn bis fünfzehn Milliarden Mark geschätzt, da er die häufigste Ursache für Behinderungen ist.

Eine der wichtigsten Fragen war: Wie erkennt man frühzeitig einen Schlaganfall? Die Mediziner hielten es für dringend nötig, präventiv etwas gegen diese Volkskrankheit zu unternehmen, Aufklärung sowohl der Patienten und Ärzte als auch verbesserte Behandlungsmethoden, die die Überlebenschancen erhöhen könnten. Diese Menschen brauchten dringend Hilfe und Unterstützung.

Die Ärzte, mit denen ich mich beriet, fragten mich, ob ich das Thema Schlaganfall zu meinem Anliegen und ich Präsidentin einer neuen Stiftung werden wolle. Als ich meinem Mann von der Idee berichtete, sagte er: »Wenn du das machen willst, musst du es allein aufbauen. Ich kann dir nicht dabei helfen, mir fehlt im Moment die Zeit für neue Aufgaben.«

Ich erbat mir Bedenkzeit. Das Thema Schlaganfall war mir sehr fremd. In der Familie und in meinem Bekanntenkreis kannte ich niemanden, der davon betroffen war. Viele Menschen setzen das Thema gleich mit Altsein, Behinderung, Verlust der Persönlichkeit und letztendlich auch Siechtum und Tod. Ich war mir nicht sicher, ob für diese heimtückische Krankheit eine Sensibilisierung der Öffentlichkeit geschaffen werden könne, weil viele Bürger unseres Landes gern nur die schönen Dinge des Lebens sehen und genießen möchten und solche schlimmen Schicksalsschläge verdrängen. Das Thema Schlaganfall rief Assoziationen hervor über ein Leben mit schiefem Mund, Sprachschwierigkeiten und Bewegungseinschränkungen. Derartige Behinderungen haben keinen Platz in unserer schnelllebigen Gesellschaft. Viele meinten, »der Schlag treffe« nur alte Leute.

Doch je mehr ich mich mit der Thematik befasste, desto dringlicher erschien es mir, etwas für die Patienten zu tun. In mir reifte der Entschluss: Ich wollte mich mit aller Kraft für eine verbesserte Situation von Schlaganfallpatienten einsetzen.

Bevor ich meine Arbeit begann, informierte ich mich umfassend über diese Krankheit. Ich besuchte Intensivstationen und Rehakliniken, in denen Menschen nach einem Schlaganfall versorgt wurden – sie waren zum Teil hilflos wie Kleinkinder. Ich schaute bei Hirnoperationen zu, ich sprach mit Betroffenen.

Ich erkannte das Hauptproblem dieser Krankheit: Es war bei Ärzten und in der Bevölkerung viel zu wenig über den Schlaganfall und dessen Folgen, seine Risikofaktoren und Warnsymptome bekannt. Viele Menschen meinen, »der Schlag« treffe sowieso nur die anderen, nie einen selbst. Dabei sieht die Realität anders aus. Die Zahl der betroffenen Patienten nimmt ständig zu. Ein Drittel der Bevölkerung ist heute über sechzig Jahre alt. Aufgrund der Entwicklung in der Alterspyramide (das heißt immer mehr ältere Menschen, immer weniger junge) wird die Zahl der Schlaganfälle zunehmen. Und es trifft zudem immer häufiger auch jüngere Personen. Dieser Umstand war der Öffentlichkeit und – viel schlimmer – der Ärzteschaft kaum bewusst. Dagegen wollte ich etwas unternehmen. Dabei spürte ich sehr schnell, dass hier eine große, aber lohnende Aufgabe auf mich wartete. Ich wollte etwas bewegen und einen wichtigen Anstoß geben.

Wie vielen Menschen könnte ich mit der Stiftung helfen! Ich hatte das Gefühl, ich werde dringend gebraucht. Es war eine Herausforderung für mich.

Der Start

Ich hatte mit dem letzten »Rosenball« – einer Benefizveranstaltung – siebenhunderttausend Mark eingenommen. Das sollte mein Startkapital sein. Wir waren ein kleines Team. Ein Geschäftsführer, eine Sekretärin und ich. So begannen wir in der Stiftung.

In vielen engagierten Diskussionen mit Medizinern suchten wir einen anderen Namen für diese Krankheit, denn der Begriff Schlaganfall störte mich – ich fand ihn abschreckend. Doch fanden wir letztendlich keine andere treffende Bezeichnung für diese Krankheit. Heute bin ich froh und glücklich, dass der Schlaganfall kein Tabuthema mehr ist. Heute kann man sagen: »Ich hatte einen Schlaganfall, aber ich kann wieder ein lebenswertes Leben führen.« Damit konnte ein ganz wichtiges Ziel der Stiftung erreicht werden.

Eine weitere Aufgabe sollte die Verbesserung der Situation für die Patienten, insbesondere bei der Akutbehandlung, sein. Denn in zahlreichen Kliniken und Arztpraxen konnten oft nicht schnell genug die richtige Diagnose getroffen und die entsprechenden Behandlungsschritte eingeleitet werden. Wir wollten die Weiterbildung der niedergelassenen Ärzte, aber auch der Krankenhausmediziner und der Mitarbeiter der Ambulanzen fördern, die ja immer als Erste vor Ort sind.

Neben der Aufklärung in der Bevölkerung und bei den Ärzten war die flächendeckende Einrichtung von Schlaganfallstationen nötig, die die entsprechende Ausstattung hatten, um schnellstmögliche Hilfe mit der richtigen Behandlung zu gewährleisten, Menschenleben zu retten und unermessliches Leid zu lindern. Im Gegensatz zum Herzinfarkt mit einem Behandlungsspielraum von zwölf Stunden gibt es beim Schlaganfall nur einen Zeitraum von vier bis sechs Stunden, in dem entstandene Schäden noch behebbar sind. Es gilt, diesen kurzen Zeitraum von vier bis sechs Stunden bestmöglich für den Patienten zu nutzen. Danach steigt die Gefahr, dass der Patient, sofern er am Leben bleibt, für immer

Lähmungen, Sprach- oder Sehstörungen behält. Früher hat der Hausarzt aus Unkenntnis mit der Behandlung oftmals bis zum nächsten Tag gewartet. Und Krankenwagenfahrer sind erst gar nicht auf die Idee gekommen, das Blaulicht auf der Fahrt in die Klinik einzuschalten. Das waren nicht wieder gutzumachende Versäumnisse, die wir verhindern helfen wollten.

»Vorsorgen ist besser als heilen« – dieses Sprichwort gilt insbesondere auch für den Schlaganfall. Trotz aller Fortschritte in der Behandlung und der Rehabilitation des Schlaganfalls sind die Möglichkeiten der vollständigen Heilung noch immer vergleichsweise gering. Die ursächlichen Schäden sind oftmals irreversibel und deshalb »nur« auszugleichen durch langwierige Therapien, die die Betroffenen in die Lage versetzen, trotz des Schlaganfalls ein lebenswertes Leben zu führen. Neue Hoffnung gibt es auch, weil wir in den letzten fünf Jahren in der Hirnforschung und -behandlung einen wesentlichen Fortschritt erzielt haben. Experten bescheinigen, dass heute so große Möglichkeiten vorhanden sind, wie es sie in dieser Form die letzten hundert Jahre nicht gegeben habe.

Trotzdem ist Vorsorge nötig. Nach übereinstimmender Aussage von Experten wären bis zu siebzig Prozent aller Schlaganfälle zu verhindern, vor allem durch frühzeitiges Erkennen der erblichen Veranlagung in der Familie, von der etwa ein Drittel der Patienten betroffen ist. Ferner das gezielte Verringern der Risikofaktoren: Bluthochdruck, Herzkrankheiten, Arteriosklerose, Diabetes, Rauchen und Bewegungsmangel.

So stellte sich die Ausgangssituation dar. Wir mussten in der Öffentlichkeit, in Krankenhäusern, bei den niedergelassenen Ärzten und in der Bevölkerung ein Bewusstsein für die genannten Tatbestände wecken.

Wir bildeten einen Verbund aus Medizinern, Wirtschaftlern, Medienfachleuten und Bürgern. Alle zogen an einem Strang. So wurde mir zum Beispiel das gesamte Marketingkonzept kostenlos von Herrn Professor Meffert, Universität Münster, bis heute zur Verfügung gestellt. Die notwendigen Werbekampagnen spendete in der ganzen Zeit die Werbeagentur Springer & Jacobi, Hamburg.

Besonders herausstellen möchte ich an dieser Stelle die Unterstützung der Pharmaindustrie.

Alle diese engagierten Menschen brachten ihre Arbeit unentgeltlich ein. Eine Großzügigkeit, die man nicht genug schätzen kann. Diese Hilfe gab mir viel Kraft und Mut.

Kontakte knüpfen, Spenden sammeln

Es begann eine harte und anstrengende Zeit für mich. Sehr oft stand und stehe ich morgens zwischen vier und fünf Uhr auf, um rechtzeitig die frühen Termine mit Sponsoren und Projektpartnern wahrzunehmen. Bis heute konnte ich gut einunddreißig Millionen Mark für die Stiftung sammeln. Sicher half mir dabei auch der Name Mohn und das Unternehmen Bertelsmann im Rücken. Wichtig für den Erfolg der Sponsorengespräche aber war und ist, die Gesprächspartner auf der menschlichen Ebene zu erreichen und zu überzeugen.

Häufig beginne ich den Einstieg in solche Gespräche mit Fragen zur allgemeinen Unternehmens- und Personalführung in der heutigen Zeit – Themen, die alle Wirtschaftsleute betreffen. Dafür muss man sich vorher über den Gesprächspartner und das Unternehmen informieren, Geschäftsberichte studieren und das Gespräch gedanklich vorbereiten. Erst wenn es gelingt, auf diese Art eine vertrauensvolle Basis zu schaffen, komme ich zu meinem eigentlichen Anliegen – die Stiftung Deutsche Schlaganfall-Hilfe.

Meistens war ich bisher erfolgreich. Wenn es einem gelingt, die Herzen der potenziellen Sponsoren für die Patienten zu öffnen, sie zu überzeugen, dass Unterstützung nötig ist, können wir alle gemeinsam helfen. Vielen kann ich durch meine Gespräche und Vorträge verdeutlichen, was ein Schlaganfall für den Betroffenen und seine Angehörigen bedeutet. Wir alle haben einen Traum. Wir möchten eine schöne Wohnung oder ein Haus haben, wir möchten reisen und viel erleben, beruflichen Erfolg genießen, gesund bleiben und mit dem Partner gemeinsam alt werden. Und plötzlich erleidet man einen Schlaganfall – und aus dem Traum wird ein Albtraum. Zweihundertfünfzigtausend Bürger in unserem Land erleben diesen Albtraum jährlich – von einer Sekunde auf die andere stürzt ihr Leben in ein totales Chaos.

Vor allem in der Anfangsphase habe ich viele Gespräche mit Unternehmern geführt. Eine nette Begebenheit mit Helmuth Maucher, dem damaligen Vorstandsvorsitzenden des Nestlé-Konzerns, ist mir in guter Erinnerung geblieben. Ich kenne ihn seit beinahe zwanzig Jahren. Wir begegneten uns anlässlich einer Konferenz auf dem Petersberg. Er wusste, dass ich mich mit medizinischen Fragen beschäftige. So lud er mich nach Vevey in der Schweiz ein, wo der Hauptsitz der Firma Nestlé ist, um mir auch das dort ansässige Forschungszentrum für Ernährung zu zeigen. Dieses Treffen begann für mich mit einer großen Peinlichkeit. Mein Flugzeug nach Genf hatte Verspätung. Wir waren in einem Hotelrestaurant verabredet, und es gab für mich zunächst überhaupt keine Möglichkeit, ihn über meine Verspätung zu informieren. Schließlich erreichte ich seine Frau, die mir sagte, dass ihr Mann bereits zu unserer Verabredung aufgebrochen sei. Über eine Stunde hatte Herr Maucher in der Hotelhalle geduldig auf mich gewartet. Er kam mir freundlich zur Begrüßung entgegen. Meine Entschuldigung erwiderte er mit einem charmanten Lächeln: »Es macht nichts, dass sie zu spät sind, Frau Mohn, so konnte ich mich eine Stunde länger auf unser Wiedersehen freuen.« Er ist eben einfach ein Gentleman.

Wir diskutierten viele interessante Themen an diesem Abend. In einem anschließenden Brief, in dem ich mich für die Einladung bedankte, bat ich nun um seine Hilfe für mein Stiftungsanliegen. Seine Antwort kam postwendend. Die Firma Nestlé finanzierte nun einen internationalen Workshop zum Thema »Zusammenhänge zwischen Ernährung und Schlaganfall« und stellte zusätzlich sogar noch Mittel für ein weiteres Projekt zur Verfügung. Dieser Firmenkontakt hat sich bis heute als sehr nützlich erwiesen.

Nicht jeder Termin verläuft so harmonisch. Manchmal beginnen die Gespräche auch sehr mühsam und kosten viel Kraft. Einmal erlebten mein Mitarbeiter und ich bei einem mittelständischen Unternehmer eine recht unterkühlte Atmosphäre. Der

Reaktion des Mannes war nicht zu entnehmen, ob ich ihn überzeugen konnte, den Kampf gegen den Schlaganfall zu unterstützen. Ich verließ ihn mit einem unsicheren Gefühl – der Abschied war sehr unverbindlich. Als wir wieder auf der Straße standen, gewann jedoch mein Optimismus wieder die Oberhand. Mir fiel der Wahlspruch meiner Mutter ein: »Nur nicht unterkriegen lassen.« Nein, dieses Gespräch sollte mich nicht entmutigen, ich wollte weiterkämpfen für die Schlaganfallpatienten. »Morgen ist ein neuer Tag«, sagte ich zu meinem Mitarbeiter, und wir gingen erst mal einen Kaffee trinken. Ich erhielt übrigens einige Zeit später doch noch eine beträchtliche Spende von diesem Unternehmer.

Durch meine Tätigkeit in der Stiftung Deutsche Schlaganfall-Hilfe konnte ich viele Kontakte herstellen, die auch für unseren Konzern von Bedeutung waren. Einer dieser Kontakte war der zu Professor Dr. Jürgen Strube, Vorstandsvorsitzender der BASF AG. Der Grund unseres Treffens war natürlich wieder einmal meine Bitte um finanzielle Unterstützung. Bei unserem gemeinsamen Mittagessen, das im Gästehaus des Unternehmens in Ludwigshafen stattfand, unterhielten wir uns angeregt über die Auswirkungen der Globalisierung auf Unternehmensführung und die Zukunft der Medien. Herr Strube hinterließ bei mir den Eindruck einer sehr starken Unternehmerpersönlichkeit, wie wir sie uns im Unternehmen wünschen: zielstrebig, charakterstark, bescheiden und ehrlich. Zurück in Gütersloh habe ich meinen Mann über die positiven Eindrücke der Begegnung berichtet. Gemeinsam überlegten wir, wie wir Herrn Strube in unsere Arbeit einbinden könnten. Er wurde zunächst Mitglied im Beirat der Bertelsmann Stiftung, und wir sind froh über seine Anregungen und Kompetenz, mit der er diesen Platz ausfüllt und wichtige Impulse gibt. Demnächst wird er zum Aufsichtsratsmitglied berufen und damit gleichzeitig Gesellschafter in der Bertelsmann Vermögensverwaltungsgesellschaft.

Doch nicht nur Unternehmen und Firmen unterstützen uns, sondern auch engagierte Menschen, die ein gutes Herz haben. Sehr gerührt hat mich die Aktion des Landfrauenverbandes Lette im Münsterland. Bekannt sind die Landfrauen dafür, dass sie seit

Jahren Rezepte aus dem Münsterland sammeln und in sehr erfolgreichen Kochbüchern verkaufen. Sie kamen zu mir ins Büro und baten mich, einen Vortrag vor etwa dreihundert Landfrauen über meine Tätigkeit zu halten. Ich war von dieser Idee spontan so begeistert, dass ich kurzfristig einen Termin ermöglichte. Mich erwarteten in Lette nicht nur Frauen aller Altersgruppen bei Kaffee und Kuchen und dem dort üblichen Likörchen, sondern auch ein Scheck aus dem Verkauf der Kochbücher in Höhe von fünfzigtausend Mark. Ich spürte, diese Menschen pflegen und leben Gemeinschaft und echte Nachbarschaft. Ich fühlte mich wohl in diesem Kreis und blieb viel länger, als es mein Terminkalender erlaubte. Es war ein schöner Nachmittag und eine echte Bereicherung für mich.

So wie diese Landfrauen aus Lette haben mir viele, viele Menschen geholfen, denen ich allen sehr dankbar bin.

Eine große Schwierigkeit bestand anfangs dagegen darin, die unterschiedlichen Expertenmeinungen aus den verschiedenen Fachrichtungen, besonders die Neurologen, an einen Tisch zu bekommen. Es war schwer, die unterschiedlichsten Interessen und Bedürfnisse zu berücksichtigen. Stand es wirklich für alle Beteiligten im Vordergrund, den Schlaganfallpatienten zu helfen? Gab es nicht doch Eigeninteressen für ganz bestimmte Forschungsprojekte? Oftmals war ich sehr enttäuscht, wenn ich dies erfahren musste. Steuerten wir auf eine Krise zu? Nächtelang konnte ich nicht schlafen. Musste ich aufgeben? Ich hatte nur das Gute gewollt, meine Kraft, meinen Idealismus, meine Nerven und meine Zeit investiert. Wie war es möglich, dass es dennoch ein negatives Ergebnis gab? Sollten all meine Mühe, mein Engagement umsonst gewesen sein? Diese Fragen belasteten mich sehr. Ich hatte große Zweifel und war nervlich am Ende, als ich eines Morgens bei einer Tasse Kaffee meinem Mann mein Herz ausschüttete. »Ich glaube, ich schaffe es nicht. Ich bin mit meiner Kraft am Ende. Vielleicht gebe ich auf.« Mein Mann wusste, wie sehr mir die Arbeit, die Stiftung und die Patienten am Herzen lagen. Er verstand meine Verzweiflung, meine Enttäuschung, meine Sorgen. So fragte er mich: »Wenn ich die Führung der Stiftung übernehme, machst du dann weiter?«

Und ob ich weitermachte – da brauchte ich nicht lange zu überlegen. Wieder einmal hatte mein Mann es geschafft, mir neuen Mut, Kraft und Zuversicht zu geben. Gerade da er zu Beginn der Stiftung seine Mitarbeit ablehnte, berührte mich nun sein Angebot, mich zu unterstützen, sehr. Mein Mann wurde stellvertretender Vorstandsvorsitzender der Stiftung, brachte mit seiner großen Managementerfahrung und Menschenkenntnis Ordnung in die widerstreitenden Interessen, und es ging wieder voran in eine gute Zukunft.

Die notwendige Aufklärung

Unsere vorrangige Aufgabe bestand nun darin, gezielte Aufklärungsarbeit zu leisten, denn höchstens sieben Prozent der Menschen kannten überhaupt die Anzeichen eines Schlaganfalls. Gleichzeitig galt es, die Weiterbildung der niedergelassenen Ärzte, der Krankenhausmediziner und insbesondere auch der Mitarbeiter der Ambulanzen zu intensivieren. Gerade die richtige Diagnose und Erstbehandlung durch die Ambulanzen sind von größter Bedeutung und können Leben retten.

Unsere erste große Aufklärungskampagne starteten wir 1996. Zwanzig Millionen Fragebogen haben wir verteilt. Sie lagen in Apotheken, in Zeitschriften, auch in ICE-Zügen aus. Zweihunderttausend Leute haben die Fragebogen ausgefüllt zurückgeschickt. Das waren in der Hauptsache die, die das Thema »Schlaganfall« selbst betraf, weil sie hohen Blutdruck haben oder schlechte Blutwerte, zuckerkrank oder übergewichtig sind. Insofern war das Ergebnis nicht so repräsentativ, als dass man eine Auswertung bezogen auf die Gesamtbevölkerung hätte machen können. Aber präventivmedizinisch war die Kampagne sehr sinnvoll, weil eben genau die gefährdeten Personen erreicht wurden.

Etwa hundert Millionen Personen haben wir mit dieser Aufklärungskampagne über Printmedien, Fernseh- und Rundfunkanstalten erreicht. Auch im Jahr 2000 haben wir wieder eine ähnliche Aktion gestartet.

Seit 1997 hat die Stiftung Deutsche Schlaganfall-Hilfe ein Infomobil, das quer durch Deutschland unterwegs ist. Es ist mehr als eine rollende Aufklärungsstation – es ist ein mobiles Beratungs- und Untersuchungscenter. Der wendige Transporter wurde mit hochleistungsfähiger Computertechnik und medizinischen Untersuchungsgeräten bestückt. Zwei Mitarbeiter – ein Arzt und ein Fahrer – sind die Mannschaft dieses Infomobils. Sie halten – jeweils durch die örtliche Presse angekündigt – auf viel frequentierten Plätzen in zahlreichen deutschen Städten.

Kern des Angebots ist ein individueller Risikotest für interessierte Bürger. Mithilfe eines neu entwickelten Computerprogramms kann in zehn Minuten das individuelle Schlaganfallprofil eines Besuchers ermittelt werden. Wichtig für die Beurteilung sind die individuellen Werte von Blutdruck und Cholesterin. Man kann im Infomobil diese Werte feststellen und sie bei der Auswertung des individuellen Risikos berücksichtigen. Außerdem müssen die Besucher medizinische Fragen beantworten. Etwa fünfzig bis sechzig Besucher kann das Infomobil täglich beraten.

Die Ergebnisse der Untersuchungen im Infomobil sind interessant: Sieben Prozent der Teilnehmer hatten ein deutlich erhöhtes Schlaganfallrisiko, 27 Prozent hatten ein leicht bis mittelmäßig erhöhtes Risiko, und bei 66 Prozent war das Risiko nicht erhöht. Diese Zahlen beziehen sich auf 14800 Teilnehmer, die das Untersuchungsangebot des Infomobils wahrnahmen.

Wegen der großen Nachfrage ist das Infomobil oft über Monate ausgebucht. Inzwischen haben wir ein zweites Infomobil. Darüber sind wir sehr froh. Als ich zufällig Dr. Mangold, Vorstandsmitglied von DaimlerChrysler, auf einer Reise traf, sprach ich ihn an: »Herr Dr. Mangold, wir brauchen ein zweites Infomobil.« Er sagte sofort: »Das bekommen Sie von uns, Frau Mohn.« Ich freue mich jedes Mal, dass man viele Dinge so unkompliziert auf der persönlichen Ebene regeln kann und auf Hilfe und Verständnis trifft!

Die ersten Symptome eines Schlaganfalls sind häufig so gering, dass sie von vielen Menschen nicht beachtet werden. Doch ein Drittel aller Schlaganfälle kündigt sich vorher an. Die Symptome sind die gleichen, die der Patient dann auch beim akuten Schlaganfall zeigt: Kurzes Erblinden oder Sehstörungen auf einem Auge, Sehen von Doppelbildern, halbseitige Lähmungen oder Taubheit in Armen oder Beinen, Sprachstörungen, Schwindelgefühl, plötzliche, rasende Kopfschmerzen. In jedem Fall sollte man bei solchen Symptomen sofort den Notarzt rufen – egal, ob sie nach wenigen Momenten verschwinden oder bleiben.

Der Schlaganfall trifft immer häufiger junge Menschen und Frauen. Ich habe kürzlich eine vierundzwanzigjährige Frau in einer Klinik am Krankenbett besucht. Sie war halbseitig gelähmt. Sie ist kein Einzelfall. Das ist erschreckend.

Die Ursachen liegen in der Lebensweise unserer Gesellschaft. Der Schlaganfall ist eine Krankheit, für deren Entstehung der Lebensstil eine große Rolle spielt. Hektik, Stress, Bewegungsmangel, Übergewicht und ungesunde Ernährung, starkes Rauchen auch in Verbindung mit der Antibabypille und literweise Kaffee – so leben viele junge Männer und Frauen.

Nach einer anerkannten wissenschaftlichen Studie könnte durch Prävention die Mehrzahl der Schlaganfälle verhindert werden. Es wäre dafür nötig, die Risikoträger zu erkennen und ihre Risiken durch eine gezielte medizinische Behandlung und/oder eine Veränderung ihres Lebensstils auszuschalten.

Zu den Vorsorgemaßnahmen gehört es, den Blutdruck durch eine Ernährungsumstellung zu senken: wenig Salz, wenig Fett, statt tierischer besser pflanzliche Fette mit mehrfach ungesättigten Fettsäuren bevorzugen. Alkohol in Maßen ist nicht nur erlaubt, sondern auch gut für die Gesundheit: ein Viertelliter Wein, ein halber Liter Bier pro Tag. Bei höherem Konsum ist die Wirkung dagegen negativ.

Auf Rauchen sollte man völlig verzichten. Wer das Rauchen aufgibt, hat bereits nach einem Jahr sein Schlaganfallrisiko um dreißig Prozent, nach vier bis fünf Jahren auf das eines Nichtrauchers verringert. Es lohnt sich also, auf den blauen Dunst zu verzichten. Nicht zuletzt, wenn man sieht und bedenkt, welche Tragödie für die Betroffenen und ihre Angehörigen ein Schlaganfall bedeutet.

Tragische Schicksale

Mit einem Schlag – im wortwörtlichsten Sinn –, also von einer Minute zur anderen, ändert sich unverhofft das ganze Leben eines Betroffenen und seiner Familie in einem Maß, wie man es überhaupt nie für möglich gehalten hätte. Aus selbstbewussten Menschen, die ihr Leben erfolgreich meisterten, werden auf umfassende Pflege angewiesene hilflose Patienten. Eine Tragik ungeheuren Ausmaßes für den Patienten und sein Umfeld.

Dies erlebte ich bei einem Besuch einer Rehaklinik in Berlin. Dort lernte ich einen Mann von vierundvierzig Jahren kennen. Er war in seinem ersten Leben ein erfolgreicher Manager gewesen, der mit seiner Frau und den beiden fünf- und achtjährigen Kindern ein sorgenfreies und gutes Leben geführt hatte – bis der Schlaganfall kam. Sein Körper war völlig gelähmt, bis auf die Augenlider. Er konnte sich nur noch durch die Bewegung der Augenlider verständigen. Obendrein war sein Gehirn so in Mitleidenschaft gezogen worden, dass dieser arme Mann fortwährend weinen musste. Ich sah ihn dort liegen, hilflos, schweißüberströmt, ein Schwerstpflegefall.

Hinzu kam, dass er in der Klinik nicht auf Dauer bleiben konnte. Für die Angehörigen wären die Kosten unerschwinglich gewesen. So wurde dieser Patient ohne Chance auf Heilung nach Hause zu seiner Familie entlassen – lebenslang angewiesen auf Hilfe. Was auf seine Frau und seine Kinder zukam, ist kaum zu ermessen. Deren enorme körperliche und seelische Belastung, Tag und Nacht, zu jeder Stunde, können Außenstehende nicht nachempfinden.

In der Nacht nach diesem Besuch konnte ich nicht schlafen. Immer wieder hatte ich das Bild dieses hilflosen Mannes vor Augen, dachte an seine Familie. In diesen Stunden wurde mir bewusst wie nie zuvor, wie nötig und sinnvoll meine Arbeit für viele Bürger unseres Landes war. Denn achtzig Prozent der pflegebedürftigen Personen werden zu Hause gepflegt, meist von ihren Ehepartnern und anderen Familienangehörigen.

Solche Begegnungen stimmen mich sehr nachdenklich. Klein und nichtig erscheinen mir meine alltäglichen Sorgen angesichts solchen Leides. In diesen Momenten bin ich dankbar dafür, dass ich mich normal bewegen und Sport treiben kann, mit klarem Blick und Verstand die Schönheiten unserer Welt genießen, lachen und weinen kann – kurz, ein »normales« Leben führen darf. Ich empfinde meinen gesunden Körper und meinen gesunden Geist in solchen Momenten als ein Geschenk und nicht als etwas Selbstverständliches, wie die meisten von uns.

Ich bin oft im Freundeskreis gefragt worden, wie ich es seelisch aushalte, ständig mit Kranken und ihren traurigen Schicksalen konfrontiert zu sein. Sie würden depressiv davon werden. Und ich? Ich habe wohl viel Kraft. Diese Erlebnisse motivieren mich weiterzuarbeiten.

Hier hilft mir mein positiv gestimmtes, tatkräftiges Naturell. Ist jemand in Not, fange ich nicht an zu jammern und zu klagen, sondern überlege sofort: »Was kann ich tun?« Ich suche nach Lösungen. Ich habe keine Zeit für depressive Gedanken, die nur mutlos machen.

»Tue Gutes, und es kommt zu dir zurück« – dieser schlichte Spruch bewahrheitet sich für mich tagtäglich. Ein dankbarer Blick aus den Augen der Patienten, ein Händedruck, ein netter Brief zeigen mir, dass ich gebraucht werde. Das gibt mir das Gefühl: Mein Leben ist nicht ohne Sinn.

Kürzlich erreichte mich ein Anruf in unserem Ferienhaus auf Mallorca. Im Bekanntenkreis hatte jemand einen Schlaganfall erlitten, und man bat um meinen Rat. Der Anrufer war glücklich, dass er mich endlich gefunden hatte – »Ich habe Sie gesucht«, sagte er zu mir. Ich empfahl ihm die Ärzte und Kliniken, die ich für die Situation angemessen fand, und konnte ihm damit helfen.

Nachdem ich das Telefonat beendet hatte, trat ich hinaus auf die Terrasse und schaute über das Meer. Eine Mischung aus Einsicht und Melancholie erfasste mich. Ich dachte an den Kranken und sandte ihm alle meine guten Gedanken zur Überwindung der Krankheit – ich hoffte, dass er mit meiner Hilfe die richtige Therapie bekommen würde. Auf einmal erschien mir der Himmel blauer, die Sonne strahlender, die Berge majestätischer als je zuvor. Das Zirpen der Grillen, die Farbenpracht und der Duft der Blumen – meine Sinne waren weit geöffnet, die Schönheit der Natur in mich aufzunehmen. Ich erlebte sie mit ungeahnter Intensität. Mich erfüllte tiefe Dankbarkeit, für mein Leben, meine Gesundheit, meine Familie, für die Möglichkeiten, die mir das Schicksal geschenkt hatte. Es war ein kurzer, sowohl glücklicher als auch schmerzlicher Moment hier an diesem wunderschönen Fleck der Erde, den ich erleben durfte.

Ist es so, dass die Bedürftigen uns Helfern auch etwas geben? Das Bewusstsein schärfen, den Blick für das Wesentliche weiten, dem Leben mehr Innerlichkeit verleihen? »Tue Gutes, und es kommt zu dir zurück« – ich empfinde es so.

Sehr bewegt hat mich das Buch »Mein Jahr draußen« von Robert McCrum, Cheflektor eines englischen Verlages, der mit einundvierzig Jahren einen Schlaganfall erlitt. In dieser »Auszeit« erlebte er eine große Verzweiflung. Bei vollem Bewusstsein merkte er, wie seine Gliedmaßen nicht mehr reagierten, seine linke Körperhälfte gelähmt war. Stundenlang lag er bewegungslos auf dem Fußboden seines Schlafzimmers, bis endlich Hilfe kam und er in eine Klinik gebracht werden konnte.

Er beschreibt, wie herausgerissen er sich aus seinem Alltag, wie abgeschnitten er sich von seinem alten Leben fühlte, das sorglos, spannend und erfolgreich gewesen war. Und welche Zukunftsängste ihn bewegten. Er kann nur noch undeutlich sprechen, fühlt sich in den Zustand eines Kleinkindes versetzt. Lebenslang kultivierte er seine Unabhängigkeit, jetzt findet er sich von einem Tag auf den anderen abhängig, immobil und passiv. Er ist mürrisch, depressiv und leicht reizbar, fühlt sich hilflos, dumm, verletzlich, beschämt, befindet sich in einem »Kampf zwischen den Lebensgeistern eines noch jungen Mannes und dem Körper eines Greises«. Der Genesungsprozess ist mühsam. »Der Tag, an dem ich meinen linken großen Zeh bewegen konnte, war wie die Entdeckung der sechsten Dimension. Aber solche Glücksmomente waren rar. Dagegen weinte ich manchmal leise, manchmal heftig – ob ich einen Grund dazu hatte oder nicht. Das ist typisch für Schlaganfallpatienten.«

»Dieses Buch zu schreiben«, sagt Robert McCrum, »war für mich ein Weg, um eine immense persönliche Erschütterung verstehen zu lernen. Außerdem soll es den Gesunden unter uns zeigen, wie es ist, wenn der Körper plötzlich versagt.« Es soll aber auch Hoffnung geben, dass man nach einem Schlaganfall wieder gesund werden kann.

Die bisherigen Ergebnisse

Die Ergebnisse der Schlaganfallstiftung können sich nach siebenjähriger Arbeit sehen lassen: Mittlerweile gibt es annähernd hundert Schlaganfallstationen, die mit unserer Unterstützung eingerichtet beziehungsweise anerkannt wurden. In ihnen stehen Teams aus Neurologen und Röntgenärzten bereit, um den Schlaganfallopfern schnellstmöglich und kompetent helfen zu können. Unabdingbare apparative Voraussetzung der Behandlung sind verschiedene Ultraschall-Diagnosemöglichkeiten, eine Computertomographie und kardiologische Untersuchungen. Die Einrichtung einer dieser Stationen kostet zwischen 500 000 und 1,3 Millionen Mark, die Fachleute sagen, wir bräuchten zweihundert davon in der Bundesrepublik. Ein Bett in einer Schlaganfallstation kostet tausend Mark pro Tag. Vier bis sechs Betten stehen zur Intensivbetreuung zur Verfügung. Da kann man sich ausrechnen, wie viel wir noch zu tun haben.

Für die Genesung des Betroffenen ist die Schlaganfallstation von unschätzbarem Wert. Durch klinische und apparative Überwachung, intensive Pflege sowie früh einsetzende Krankengymnastik und Sprachtherapie werden Folgeschäden begrenzt und komplizierte Begleiterscheinungen vermindert.

Der Erfolg der Stationen ist bereits sichtbar: Die Schlaganfall-Todesrate im Umkreis dieser Einrichtungen ist um achtundzwanzig Prozent gesunken, und weniger Patienten haben bleibende Schäden. Außerdem haben Schlaganfallstationen die Verweildauer im Krankenhaus erheblich verkürzt – von rund drei Wochen auf vierzehn Tage. Mit ihrer Soforthilfe senken sie die Behandlungskosten um vierzig Prozent.

Es ist ein Verdienst der Aufklärung der Stiftung, dass die Patienten heute schneller in die Klinik gebracht werden. Es hat sich herumgesprochen, wie wichtig schnelles Handeln ist – Mediziner können Patienten nur helfen, wenn sie sie rechtzeitig behandeln können.

Hundertvierzig Regionalbeauftragte und Organisatoren – in der Mehrzahl Mediziner, die ehrenamtlich für uns tätig sind, Chefärzte und niedergelassene Ärzte – arbeiten inzwischen für die Stiftung. Sie veranstalten Seminare für Patienten und ihre Angehörigen sowie Fortbildungen für die niedergelassenen Ärzte.

Dazu kommen etwa dreihundert Selbsthilfegruppen, die in Netzwerken die neuesten Erfahrungen im medizinischen und fachlichen Bereich über die Stiftung austauschen. »Geteiltes Leid ist halbes Leid«, nach diesem Motto treffen sich Schlaganfallpatienten und ihre Angehörigen und tauschen sich aus – über ihre Erfahrungen mit der Krankheit, ihre Gefühle, ihre Fortschritte in der Genesung, über Hilfsmittel, Kontaktadressen, den Umgang mit Ärzten und Krankenkassen, gemeinsame Unternehmungen und Ausflüge. Wir haben festgestellt, dass Betroffene ein großes Bedürfnis nach gegenseitigem Austausch haben. Ich kann nur jedem Patienten und seinen Angehörigen ans Herz legen, sich einer Selbsthilfegruppe in seiner Umgebung anzuschließen. Keiner versteht die Situation besser als jemand, der ebenfalls betroffen ist. Vor allem aber helfen das Gespräch und der Austausch mit anderen Patienten, die alltägliche Belastung zu tragen und immer wieder neue Lösungen für Probleme zu finden. Die Stiftung unterstützt das Kontaktbedürfnis der Betroffenen: mehrere Referentinnen und Referenten aus unserer Abteilung »Rat und Hilfe« halten regelmäßigen Kontakt mit diesen Gruppen.

Auch ich nehme öfter an diesen Treffen teil. Es ist für mich immer sehr bewegend zu sehen, mit wie viel Energie und Motivation Betroffene gegen ihre Behinderungen ankämpfen. Kürzlich traf ich einen fünfundsechzigjährigen Mann, der vor neun Jahren einen Schlaganfall erlitten hat. Sein Sprachzentrum war betroffen, ein Dreivierteljahr war er stumm. Er spricht heute wieder fabelhaft – mit einem Sprachtherapeuten lernte er es wieder neu wie ein Kind. Einzig der abgehackte Rhythmus seiner Sprachmelodie weist darauf hin, dass er sich Sprache mühsam wieder antrainieren musste. Seine rechte Hand ist immer noch gelähmt, aber er lernte mit der linken Hand schreiben. Heute bedient er mit der einen Hand einen Computer. Dieser Mann ist eines von vielen Beispielen dafür, dass auch nach einem Schlaganfall die Lebensqualität nicht verloren gehen muss.

Inzwischen hat die Schlaganfallstiftung zweiundzwanzig hauptberufliche Mitarbeiter. Die Kosten für die Infrastruktur – also Personal und Sachkosten, Verwaltung – trägt die Bertelsmann Stiftung. Sie betragen heute 1,3 Millionen Mark im Jahr.

Wir erstellen Broschüren mit einer Auflage von mehr als einer Million für Ratsuchende und Interessenten, die über Vorbeugung, Behandlung und Rehabilitation berichten. Außerdem gibt es viermal jährlich eine Zeitschrift für Betroffene und Angehörige, in einer Auflage von 45 000 Stück. Inzwischen unterstützen uns 15 000 Förderer, ihre Spenden fließen direkt in die Hilfsprojekte.

Bei der Prävention geht das Haus Bertelsmann mit gutem Beispiel voran. Wir haben allen Beschäftigten in Gütersloh einen Schlaganfall-Check-up angeboten. 1700 Mitarbeiter haben sich freiwillig nach Büroschluss daran beteiligt – weit mehr, als wir erwartet haben. Das Ergebnis hat uns fast umgeworfen. Fünfundzwanzig Prozent der Untersuchten mussten in ärztliche Behandlung, weil bei ihnen eine Gefährdung vorlag. Knapp die Hälfte davon litt an Übergewicht und Bluthochdruck. Für diese Menschen sind Vorsorgemaßnahmen eine echte Hilfe. Sie verhindern Elend und Not. Und den Krankenkassen nutzen sie, weil Kosten für eine aufwendige Behandlung über viele Jahre entfallen. Die Kosten für einen Schlaganfallpatienten betragen durchschnittlich 300 000 Mark.

Seit 1995 organisiert die Stiftung Deutsche Schlaganfall-Hilfe mit mehreren Betriebskrankenkassen in verschiedenen deutschen Großunternehmen eine umfangreiche Pilotstudie, bei der die Versicherten die Möglichkeit einer umfangreichen kostenlosen Vorsorgeuntersuchung erhalten. Wir arbeiten mit der Betriebskrankenkasse Bertelsmann und der Bertelsmann AG zusammen sowie der der Deutschen Bank AG in Frankfurt, Düsseldorf und Essen. In nächster Zeit sollen diese Pilotstudien mit einem Konsortium verschiedener Betriebskrankenkassen im Raum Hannover fortgesetzt werden.

Bisher haben fünftausend Probanden teilgenommen. Dies entspricht etwa zwanzig Prozent der angesprochenen Versicherten. Bis zum Abschluss der Studie sollen weitere fünftausend Teilnehmer untersucht werden, so dass man sich auf eine repräsentative Anzahl von Daten stützen kann, die über eine entsprechende Aussagekraft verfügen.

Unter knapp fünftausend Teilnehmern wurden insgesamt vierhundertzwanzig Personen ermittelt, die aus der Sicht einer medizinisch-statistischen Prognose in den kommenden zehn Jahren einen Schlaganfall erleiden werden.

Unser Fazit zeigt: Es ist möglich, eine große Zahl von Menschen zur Teilnahme an gezielten Präventionsuntersuchungen zu motivieren.

Die Verbreitung von Risikofaktoren ist hoch, zahlreiche Teilnehmer weisen ein erhöhtes Schlaganfallrisiko auf. Aber eine große Anzahl von Risikoträgern ist bereit, durch Verhaltensänderungen oder eine medizinische Therapie diese Risikofaktoren zu verringern. Statistisch würde auf diesem Weg die Anzahl der wahrscheinlich eintretenden Schlaganfälle real verringert.

Ein wichtiges Ziel dieser Pilotstudie ist der Nachweis, dass die Prävention auch zu Einsparungen im Gesundheitssystem führt. Sollten sich die Ergebnisse der Studie nach ihrem Abschluss bestätigen, wird die Stiftung Deutsche Schlaganfall-Hilfe diese Erkenntnisse in der allgemeinen gesundheitspolitischen Debatte mit den verantwortlichen Entscheidungsträgern offensiv diskutieren.

Am 10. Mai 1999 veranstalteten wir erstmalig einen bundesweiten Tag gegen den Schlaganfall. Ab September 2000 gibt es ein Jahr lang Programme zur Prävention und Aufklärung über den Schlaganfall für die Bevölkerung. Weitere Aktionstage mit zahlreichen bundesweiten Veranstaltungen und Medienkampagnen zur Aufklärung sollen folgen – möglichst auf europäischer Ebene. Wir beabsichtigen, ein Netzwerk der Schlaganfallstiftungen in Europa aufzubauen; es gibt wunderbare vergleichbare Initiativen in den Niederlanden und außerdem die EUSI – die »European Stroke Initiative« –, die schon europaweit arbeitet. Denn: Gemeinsam sind wir noch stärker.

Als ich 1993 mit der Stiftung begann, ahnte ich nicht, welches Arbeitsvolumen mich erwartete. Dennoch sage ich heute, ich würde es jeden Tag wieder tun. Es hat sich gelohnt! Dass ich für meine Verdienste für die Stiftungsarbeit das Bundesverdienstkreuz Erster Klasse aus der Hand des damaligen Bundespräsidenten Roman Herzog erhalten habe, freut mich besonders. Es ist ein Ansporn für mich, den eingeschlagenen Weg weiterzugehen. Ich möchte in dieser Hinsicht Vorbild für andere Menschen sein. Auch das Ehrenzeichen der deutschen Ärzteschaft, das ich in diesem Jahr erhielt, bedeutet für mich eine große Anerkennung unserer Stiftungsarbeit.

Viel mehr jedoch als solche offiziellen Anerkennungen zählt es für mich, wenn Menschen auf mich zukommen und mir danken. Es ist mein größter Wunsch, dass die Stiftung eines Tages auch ohne mich weiterexistieren, ihre Arbeit und ihre Hilfe leisten kann.

11. Neue Aufgaben – die Unternehmenskultur

Seit einiger Zeit habe ich zusätzliche Aufgaben übernommen: In der Bertelsmann Vermögensverwaltungsgesellschaft – kurz BVG –, im Aufsichtsrat der Bertelsmann AG und im Vorstand der Bertelsmann Stiftung.

Die Bertelsmann Vermögensverwaltungsgesellschaft übernimmt die Rolle der Hauptversammlung und ist die Vertretung des Kapitals. Sie besteht gemäß ihrer Satzung aus acht Personen – Führungskräften, Betriebsrat, Familienmitgliedern. Bis zu meinem siebzigsten Lebensjahr werde ich Mitglied der Vermögensverwaltungsgesellschaft sein. Ich werde meine Aufgabe mit Pflichtbewusstsein und Verantwortung für das Unternehmen wahrnehmen. Als Familienvertreterin ist es meine Aufgabe, die Fortschreibung der Unternehmenskultur sicherzustellen. Für die Familie gilt, dass das Unternehmen Vorrang vor Einzelinteressen hat. Die Kontinuität von Bertelsmann ist gesichert. Bevor ich aus der BVG ausscheide, werde ich ein Familienmitglied neu benennen, das ich für fähig halte, diese Aufgabe nach mir weiterzuführen. Man muss Lebens- und Berufserfahrung haben – möglichst in einer Führungsposition –, da in diesen Gremien die grundlegenden Werte, Bausteine und die Kontinuität der Unternehmenskultur gewahrt werden.

Mein Mann hat mich beauftragt, als Mitglied der Vermögensverwaltungsgesellschaft mit ihm zusammen diese Aufgabe wahrzunehmen und die Bertelsmann-Unternehmenskultur weiterzuentwickeln. Deshalb werde ich zum Beispiel künftig in unseren Firmen im In- und Ausland Vorträge vor Führungskräften und Mitarbeitern halten, die die spezielle Bertelsmann-Kultur weitertragen sollen.

Die Unternehmenskultur ist der Erfolgsfaktor von Bertelsmann und wurde von meinem Mann nach dem Krieg beim Aufbau des Unternehmens entwickelt. Sie ist das Ergebnis von Erfahrungen, die mein Mann als junger Mensch machte. Er hat sieben Jahre lang den Krieg erlebt, drei Jahre davon war er in amerikanischer Gefangenschaft.

In einem Alter, in dem junge Leute heute ihr Studentenleben genießen, sich selbst verwirklichen, Spaß haben, sich in der Welt umschauen, Freundschaften knüpfen, sich verlieben, fremde Kulturen kennen lernen, ihren geistigen Horizont erweitern, sich bilden und ausbilden lassen, war die Generation meines Mannes im Krieg. Sie erlebte Tod und Verwüstung in einem Ausmaß, wie wir es uns heute gar nicht vorstellen können. Manche, die dem Inferno körperlich unverletzt entkamen, litten ein Leben lang an den seelischen Wunden.

Der Wiederaufbau der Firma nach dem Krieg

So furchtbar und entsetzlich die Kriegserlebnisse für meinen Mann waren, so hatten sie doch auch etwas Gutes. Er erkannte etwas, das bestimmend für sein ganzes Leben als Unternehmer werden sollte: Es waren die Werte von Freiheit und Gemeinschaft, die ihm so stark bewusst wurden, wie es vielleicht in friedlichen Zeiten nie möglich gewesen wäre. Nicht nur die physische Freiheit, sondern vor allem die Freiheit des Denkens, wie sie etwa in den USA existiert, lernte er schätzen sowie die unbedingte Kameradschaft in einer Gemeinschaft, in der einer ohne den anderen verloren gewesen wäre. Es waren Erfahrungen, die er nie mehr vergessen sollte: Freiheit und Gemeinschaft wurden die prägenden Ziele, die den Geist des Hauses Bertelsmann ausmachten. Alles wurde sehr stark auf eine partnerschaftliche Unternehmenskultur ausgerichtet, basierte auf einer Sicht des Menschen, die mit Klassendenken nur noch wenig zu tun hatte. Das Denken und Arbeiten meines Mannes war vollkommen auf die Mitarbeiter ausgerichtet.

Es waren die Mitarbeiter, die an den Aufbau und die Zukunft unseres Unternehmens glaubten. Mit ihrer Motivation und Identifikation legten sie den Grundstein für das heutige Unternehmen. Als mein Mann 1946 mit vierundzwanzig Jahren aus Krieg und amerikanischer Gefangenschaft zurückkehrte, waren von den ehemals vierhundert Mitarbeitern vor dem Krieg nur noch hundert übrig geblieben. Verlag und Betrieb waren ein Trümmerhaufen, kurz vor Kriegsende durch Bomben völlig zerstört worden. In seinem Elternhaus wohnten englische Soldaten, sein Vater konnte die Firma aus gesundheitlichen Gründen nicht mehr führen, denn er hatte Asthma.

Der langjährige Fahrer der Familie und der Firma, Heinrich Henke, holte meinen Mann vom Bahnhof ab. Er sagte: »Dein Vater ist sehr krank. Jetzt musst du den Betrieb führen.« Der älteste Bruder Hans Heinrich, der liebevoll »Hanger« gerufen wurde, war in den ersten Tagen des Kriegs gefallen. Der jüngere Bruder Gerd war noch in Gefangenschaft, der zweitälteste Bruder Siegbert war bis 1954 in russischer Gefangenschaft in Sibirien. So war mein Mann der Einzige, der zur Verfügung stand.

Mein Mann fühlte sich der Familientradition verpflichtet, obwohl er eigentlich andere Berufspläne gehabt hatte. Er wollte Ingenieur werden. In Elternhaus und Schule war er zu Disziplin und Pflichterfüllung angehalten worden. Die Erziehung war stark protestantisch geprägt, mit regelmäßigen Kirchenbesuchen und gemeinsamem Familiengebet zu Hause. Er musste Klavier spielen lernen, man machte Hausmusik in der Familie. Das gehörte früher zu einer guten Erziehung.

In der Schule war er übrigens ein so genannter Spätentwickler. Noch heute schildert er die Verzweiflung seiner Mutter, als er als Zwölfjähriger mit dreißig Fehlern auf einer Seite eines Diktats nach Hause kam. Man ließ von einem Arzt seine Augen untersuchen – doch mangelnde Sehkraft war nicht die Ursache der schlechten Leistungen: Der Junge hatte eine Rechtschreibschwäche. Da er immer Interesse an praktischen und handwerklichen Dingen hatte, schlug seine Mutter eines Tages entnervt vor, ob er nicht Tischler werden wolle. Doch das empfand er als Degradierung, denn seine fünf Geschwister waren alle gute Schüler. Er wäre dann der Einzige mit einem handwerklichen Beruf gewesen. Er hat dann die Schwäche mit großem Fleiß überwunden. Später bestand er das beste Abitur seiner Klasse im naturwissenschaftlichen Zweig. Diese kleine Geschichte sollte manchen Eltern Mut machen, die an den anfänglich schlechten Schulleistungen ihrer Kinder verzweifeln.

Wenn mein Mann nach denjenigen Fähigkeiten gefragt wird, die für seinen großen Erfolg verantwortlich sind, nennt er: logisches Denken, Sensibilität im Umgang mit Menschen, Urteilsfähigkeit, kreative Gestaltungsfähigkeit, Pflichtbewusstsein, Gerechtigkeitssinn und Bescheidenheit. Die Verpflichtung des Einzelnen gegenüber der Gemeinschaft war ihm stets sehr wichtig. Arbeitsdienst, Krieg und Gefangenschaft stellten die Gemeinschaftsfähigkeit auf die Probe. Schon als Sechzehnjähriger hatte er in einem Schulaufsatz geschrieben: »Ich wünsche mir eine Chance und möchte etwas für die Gesellschaft leisten.«

Er verstand die Führung der Firma als persönliche Verpflichtung und absolvierte nebenbei eine Buchhändlerlehre. Für ein Studium blieb keine Zeit. Später sollte sich diese Entscheidung, für die er auf seinen ursprünglichen Berufswunsch verzichtete, als eine große Chance für seine berufliche, unternehmerische Selbstverwirklichung herausstellen.

Als Erstes beseitigte er mit den verbliebenen Mitarbeitern gemeinsam den Schutt und säuberte die verrußten Maschinen. Diese hundert Menschen vertrauten damals auf die Familie Bertelsmann beziehungsweise Mohn, die in vier Generationen und in einem Zeitraum von über hundert Jahren die Geschicke des Hauses verantwortet hatten.

Im Frühjahr 1946 trat Reinhard Mohn mit vierundzwanzig Jahren nicht als Chef des Unternehmens, sondern als »Lehrling und Mitarbeiter« in die Firma ein. Der Dialog über Fragen der Gerechtigkeit und Solidarität war ihm ein Anliegen von Anfang an und prägte seine Arbeit. Im Krieg hatte er erfahren, was Gemeinschaft und Motivation für Menschen bedeuten. Es gab beim Wiederaufbau des Verlags niemals gegensätzliche Interessen von Kapital und

Arbeit. Er sagte später über diese Situation: »Wir wollten einfach wieder ein Dach über dem Kopf haben, überleben, und wir wussten, dass wir uns dabei alle helfen mussten. Die Tatsache, dass der Aufbau des Verlags gelang, ist vor allem dem Einsatz und Wissen der zurückgekehrten Mitarbeiter zu verdanken. Das Gefühl der Verantwortung, das ich verspürte, bewiesen sie in gleicher Weise in einem jahrelangen entbehrungsreichen Einsatz. Über hundert Jahre Tradition im Zielverständnis und Verhalten hatten Grundlagen geschaffen, die sich bewährten. Wie schon vor dem Krieg stand man auch jetzt zu seinem Unternehmen.«

Unternehmenskultur und Führungsgrundsätze

Zwei Grundsätze bestimmten den enormen Aufstieg des Unternehmens zum weltweit tätigen Medienkonzern: zum einen die Toleranz und Akzeptanz anderer Kulturen – wir sind heute in über fünfzig Ländern tätig; dazu gehörte und gehört gerade im Medienbereich eine hohe Sensibilität im Umgang mit anderen kulturellen Vorstellungen. Zum anderen das Ziel, als Unternehmen in einer Demokratie und sozialen Marktwirtschaft einen optimalen Leistungsbeitrag für die Gesellschaft zu erbringen. Er sollte das übergeordnete Ziel eines Unternehmens sein – das ist unsere Auffassung. Ein Unternehmen wächst aus der Gesellschaft, es zieht Kapital aus der Gesellschaft, somit ist es auch verpflichtet, etwas zurückzugeben. Im Grundgesetz heißt es: Eigentum verpflichtet. Dieser Verpflichtung sollten alle nachkommen. Und diesem Grundsatz sind nun die Ziele aller am wirtschaftlichen Geschehen Beteiligten unterzuordnen. Die Unternehmen müssen Verhältnisse schaffen, unter denen auch die Mitarbeiter dieses als übergeordnetes Ziel erkennen und akzeptieren. Über viele Generationen hinweg engagierten sich die Familien Bertelsmann beziehungsweise Mohn für die Lösung gesellschaftlicher Probleme in ihrem Tätigkeitsbereich.

Vertrauen und Kooperation schaffen menschliche Bindungen, deren Bedeutung wesentlich sind für ein Unternehmen – speziell in Krisensituationen oder bei erhöhter Leistungsanforderung. Die Haltung der Mitarbeiter zu ihrem Betrieb entscheidet über den Erfolg und sogar über den Bestand des Unternehmens. Das Haus Bertelsmann hat in seiner bis heute hundertsechsundsechzigjährigen Geschichte diese Erfahrung mehrfach machen können. Ohne die Verbundenheit der Mitarbeiter mit ihrem Unternehmen wäre seine Kontinuität nicht möglich gewesen. Andererseits hielten die Inhaberfamilien stets persönlichen Kontakt zu ihren Mitarbeitern und nahmen Anteil an deren Schicksal. Geriet jemand in Not, so wurde er von der Firma aufgefangen.

Es entstand im Hause Bertelsmann eine Unternehmenskultur, die die Freiheit des Denkens und Handelns sowie Partnerschaft zu Führungsgrundsätzen erhob. Veränderte gesellschaftliche Prämissen nach dem Zweiten Weltkrieg zeigten, dass es keine Untertanen mehr gab, sondern demokratische Bürger, die an das Leben den Anspruch der Selbstverwirklichung stellten. Mitarbeiter müssen überzeugt von dem sein, was sie tun. Der Anspruch des Bürgers an das Leben und an die Arbeit ist von dem Leitbild geprägt, eine Chance zu erhalten und sich bewähren zu können. Alle Mitarbeiter einer Firma müssen sich mit dem Unternehmen, mit der Zielsetzung, mit der Firmenphilosophie und mit den Aufgaben identifizieren. Dazu benötigt eine Firma eine breit verankerte Führungspyramide und eine partnerschaftliche Kooperation mit allen Mitarbeitern. Das Ergebnis muss als Gemeinschaftsleistung verstanden, präsentiert und gelebt werden. Jeder Mitarbeiter muss das Gefühl haben, mit am Erfolg beteiligt zu sein. Man kann nicht mehr patriarchalisch führen, sondern muss Verantwortung delegieren – so die Erkenntnis meines Mannes. Er schuf auf dieser Basis die Bausteine einer partnerschaftlichen Unternehmenskultur und somit ein modernes Führungsinstrument, das auf den Menschen unserer Zeit ausgerichtet ist.

Dazu gehört die Berücksichtigung eines veränderten Menschenbildes. Durch die Demokratisierung unserer Gesellschaft nach dem Krieg, durch vermehrte Bildung und erhöhten Lebensstandard wandelten sich das Selbstverständnis, die Ziele und Erwartungen der in der Wirtschaft tätigen Menschen. So wie der

Unternehmer früher in seiner Arbeit Selbstverwirklichung suchte, streben dies heute auch viele der in einem Unternehmen Beschäftigten an. Dieser Wunsch nach Selbstverwirklichung geht längst über die Sicherung der materiellen Existenz hinaus. Mehr und mehr entsteht in den Menschen der Wunsch, die Arbeitswelt als sinnvollen Teil ihres Lebens zu empfinden und zu gestalten.

Ein noch so fein gesponnenes Befehls- und Gehorsamssystem passt nicht in die ökonomische Welt von heute, weil es dem Menschen das Selbstwertgefühl raubt und ihn in die Gleichgültigkeit treibt. Der Mitarbeiter darf kein Befehlsempfänger sein. Ein solches System raubt ihm nicht nur die Freiheit, sondern erzeugt Angst. So werden Mitarbeiter demotiviert. Sie tun nur das Nötigste, ohne sich zu engagieren. Kreativität wird erstickt. Konzerne brauchen Führungskräfte, die wie mittelständische Unternehmer handeln und wissen, was an der Basis passiert.

Autoritäre Führung, die kontrolliert und anweist, gehört nicht in ein modernes Unternehmen. Autorität erwächst nicht aus der Position, sondern aus der Persönlichkeit, aus deren Überzeugungskraft und Kompetenz sowie aus der Fähigkeit, Frustration zu vermeiden. Eine Führungskraft muss Ziele vorgeben, sollte Visionen haben, Motivator sein sowie Entscheidungen bewerten können. Sie befiehlt nicht, sondern kommuniziert und kooperiert. Sie muss Konsens suchen. Entscheidungen kann sie nicht gegen die Mitarbeiter, sondern nur mit ihnen durchsetzen – sie muss sie überzeugen. Das setzt voraus, dass die Führungskraft dem Mitarbeiter vertraut. Harmonie wird zu Energie, genauso wie Humanität in der Arbeitswelt Effizienz bedeutet.

Mein Mann plädiert dafür, möglichst viele unternehmerisch denkende Mitarbeiter heranreifen zu lassen, die selbst entscheiden und auch Fehler machen dürfen. Nur so lernen sie. Das Prinzip dieser Führung ist weitaus effizienter, als wenn der Vorstand von oben alles anordnet – so seine Meinung. Allerdings ist kreatives Denken ein Lernprozess – und ein kultureller Entwicklungsprozess der Umorientierung. Nicht alle Mitarbeiter bringen diese unternehmerische Kreativität von Anfang an mit. Mein Mann verdeutlicht das an einem Beispiel, das er während der Kriegsgefangenschaft in einer Konservenfabrik erlebte. Dort füllte er am Fließband mit vielen anderen Mitarbeitern Tomaten in Dosen. Er fand das todlangweilig, aber es gab Mitarbeiter, die waren damit durchaus zufrieden. Vielen Menschen reicht es, eine automatische Arbeit in der Gemeinschaft mit anderen zu verrichten. Wenn man diesen gesagt hätte, dass sie mitdenken müssten – sie hätten es gar nicht gewollt. Das heißt, dass natürlich immer nur eine bestimmte Prozentzahl der Mitarbeiter dazu willig und in der Lage ist. Nicht alle Mitarbeiter können Höchstleistungen bringen.

Führungsbefähigung wird sich künftig mehr und mehr in kreativer Begabung, Selbstmotivation und unternehmerischer Gestaltungskraft ausdrücken als in perfektem Wissen. Die Hochschulbildung ist ein nützliches Werkzeug. Aber nur in der Praxis der Wirtschaft können die Mitarbeiter ihre unternehmerische Befähigung erlernen und beweisen – nach dem Grundsatz »Learning by doing«. Dies gilt insbesondere für ihre Fähigkeit, Menschen zu führen. Nicht Kapital und Arbeit werden in Zukunft das Schicksal unserer Wirtschaft bestimmen, sondern die Führungsbefähigung der Topmanager. Dem großen unerschlossenen Potenzial kreativer und unternehmerisch denkender Mitarbeiter müssen wir die Möglichkeit geben, sich mehr und mehr zu entwickeln.

Die Investitionen in Menschen sind die erfolgversprechendsten und die notwendigen – und am ehesten geeignet, die Unternehmenskontinuität zu sichern. In unserem Unternehmen legen wir größten Wert auf die Suche, Auswahl und Förderung der Führungskräfte – heute weltweit.

Bei der Auswahl von Führungskräften sollte die Persönlichkeitsstruktur höher bewertet werden als Zeugnisse. Schon früh hat mein Mann sich mit der Graphologie beschäftigt und bei wichtigen Mitarbeitern Gutachten zur Handschrift erstellt. Es ist beeindruckend, wie treffsicher diese Methode zur Persönlichkeitserkennung ist. Inzwischen haben wir beide uns viel Wissen auf dem Gebiet angeeignet, so dass wir manchmal schon mit einem Blick auf die Handschrift eines Menschen seinen Charakter einschätzen können. Dies ist ein gutes Hilfsmittel, um zu erkennen, ob jemand der gestellten Aufgabe gewachsen sein könnte.

Wir haben eine eigene zentrale Abteilung zur Managemententwicklung im Hause Bertelsmann, die jährlich rund zwanzig Seminare zur Weiterbildung und Führung anbietet – sie werden für Gruppen- und Schichtleiter, für den Führungsnachwuchs und die Geschäftsführer gleichermaßen veranstaltet. Es gibt zum Beispiel Grundkurse zu den Themen Führung, Projektmanagement, Verhandlungsführung und Umgang mit den Führungsinstrumenten bei Bertelsmann. Es gibt aber auf Wunsch auch Einzel-Coaching, in dem Führungskräfte aller Hierarchiestufen sich über die Verbesserung des individuellen Führungsstils beraten lassen können, Unterstützung in schwierigen Entscheidungssituationen erhalten, lernen, Selbstmotivation aufzubauen und Konfliktsituationen zu bewältigen.

In den Leitsätzen der Führung – wir nennen sie »zehn Gebote« – haben wir unter anderem festgeschrieben, dass Führungskräfte ihren verantwortlichen Mitarbeitern Freiraum in ihren Aufgabenbereichen geben, sie umfassend informieren, Anregungen und Kritik aufnehmen, Arbeitsziele besprechen, Anerkennung geben sollen und die persönliche Motivation ihrer Mitarbeiter beachten und zu verstehen suchen. Unser Führungsnachwuchs lernt vor allen Dingen: Führung heißt Vorbild sein und sich um die Mitarbeiter kümmern.

Die Fähigkeiten und Eigenschaften, die ein Manager oder ein Unternehmer als Vorbild aufweisen sollte, sind:

- Kompetenz und Können
- Ehrlichkeit
- Belastbarkeit
- Leistung im Arbeitsbereich
- Charakterstärke
- Haltung
- Kommunikationsfähigkeit
- Sinn für Gerechtigkeit
- Urteilsfähigkeit
- Geradlinigkeit
- Bewertungsfähigkeit von unternehmerischen Zielen und Aufgaben

Dagegen sollte er nicht aufweisen:

- Eitelkeit
- Misstrauen
- Unaufrichtigkeit (Kündigungsgrund)
- Intriganz verbunden mit Arbeit in Seilschaften
- übersteigertes Machtbewusstsein

Natürlich wird es auch im Rahmen einer partnerschaftlichen Unternehmenskultur immer wieder mal zu Konfliktfällen kommen. Es bedarf sogar der konstruktiven und kritischen Auseinandersetzung zwischen Führungskräften untereinander und Führungskräften und Mitarbeitern, um die besten Leistungen und die Wettbewerbsfähigkeit für das Unternehmen zu erhalten. Werden im Sinne der oben beschriebenen positiven Eigenschaften Probleme und Konflikte diskutiert und gelöst, wird Partnerschaft im Unternehmen gelebt und die Grundlage für den gemeinsamen wirtschaftlichen Erfolg gelegt.

Delegation von Verantwortung – Dezentralisation

Wirtschaft und Unternehmen schöpfen ein großes Potenzial an Leistungsverbesserung und Kreativität aus, wenn Verantwortung auf untere Ebenen delegiert wird. Dies ist gleichzeitig die Brücke zu Mitbestimmung und Mitsprache am Arbeitsplatz. Ermuntern wir die Arbeitnehmer zum Mitdenken und zur eigenen Entscheidung, haben alle Beteiligten mehr Freude bei und an der Arbeit, und die Unternehmen profitieren ungleich mehr von besseren Leistungen, weniger Fehlern und besserer Qualität. Das alles beschert dem Unternehmer einen größeren Erfolg!

Interessant in diesem Zusammenhang ist übrigens das Ergebnis einer Emnid-Befragung von Rentnern über ihre Befindlichkeit im Ruhestand. Sie fanden heraus: Ein Mitarbeiter, der gelernt hat, an seinem Arbeitsplatz mitzudenken und zu handeln, hat im Alter kein Problem, sich zu beschäftigen oder mit anderen zusammen etwas zu unternehmen. Das zeigt: Wenn jemand sein ganzes Leben lang nichts eigenmächtig entscheiden durfte, dann wird er es auch später nicht können. Diese Menschen haben übrigens auch weniger Lebensfreude und altern schneller, wie die Erfahrung lehrt.

Unsere Auffassung bei Bertelsmann ist, dass wir Führungskräfte brauchen, die schnell und kreativ auf neue Gegebenheiten reagieren können. Dazu dezentralisieren wir und delegieren Verantwortung. Die zuständigen Geschäftsführer brauchen unternehmerischen Freiraum – und auch das Recht, Fehler machen zu dürfen und daraus zu lernen. »Unternehmer« kommt von »unternehmen«; nur wer nichts unternimmt, macht keine Fehler – und dieses ist wohl der größte Fehler! Die Dezentralisation der Firmen ermöglicht hohe Flexibilität; Reaktionsgeschwindigkeit und Effizienz setzen Innovation und Kreativität frei, um dauerhaft Spitzenleistungen in sich wandelnden und wettbewerbsintensiven Märkten zu erbringen. Der Druck durch die Globalisierung des Marktes birgt große Chancen, bedeutet aber gleichzeitig auch eine hohe Herausforderung und einen starken Leistungsdruck. Noch nie hat es in unserer Geschichte eine derartige Herausforderung gegeben!

Verantwortung abgeben bedeutet für viele Unternehmer und Führungskräfte einen Image- und Machtverlust. Der Gedanke daran ist für viele von ihnen schrecklich und undenkbar, die Meinung anderer gelten zu lassen und sich mit ihnen auseinander zu setzen. Manche Führungskräfte sind nicht dialogfähig. Wenn ein Unternehmen schnell wächst, kann die Führung aber nicht alles selbst entscheiden. Zu viele und zu starre Vorschriften bergen die Gefahr, dass die Entscheidungsstrukturen zu bürokratisch, zu inflexibel werden und das Unternehmen dann nicht mehr konkurrenzfähig bleibt. Viele große Firmen glauben, mit zentralistischer Führung und einer Vielzahl von Vorschriften Fehler vermeiden zu können. Man traut den Mitarbeitern offensichtlich die eigenständige Problemlösung nicht zu und verhindert somit einen unternehmerischen Lernprozess.

Bestes Beispiel sind die verkrusteten Strukturen im öffentlichen Dienst, in Staat und Verwaltung. Ich hielte es für dringend erforderlich, dass auch der Staat nach den Prinzipien einer partnerschaftlichen Unternehmenskultur geführt wird. Auch dort gäbe es dann mehr motivierte Menschen, die mehr Leistung bringen und effizienter arbeiten würden. Dadurch könnte viel Geld in unserem Land gespart werden.

Kommunikation und Dialog

Wenn man nicht mit den Mitarbeitern spricht, nicht ihre Meinung erfragt, es nicht für möglich hält, dass sie über große Fähigkeiten verfügen, wird man nie erfahren, was sie zu leisten im Stande sind. Ein amerikanischer Unternehmer formulierte es so: »Lasst viele Köpfe denken, und das Unternehmen ist sehr reich.«

Wenn Mitarbeiter spüren, dass ihr Wissen, ihre Erfahrung dringend benötigt werden, dass sie als Persönlichkeiten wahrgenommen werden und dass sie keine Nummern im System sind, kommen sie zu neuen Erkenntnissen, werden Innovationen geboren und Konzeptionen entwickelt, auf die sie ansonsten gar nicht oder nur unzureichend gekommen wären. Wo man vertrauensvoll miteinander kommuniziert, ist es leichter, sich über die Lösung schwieriger Probleme zu verständigen und neue Ideen zu entwickeln.

Dazu gehört bei Bertelsmann ein ganzes System von Befragungen und Gesprächen. Alle fünf Jahre gibt es bei uns eine große anonyme »Mitarbeiterbefragung« zur Unternehmenskultur, zum Führungsverhalten der Vorgesetzten und zu den Aufstiegsmöglichkeiten. Die Mitarbeiter füllen einen Bogen aus, in dem sie Fragen zu ihren Aufgaben und Arbeitsbedingungen, ihrer Zusammenarbeit mit dem direkten Vorgesetzten, ihrer Zufriedenheit mit dem Vorgesetzten, den Kollegen und dem Betriebsklima, ihrer Weiterbildungs- und Entwicklungsmöglichkeiten beantworten. Die Ergebnisse der Fragebogenaktion werden von Vorstand und Führungskräften ausgewertet und bearbeitet und danach in den Abteilungen offen und konstruktiv diskutiert – bei Bedarf auch mithilfe der jeweiligen Geschäftsleitungen, Personalabteilungen und Betriebsräte. Gemeinsam können dabei Veränderungsmaßnahmen entwickelt und Umsetzungspläne aufgestellt werden. Laut einer Umfrage halten achtzig Prozent unserer Mitarbeiter und Mitarbeiterinnen die »Mitarbeiterbefragung« für wichtig beziehungsweise sehr wichtig.

Gute Führungskräfte stellen Ansprüche an ihre Karriere. Deshalb muss das regelmäßige Personalgespräch Klarheit über die Zukunft schaffen. So findet jährlich ein Zielsetzungs- und Beratungsgespräch zwischen Führungskräften und ihren Vorgesetzten statt. Dies verschafft einen Überblick über persönliche Leistungsprofile und Begabungsschwerpunkte, berät über Entwicklungsmöglichkeiten und Arbeitsziele für das kommende Geschäftsjahr und bewertet die erreichten Ziele des vergangenen Jahres.

Genauso hat der Mitarbeiter einmal jährlich die Möglichkeit zu einem »Orientierungsgespräch« mit seinem Vorgesetzten. Losgelöst von dem unmittelbaren Tagesgeschäft besprechen Mitarbeiter und Vorgesetzter die Arbeitssituation, nehmen eine gemeinsame Standortbestimmung vor und planen die weitere Entwicklung. Der Vorgesetzte sagt dem Mitarbeiter, wie er die Arbeit des vergangenen Jahres und die persönliche Leistung einschätzt. Der Mitarbeiter kann dazu Stellung nehmen. In dem Gespräch geht es um Fragen, wie etwa die Aufgabenstellung – im Hinblick auf eine weitere Verbesserung der Arbeitsergebnisse – verändert werden kann; was beispielsweise der Vorgesetzte tun kann, um die Arbeitsbedingungen zu verbessern und die Zusammenarbeit effizienter zu gestalten; welche Entwicklungswünsche oder -chancen bestehen oder ob eventuelle Weiterbildungsmaßnahmen förderlich wären. Manchmal muss man auch Grenzen verdeutlichen. Eine vorsichtig geübte positive Manöverkritik kann da hilfreich sein. Es ist die Pflicht eines Vorgesetzten, Verantwortung für den Mitarbeiter zu übernehmen – denn: Führen heißt behüten und sich um Menschen kümmern.

Manchmal ist es aber auch nötig, als Mitarbeiter seine eigenen Grenzen bei der Arbeit zu erkennen. Selbst erfahren und erleben, was man kann, ist auch eine Form von Selbstverwirklichung. Das kann manchmal nervenaufreibend sein und bis ans Ende der Kräfte gehen. Erst dann weiß man, wie belastbar man ist und was man wirklich leisten kann. Ich weiß, wovon ich spreche. Ich habe es selbst erfahren.

Das »Januargespräch« ist eine Beurteilung des Vorgesetzten durch seine Mitarbeiter. Einmal jährlich im Januar findet ein Gruppengespräch zwischen dem Vorgesetzten und seiner Abteilung statt. Es soll Führungskräften zeigen, wie ihre Arbeit von Mitarbeiterinnen und Mitarbeitern beurteilt wird. Es geht dabei um die Zusammenarbeit, die Verbesserung von Arbeitsabläufen und um das Betriebsklima in der Abteilung. Dazu gehört auch die Frage, wie der Vorgesetzte dazu beitragen kann, dass die Mitarbeiter mehr Freude an der eigenen Arbeit empfinden. Manchmal ist das Gruppengespräch auch Ausgangspunkt für Einzelgespräche. Es wird von der Geschäftsführung dringend empfohlen, dieses Gespräch in den Abteilungen zu führen.

Für mich persönlich und für meine Mitarbeiter sind das »Wohlfühlgespräche«. Allerdings führe ich diese Gespräche in meinen Abteilungen nicht im Januar, sondern lieber in kurzen Abständen über das ganze Jahr verteilt. Positive Manöverkritik nach Veranstaltungen – was war gut, was war nicht so gut, was sollte nicht wieder passieren – gehört auch dazu.

Ich glaube, ich bin fair zu meinen Mitarbeitern. Ich möchte ihnen helfen, so weit ich kann, aber ich denke, sie müssen mir auch helfen, so weit es ihnen möglich ist. Wie oft sage ich: Wir sind alle aufeinander angewiesen. Ich führe regelmäßige Gespräche, die immer in größerem oder kleinerem Kreis stattfinden. Dann frage ich nach besonderen Anliegen und Wünschen. Aber ich äußere auch meine Wünsche. Wichtig ist mir, dass wir ein Team sind, das am gemeinsamen Erfolg arbeitet. Dazu gehört, dass wir alle Freude daran haben. Fair und offen sollten wir miteinander umgehen und Achtung vor dem Mitmenschen haben. Jeder muss an seinem Platz einen wichtigen Beitrag leisten. Jeder soll die Chance haben, aus seinem Leben etwas zu machen.

Dieses System soll Transparenz und Offenheit sowohl von unten nach oben als auch von oben nach unten ermöglichen. Nur wenn Offenheit von Seiten der Mitarbeiter und des Vorgesetzten herrscht, ist eine produktive, unbelastete Zusammenarbeit möglich. Nur wenn beide Seiten einander verstehen und sich verständigen, werden Kräfte für das gemeinsame Ziel freigesetzt. Intrigen, Mobbing, Konkurrenzdenken, das auf Missgunst und Neid basiert, rauben Energie, die der Arbeit an dem gemeinsamen Unternehmensziel verloren geht. Und das schadet wiederum allen.

Ich freue mich jedes Mal, wenn ich höre, dass meine Mitarbeiter zufrieden sind. Das ist auch Motivation für mich, den begonnenen Weg weiterzuentwickeln.

Unser internationaler Führungsnachwuchs – etwa fünfzig junge Leute – trifft sich in Hamburg, Gütersloh, Paris, New York und Kitzbühel zu Tagungen. Am Tage arbeitet man zusammen, am Abend lernt man sich beim gemeinsamen Essen kennen. So wächst das »Wir-Gefühl«, das so typisch für unser Unternehmen ist – wir sind alle »Bertelsmänner und -frauen«. Unsere Meinung ist: Der persönliche Kontakt ist durch kein Telefongespräch, keine Mail zu ersetzen. Auch in der aufregenden Welt der neuen Medien können wir auf die Kontakte auf persönlicher Ebene nicht verzichten. Man muss seinem Gesprächspartner in die Augen sehen können, wenn man den anderen in seiner ganzen Person wahrnehmen und einschätzen will. Es ist menschlicher und effizienter.

Zum Dialog innerhalb unseres Unternehmens gehört auch ein regelmäßiges Meeting der Sekretärinnen der Vorstands- und Geschäftsführerebene aus unseren internationalen Unternehmen in fünfzig Ländern in unserer Zentrale in Gütersloh. Diese Treffen sind von mir initiiert. Auch hier ist es mir wichtig, dass sich die Kolleginnen persönlich kennen lernen und sich über ihre beruflichen Erfahrungen austauschen. Jedes Mal halte ich oder ein anderer Referent einen Vortrag zu Themen unserer Zeit. Auch Vorstandsmitglieder oder Geschäftsführer präsentieren ihre Unternehmensbereiche. Es erleichtert die Kommunikation im Tagesgeschäft wesentlich, wenn sich auch dieser wichtige Kreis persönlich kennt. Viele Arbeitsgänge wären komplizierter ohne diese persönlichen Kontakte. Aus der täglichen Berufserfahrung in den Sekretariaten kommen auch hilfreiche Anstöße zur Personalweiterentwicklung für das Unternehmen. Inzwischen ist dieses Forum eine gute Basis zur Verständigung geworden und gehört heute zu unserer Unternehmenskultur. So wie wir uns um die jungen Führungskräfte kümmern, so gilt dies auch für den Kreis der Sekretärinnen und Assistentinnen.

Übrigens: Auch für die Tarifpartner ist der Dialog effizienter. Statt weiterhin die Streitkultur zu pflegen, sollten sie Dialogfähigkeit entwickeln.

Gerade das so genannte »Herbstgespräch« bei Bertelsmann zeigt, wie wichtig das gemeinsame Gespräch, die gemeinsame Suche nach Lösungen für Probleme und der regelmäßige Austausch zwischen Führungskräften und Betriebsräten ist. Zudem besitzt der Betriebsratsvorsitzende die Möglichkeit, in dringenden Fällen den Vorstandsvorsitzenden oder mich zu einem Gespräch zu bitten. Dieser konstruktive Dialog ohne Härten und Spitzen bedarf einer vertrauensvollen Grundlage. Bisher gab es meines Wissens noch keinen Fall, in dem ein Betriebsratsvorsitzender oder eine Führungskraft durch unnötige Lappalien, unangemessenes Misstrauen oder eine strikte Abwehrhaltung dieses Vertrauensverhältnis missbraucht hat.

Motivation und Identifikation

In Zukunft rücken zur Erfüllung der unternehmerischen Ziele Kreativität, Gestaltungsfähigkeit, Menschenführung und Motivation in den Vordergrund.

Freiheit auf Grund delegierter Verantwortung setzt eine Identifikation mit der Aufgabenstellung voraus. Durch die Definition der Zielsetzung, das Führungsverhalten und eine gerechte materielle Vergütung müssen die Grundlagen der Motivation geschaffen werden. Die Identifikation mit Ziel und Aufgabe des Unternehmens ist ein wichtiger Punkt in der partnerschaftlichen Unternehmensstruktur und unser Schlüssel zum Erfolg.

Eigenverantwortung und Freiraum schaffen Motivation – das ist unsere Erfahrung im Hause Bertelsmann. Durch Identifikation und Kreativität steigt die Leistungsfähigkeit der Mitarbeiter. Diese wollen Leistung erbringen, die Führungskräfte müssen sie dabei unterstützen.

Es entspricht unserer Unternehmenskultur, dass das Haus Bertelsmann plant, seine 65 000 Mitarbeiter zu Hause mit Computern und Internetzugängen auszustatten. Hundert Millionen Mark stehen dafür bereit. Der Zugang zum Datennetz soll den Mitarbeitern eine Chance zur Weiterbildung bieten und die Möglichkeit zum »Anschluss an die Zukunft« geben. Eine solche Aktion fördert auch die Identifikation mit dem Unternehmen.

Auch die Beteiligung der Mitarbeiter am Unternehmen in Form von Genusskapital stärkt die Verantwortung der Mitarbeiter für das Unternehmen, ihre Motivation und Identifikation. Seit 1970 wird bei Bertelsmann die »paritätische« Gewinnverteilung praktiziert. Aus dem erwirtschafteten Gewinn des Unternehmens erhalten die Eigenkapitalgeber vorweg eine Mindestverzinsung für das von ihnen zur Verfügung gestellte Kapital. Diese Vorableistung ist analog zu den ebenfalls vorab gezahlten Löhnen und Gehältern zu sehen. Der darüber hinausgehende verbleibende gemeinsam erwirtschaftete Ertrag fällt zu gleichen Teilen Kapitalgebern und Mitarbeitern zu. Die Beteiligung wird im Verhältnis zum jeweiligen Arbeitslohn verteilt. Die gedankliche Grundlage dieser Regelung ist das Ziel größerer materieller Gerechtigkeit. Die Auswirkungen sind sehr positiv – die Gewinnbeteiligung fördert das Interesse der Mitarbeiter am Unternehmen sowie ihre Einsicht und ihr Verständnis für wirtschaftliche Zusammenhänge.

Für Führungskräfte bieten wir attraktive unternehmerische Arbeitsbedingungen. Sie werden als »Unternehmer im Unternehmen« mit Aktienoptionen am Erfolg ihrer Firma beteiligt, um außergewöhnliche Leistungen zu honorieren. Außerdem bieten wir Führungskräften an, sich mit ihrem eigenen Geld in ihren Geschäftsbereichen zu beteiligen.

Qualität und Kreativität der Betriebsangehörigen stehen in engem Zusammenhang mit der Motivation. Gut geführte Betriebe haben weniger Fehltage ihrer Mitarbeiter zu verzeichnen. Es ist inzwischen bekannt, dass nicht partnerschaftlich ausgerichtete Führungs- und Organisationsstrukturen eine Hauptursache für hohe Krankenstände sind, während moderne Führungs- und Beteiligungsformen der Mitarbeiter diese senken und neue Ansätze für eine betriebliche »Gesundheitspolitik« bieten: Der motivierte, engagierte Mitarbeiter ist seltener krank!

So ist die mitarbeiterorientierte Unternehmensführung gleichzeitig eine geeignete betriebliche »Gesundheitspolitik«. Viele Unternehmer und Führungskräfte sollten dies berücksichtigen. Hier einige Zahlenvergleiche: In manchen Abteilungen im öffentlichen Dienst fehlen Mitarbeiter durchschnittlich neunundzwanzig Tage wegen Krankheit, in der Wirtschaft circa zehn bis elf Tage und bei Bertelsmann weniger als neun Tage, teilweise bis zu lediglich eineinhalb Tage im Jahr. Diese Menschen sind nicht weniger krank, aber motivierter.

Untersuchungen haben ergeben, dass Mobbing am Arbeitsplatz Krankenkassen und Arbeitgeber teuer zu stehen kommt. Jeder Fall kostet die Krankenkasse zwischen dreißig und hunderttausend Mark Behandlungskosten, hat zum Beispiel die AOK Bayern ausgerechnet. Es sind oft nicht mehr die sofort sichtbaren Krankheiten, sondern es ist die schleichende Zerstörung der Psyche eines Menschen, die man in Unternehmen häufig vorfindet. Diese spiegelt sich im körperlichen Befinden des Mitarbeiters wider. Die Krankmeldung eines Arbeitnehmers hat oftmals versteckte Ursachen: schlechte Arbeitsbedingungen, ein unsoziales Betriebsklima, eine Unter- oder Überforderung, mangelnde Information und Mitwirkungsmöglichkeit oder ein gestörtes Verhältnis zwischen Vorgesetzten und Mitarbeitern.

Dies kann man mit einer partnerschaftlichen Firmenkultur vermeiden. Weniger Krankmeldungen kämen nicht nur dem Einzelnen zugute, sondern auch den Unternehmen und unserer Gesellschaft – Unsummen im Gesundheitswesen könnten gespart werden, wenn wir weniger Krankheitstage zu verzeichnen hätten.

Mein persönlicher Führungsstil

Führen heißt dienen und Gutes befördern!

Bei der Auswahl meines ganz engen Mitarbeiterstabs achte ich darauf, dass der oder die Bewerberin zu mir, zu der bestehenden Mitarbeitergemeinschaft und zu unserer Unternehmenskultur passt. Häufig strebe ich ein zweites Gespräch – manchmal bei einem gemeinsamen Essen – an, um den Bewerber oder die Bewerberin besser kennen zu lernen, intensiv Arbeitsabläufe zu klären und die Umgangsformen zu erfahren. Ich möchte ein möglichst genaues Bild des Betreffenden bekommen. Das halte ich für besonders wichtig in meinem Umfeld.

Ich beobachte sehr intensiv, was jeder zu leisten im Stande ist und wie er sich charakterlich verhält. Tricksen und mogeln akzeptiere ich in meinem Umfeld gar nicht. Mein Prinzip der Führung ist Delegation der Verantwortung. Das setzt voraus, dass ich dem Mitarbeiter vertraue und er hinreichend kompetent ist. Wenn ich als Vorgesetzter sage: Sie bekommen die Chance, machen Sie was daraus – dann ist das ein großer Vertrauensbeweis. Welch größere Motivation gibt es wohl für einen Menschen als das gemeinsame Ziel und Freude an der Arbeit zu haben, neue Ideen zu entwickeln und gemeinsam erfolgreich zu sein!

Ich bemühe mich, jeden in meinem Umfeld gerecht zu beurteilen. Lob ist ein wichtiges Führungsinstrument, um Mitarbeiter zu motivieren. Kritik sollte man – wenn möglich – unter vier Augen führen, um den Gesprächspartner nicht »das Gesicht verlieren zu lassen«. Genauso wichtig ist es, gemeinsam mit dem Mitarbeiter nach Lösungen zur Verbesserung zu suchen.

Wichtig ist mir auch die Arbeitsmoral meines Teams – sie muss stimmen. Dazu gehören hohe Einsatzbereitschaft, Flexibilität, Disziplin und der permanente Dialog.

Jedes neue Projekt in meinen Abteilungen wird im Team diskutiert. Das Thema Ernährung zum Beispiel: Zuerst diskutieren wir die Fragestellung, welches Thema ist besonders aktuell – zum Beispiel Ernährung von Kindern, vielleicht mit Schwerpunkt auf

Allergien, die immer mehr zunehmen, oder die Ernährung alter Menschen, die ja häufig an Mangelzuständen leiden. Einer von uns schlägt vielleicht die Untersuchung von Kantinenkost vor – so geht es hin und her. Über jeden guten Vorschlag bin ich froh, setze mich dann aber auch schon einmal durch, wenn ich von einem Thema überzeugt bin.

Es gibt im Arbeitsleben immer wieder Situationen, in denen ein Mitarbeiter sich nicht in der optimalen Verfassung befindet. Wenn man offen darüber spricht, kann man sich besser darauf einstellen und miteinander umgehen.

Oftmals merke ich sofort, wenn es jemandem in meiner Nähe nicht gut geht. Ich habe ein sehr feines Gespür dafür. Wann immer es mir möglich ist, versuche ich in solchen Fällen zu raten und zu helfen. An der Reaktion auf meine Frage, ob sich jemand nicht wohl fühle, merke ich, ob der Mitarbeiter über seinen Kummer sprechen möchte. Ich bitte ihn in mein Büro und frage, was ihn bedrückt. Häufig entstehen daraus sehr offene Gespräche. Ich versuche, mit meiner Lebenserfahrung in jedem einzelnen Fall so gut wie möglich Rat und Hilfestellung zu geben. Wenn ich erfahre, dass ein Familienangehöriger ins Krankenhaus gekommen ist oder dass es Erkrankungen und Unfälle in der Familie gibt, kümmere ich mich sofort um die optimale Versorgung.

Zum Beispiel machte sich kürzlich eine Sekretärin in meinem Team große Sorgen um ihre Schwester. Die junge Frau hatte immer wiederkehrende schmerzhafte Rheumaschübe, keine Therapie konnte ihr bisher helfen. Sofort rief ich einen mir bekannten Spezialisten an und vereinbarte einen kurzfristigen Termin für die junge Frau. Und tatsächlich, der Mann hatte eine neue Therapie, die ihr eine deutliche Linderung der Schmerzen brachte. Über ihren Dankesbrief mit kleinem Blumengruß habe ich mich sehr gefreut. Doch helfen zu können war für mich das schönste Geschenk.

Es gibt auch persönliche Gespräche, mit denen man sehr vorsichtig umgehen muss. Vieles kann man nicht direkt ansprechen, um nicht zu verletzen, etwa bei Problemen in Partnerschaft und Familie. Doch auf Grund meiner Lebenserfahrung kann ich hier häufig mit Rat und Zuspruch behilflich sein.

Meine Mitarbeiter registrieren aber auch, wenn es mir mal an einem Tag nicht so gut geht oder ich angespannt bin. Wir verstehen dann einander ohne Worte, meine Mitarbeiter versorgen mich dann mit kleinen Aufmerksamkeiten. Oder wenn es irgendwo »brennt«, sagt mein persönlicher Referent Martin Spilker: »Das regeln wir schon.« So unterstützen wir uns gegenseitig.

Gelegentlich gehe ich mit meinen Mitarbeitern zu einem Essen, um abseits des Büroalltags einen Gedankenaustausch auf menschlicher Ebene zu führen. So kommt man sich näher und lernt sich auch privat besser kennen. Das stärkt wiederum den Zusammenhalt bei der Arbeit. Ich liebe solche spontanen Entschlüsse.

Auch mein Mann sucht den engen Kontakt zu seinen Mitarbeitern. Mittags isst er mit ihnen zusammen im Betriebsrestaurant – nicht nur mit Führungskräften, sondern auch mit seinen und meinen Sekretärinnen. Die externen Gäste staunen darüber, die Mitarbeiter freuen sich. Mit seiner markanten Stimme und seinem feinen Humor erzählt er häufig kleine Anekdoten.

Miteinander reden – das ist unsere Devise. Wer miteinander redet, hat es leichter in der Welt der Arbeit.

Aus menschlicher Überzeugung, aus Gründen der Gerechtigkeit und Solidarität haben wir im Hause Bertelsmann im gemeinsamen Dialog die Grundsätze der partnerschaftlichen Unternehmensstruktur fortgeschrieben.

Eine partnerschaftliche Unternehmenskultur stärkt die Stabilität, Evolutions- und Wettbewerbsfähigkeit eines Unternehmens. Das haben nicht nur wir erfahren, sondern auch viele andere Unternehmen weltweit, die mittlerweile eine ähnliche Unternehmenskultur praktizieren.

Partnerschaft in der Wirtschaft und im Unternehmen heißt:

- Verständnis füreinander und Handeln im Miteinander
- Lernen durch Partnerschaft und Dialog
- Beteiligung der Mitarbeiter am Unternehmen
- Sinnerfüllung finden in der Arbeit
- gesellschaftlicher und sozialer Auftrag des Unternehmens
- Menschlichkeit gewinnt!

Die Bertelsmann-Essentials

Im Folgenden einige unserer Werte, zu denen sich Eigentümer, Führungskräfte und Mitarbeiter bekennen:

Unser Auftrag: Wir vermitteln Information, Bildung und Unterhaltung in aller Welt. Es ist unser Ziel, Leistungsbeiträge für die Gesellschaft zu erbringen. Wir wollen Spitzenpositionen in den Märkten einnehmen, in denen wir tätig sind. Wir wollen eine gerechte und motivierende Arbeitswelt schaffen.

Unsere Grundwerte: Partnerschaft ist die Grundlage unserer Unternehmenskultur. Zum Nutzen der Mitarbeiter und des Unternehmens lassen wir uns von folgenden Prinzipien leiten: Achtung vor dem Einzelnen, gegenseitiges Vertrauen und Delegation von Verantwortung. Wir sichern die umfassende Information unserer Mitarbeiter, beziehen sie in Entscheidungsprozesse ein und beteiligen sie am wirtschaftlichen Erfolg des Unternehmens. Die Vergütung für unsere Mitarbeiter spiegelt ihren persönlichen Leistungsbeitrag und die Ertragskraft unseres Unternehmens wider. Wir wollen die Arbeitsplätze im Unternehmen langfristig sichern.

Identifikation und Motivation: Wir glauben, dass der Einzelne nach Freiraum und Selbstverwirklichung strebt, und vertrauen auf seine Initiative und Kreativität. Motivierte Mitarbeiter, die sich mit dem Unternehmen, seinen Zielen und Werten identifizieren, bilden die treibende Kraft für Qualität, Effizienz und Wachstum. Information, Dialog und aktive Mitwirkung bilden die Grundlage für Identifikation und Motivation.

Unternehmergeist: Wir ermutigen alle Mitarbeiter, die ihnen übertragene Verantwortung auszuschöpfen. Sie sollten als Unternehmer handeln, die Einfallsreichtum und Tatkraft mit einem ausgeprägten Verantwortungsbewusstsein verbinden und nach Spitzenleistungen streben.

Dezentralisation: Dezentralisation ist der Schlüssel zu unserem Erfolg. Unsere Firmen genießen den größtmöglichen Freiraum.

Kooperation: Der unternehmerische Freiraum schließt die Verpflichtung zur konstruktiven Zusammenarbeit ein. Die Führungskräfte sollen sicherstellen, dass ihre Aktivitäten nicht nur der einzelnen Firma, sondern auch dem Interesse des Gesamtunternehmens dienen sowie den Interessen unserer Partner in Beteiligungsfirmen.

Mitarbeiterförderung: Wir investieren in unsere Mitarbeiter und bieten ihnen nach Maßgabe ihrer Fähigkeiten und Leistungen gleiche Entwicklungschancen. Wir fördern Mitarbeiter über die Grenzen von Funktionen, Ländern und Produktlinien hinweg. Für unser Unternehmen wollen wir die besten kreativen und unternehmerischen Talente und die besten Fachleute gewinnen. Die Heranbildung unternehmerischen Führungsnachwuchses ist ein Beitrag zur Sicherung der Unternehmenskontinuität.

Pluralismus: Unsere Programmarbeit lässt Raum für eine Vielzahl von Meinungen und Einstellungen. Jede Firma entwickelt ihr eigenes inhaltliches Profil. Wir garantieren künstlerische und publizistische Freiheit. Wir treten überall auf der Welt für Demokratie und Menschenrechte ein. Zugleich respektieren wir die Traditionen und Werte der Länder, in denen wir tätig sind.

Ethische Grundsätze: Unsere Firmen achten Recht und Gesetz und lassen sich von höchsten ethischen Maßstäben leiten. Wir erwarten von jedem Mitarbeiter, dass er seine Pflichten entsprechend erfüllt. Wir lehnen jegliche Form von Diskriminierung und Belästigung am Arbeitsplatz ab. Wir verlangen von unseren Mitarbeitern, dass sie sich sowohl gegenüber ihren Kollegen als auch gegenüber der Gemeinschaft und der Umwelt stets verantwortungsbewusst verhalten.

Leistungsbeitrag für die Gesellschaft: Wir sind davon überzeugt, dass unser publizistisches und unternehmerisches Handeln zu Ergebnissen führt, die für die Allgemeinheit nützlich sind. Wir bekennen uns zu der besonderen Verpflichtung gegenüber der Gesellschaft, die aus dem Wesen des Mediengeschäfts und dem wirtschaftlichen Erfolg erwächst. Wie jeder gute Bürger engagieren sich unsere Firmen für die Gemeinschaften, in denen sie tätig sind.

Ich meine: Das Unternehmen Bertelsmann ist sich jederzeit seiner Verantwortung gegenüber der Gesellschaft bewusst.

12. Zeitenwende

Unser Alltag verändert sich in einem solch rasenden Tempo wie nie zuvor. Die Gesellschaft ist im Umbruch. Technischer Wandel, Internet, Globalisierung, Börsenfieber, Fusionen lösen alte Strukturen auf. Nachrichten jagen in Sekundenschnelle um die Welt, die Informationsflut ist grenzenlos. Wir erleben fundamentale Veränderungen in der Arbeitswelt – den Übergang vom Industriezeitalter zur Informationsgesellschaft. Die Produktion verliert ihre führende Rolle, Wissen und Steuerung gewinnen hingegen an Bedeutung. Der Konkurrenzdruck erhöht die notwendige Lerngeschwindigkeit und überfordert viele Menschen. Immer größer, immer schneller, immer weiter – mehr Reichtum zum Preis von weniger Sicherheit ist die Devise der Zeit. Eine globale »Zeitenwende« hat eingesetzt.

Viele Fragen müssen beantwortet werden:

- Sind die Ziele unserer Gesellschaft und der Wirtschaft noch realistisch?
- Müssen wir nicht unser Zielverständnis grundlegend hinterfragen und neuen Entwicklungen anpassen?
- Wie ist es um die Führungsbefähigung in Wirtschaft, Politik und Gesellschaft bestellt?
- Werden Politik und Verwaltung es schaffen, leistungsorientiert zu arbeiten?
- Wird es uns gelingen, Wettbewerbsfähigkeit und Menschlichkeit miteinander zu vereinen?
- Was müssen wir lernen und unternehmen, um mit der Entwicklung Schritt halten zu können?

Dies alles sind Fragen, auf die wir noch keine Antwort haben.

In einer Welt, in der wir nicht wissen, ob der Beruf, den wir heute ausüben, uns morgen noch ernähren kann, in der wir nicht wissen, wo morgen unser Arbeitsplatz sein wird, in der wir mobil, flexibel und ortsungebunden leben müssen, erhalten menschliche Bindungen und Beziehungen einen immer höheren Stellenwert. Sie sind der einzige Fixpunkt in einem sich permanent verändernden Umfeld, das sich zunehmend unserer Kontrolle entzieht. In einer solchen Welt ist es wichtig, nicht die Orientierung zu verlieren. Orientierung aber geben ethische Werte, die allgemein gültig sind, innerlich stark und unabhängig machen. Nur sie können uns vor dem Zerfall der Gesellschaft bewahren. Es sind dies insbesondere Werte wie Verantwortung, Ehrlichkeit, Anstand, Fairness, Toleranz, Mitmenschlichkeit, Nächstenliebe und Solidarität mit den Schwachen, die wir benötigen. Sie müssen unser Kompass bleiben, an dem sich das Leben in der Gesellschaft ausrichtet.

In unserer Zeit wird die Welt allzu sehr von Materialismus und Egoismen bestimmt. Auf Dauer benötigen Menschen aber mehr als materielle Vorteile. Wirtschaftliche Faktoren allein können die Menschheit nicht ausreichend motivieren, denn das Streben nach materiellen Gütern kann die Wärme, welche Liebe und Menschlichkeit geben, nicht ersetzen.

Wir brauchen verbindliche Regeln für das Leben in der Gemeinschaft. Wir müssen klären, welche Ziele wir anstreben, denn Wissensmehrung allein kann keine weltweite Solidargemeinschaft schaffen. Die Bereitschaft, das Vernünftige zu tun, muss in der Zukunft wachsen. Wenn allen alles erlaubt ist, ohne moralische Grenzen – wo soll das hinführen? Eine Gesellschaft, die nach diesem Grundsatz handelt, löst sich auf. Wie wir mit der Frage nach den Regeln und Zielen umgehen – das wird die Herausforderung des 21. Jahrhunderts sein.

Die neuen Medien sowie Wissenschaft und Technik eröffnen große Chancen – eine neue Arbeitswelt entsteht: Mitarbeiter sind keine Befehlsempfänger mehr, Hierarchien und zentralistische Führungssysteme sind überholt, Mitsprache und Mitdenken bieten die Chance zum kreativen Gestalten. Geregelte Arbeitszeiten und lebenslange Arbeitsverhältnisse wird es seltener geben, dafür unterschiedliche Arbeitszeiten pro Woche, Sonntags- und Feiertagsarbeit werden flexibler gehandhabt werden.

Andererseits wird die Möglichkeit bestehen, auf so genannte »Lebensarbeitskonten« über die Jahre hinweg Überstunden anzusammeln und dafür früher in Rente zu gehen.

Das Prinzip der Delegation der Verantwortung wird auf folgendem Grundsatz beruhen: Die Arbeit wird erledigt, aber wie das geschieht, das regeln die Mitarbeiter selbst. Die modernen Kommunikationsmittel ermöglichen es, so frei zu leben wie nie zuvor. Werden wir verantwortlich mit dieser Freiheit umgehen?

Berufe verschwinden, neue Tätigkeitsprofile entstehen. Junge hoch qualifizierte Menschen beginnen ihre Laufbahn zum Beispiel in Deutschland, setzen sie in New York fort und beenden sie in Hongkong. Sind sie menschlich ausgerüstet für den Konkurrenzkampf der Globalisierung mit ihren ungeheuren Möglichkeiten? Zwar geht es vielen von uns besser als allen Generationen zuvor, doch die jungen Menschen sind auch höheren Belastungen und Herausforderungen ausgesetzt. Das zeigt, dass man einen stabilen Charakter bei dieser Lebensweise haben muss, um nicht zum rein materiell orientierten, seelenlosen Siegertyp zu werden.

Wir müssen eindeutig Verantwortung übernehmen – für uns selbst, für Schwächere und für die Gesellschaft insgesamt. Auch die jungen Gewinner der Internetbranche, die in Windeseile zu Millionären werden, brauchen als wichtigste Eigenschaft Verantwortungsgefühl. Eigentum verpflichtet – das gilt auch für diese jungen Selbstständigen. Sie leben nicht ohne Verpflichtung für die Gesellschaft.

Die Welt wächst zusammen. Jedes Warenangebot, jede Information wird zeit- und ortsungebunden abrufbar sein. Sind die unterschiedlichen Kulturen für den Wandel anpassungsfähig genug? Berauben wir die Menschen nicht ihrer Identität, wenn eine einheitliche »Weltkultur« entsteht? Fragen, die entscheidend für die zukünftige Entwicklung sind. Lösungen, wie sie Clinton bei dem World Economic Forum angeboten hat, in dem er ein hohes Tempo für die Entwicklungen forderte, bewirken eher das Gegenteil. Die Bewältigung von Umbrüchen benötigt Zeit, ansonsten droht die kulturelle Entwurzelung von Menschen mit unabsehbaren Folgen für eine Gesellschaft.

Es ist offenkundig, dass die Kluft zwischen armen und reichen Staaten durch diesen Wandel zunehmen wird. Elf Jahre erst ist es her, dass der Eiserne Vorhang in Europa fiel. Wir erleben eine neue Völkerwanderung. Müssen wir tatsächlich neue Mauern aufbauen, damit wir den Ansturm der Zuwanderer abwehren? »Wo Armut ist, gibt es Gewalt und Verbrechen«, sagte Nelson Mandela ganz richtig. Es ist dringend nötig, dass die westlichen Staaten Ländern mit einem geringen Bruttosozialprodukt vermehrt Hilfe zur Selbsthilfe geben.

Andererseits rechnen Bevölkerungswissenschaftler immer wieder vor, dass wir in Zukunft eine verstärkte Einwanderung in Europa brauchen. So müssen wir lernen, Ausländer in unserem Land als eine Bereicherung für unsere Kultur anzusehen. Ausländer, die bei uns leben, müssen ihrerseits bereit sein, sich zu integrieren. Ein schwieriger Prozess, für dessen Bewältigung die Erziehung zu Toleranz vorrangige Priorität erhält.

Viele Menschen fühlen sich durch die gewaltige Informationsflut, die uns tagtäglich überschwemmt, überfordert. Wir müssen lernen, mit der Fülle der Informationen umzugehen, sie zu selektieren. Wir sind es, die die Technik beherrschen müssen, nicht sie uns. Das Internet ist ein Instrument, das wir nutzen können. Reines Lernen ist nicht mehr gefragt; es geht nicht mehr darum, woher man sein Wissen erhält, sondern wie man dieses Wissen am besten sortiert, verarbeitet und dabei entscheidungsfähig bleibt. Die rasche Selektionsfähigkeit wird über Erfolg oder Nichterfolg eines jeden Einzelnen entscheiden.

Das Internet mit Millionen E-Mails pro Tag ist aber auch ein unkontrollierbarer Raum. Im Netz gibt es unter anderem Anleitungen zum Bau von Bomben, zum Herstellen von Sprengstoff sowie unzählige Pornografieangebote. In der Anonymität entwickelt sich eine Kultur von Betrug und Verbrechen, ohne dass die Urheber dafür zur Rechenschaft gezogen werden können. Das ist eine immense Bedrohung der friedlichen Gesellschaft.

Es besteht die Gefahr, dass wir ein Leben aus zweiter Hand

führen werden. Der riesige Freiraum, den wir gewinnen, kann zur Vereinsamung führen. Wenn wir nicht mehr aus der Wohnung gehen, weil die Welt per Computer zu uns kommt, führt die virtuelle Kommunikation zur realen Vereinsamung, abgekoppelt von menschlichem Miteinander und menschlicher Fürsorge. Wie werden wir damit fertig? Wollen wir das wirklich? Ich sage dazu eindeutig Nein!

Wie werden wir mit den älteren Mitbürgern umgehen? Die Menschen werden immer älter – in der Bundesrepublik gibt es allein über siebentausend Hundertjährige, achtzigtausend über Fünfundneunzigjährige. Der Mensch erlebt nach Kindheit, Ausbildung und Berufsleben eine lange vierte Lebensphase als Rentner in guter gesundheitlicher Verfassung und mit großer Aktivität. Darauf muss sich die Gesellschaft einstellen. Gesundheits- und Rentensysteme sind in eklatanter Weise von dieser demographischen Entwicklung betroffen. Es müssen Lösungen gefunden werden, damit unsere Gesellschaft den Rentnern ein menschengerechtes Altern in Würde und voller Lebensfreude bereitet. Wir müssen Modelle für altersgerechtes Wohnen und Leben entwickeln, denn zahlreiche Senioren leben heutzutage in unwürdigen Verhältnissen.

Eigenverantwortung und das Gemeinschaftsgefühl für eine lebendige und aktive Bürgergesellschaft stehen in diesem Jahrhundert im Mittelpunkt.

Wissen mag Macht sein, aber Wissen an sich beantwortet nicht die Frage nach Gut und Böse. Unsere Zukunft können wir nur mit mehr Hinwendung zu den Menschen und ihren Interessen bewältigen. In der Gesellschaft darf zukünftig nicht mehr das Recht des Stärkeren entscheiden! Das Mandat zur Führung verlangt in unserer Zeit die erwiesene Befähigung zur Menschenführung und den Einsatz für Ziele, die auf das Wohl der Gemeinschaft ausgerichtet sind.

Schlussthesen

Was brauchen der Mensch und unsere Gesellschaft heute und in Zukunft?

1. *Die Familie:* Sie ist die Keimzelle der Gemeinschaft. Eine Familie bedeutet Liebe und Geborgenheit; der Staat kann Familienbeziehungen nicht ersetzen.
2. *Kulturen als Wurzeln:* Sie ändern sich nicht so schnell, wie mancher erwartet. Bräuche, Traditionen und Heimatgefühl geben Orientierung und Beständigkeit in einer zunehmend unüberschaubaren Welt.
3. *Kinder:* Sie sind die Garanten für das Fortbestehen einer Gesellschaft. Ziele in der Erziehung sind wichtig für die geistige und seelische Entwicklung der Kinder und dürfen nicht vernachlässigt werden.
4. *Religion:* Sie gibt Halt, Rat und Hilfe in guten und in schweren Zeiten und ist für viele Menschen notwendig.
5. *Übernahme von Eigenverantwortung:* Nur durch sie entwickeln wir uns zu einer Bürgergesellschaft. Der Staat kann nicht alles leisten, er ist überfordert.
6. *Politik:* Sie muss Entscheidungen herbeiführen! Es ist ihre Aufgabe, nach demokratischen Regeln im Interesse der Bürger zu handeln.
7. *Die Erziehung zur Ethik:* Sie muss das Vertrauen unter den Menschen herstellen und rechtfertigen. Vertrauen ist eine große Hilfe in der Zusammenarbeit – Fehlverhalten und Mangel an Verlässlichkeit zerstören das Vertrauen.
8. *Delegation von Verantwortung:* Sie verändert das Menschenbild. Das patriarchalische Führungsprinzip hat sich überlebt; Hierarchien müssen abgebaut werden.
9. *Toleranz:* Wir müssen Toleranz lernen, damit wir die Probleme der gegenwärtigen Völkerwanderung bewältigen können. Einwanderer haben Rechte, aber auch die Pflicht zur Integrationsbereitschaft.

10. *Dialogfähigkeit entwickeln:* Der Konsens ist unabdingbare Voraussetzung für die Handlungsfähigkeit unserer Gesellschaft.
11. *Solidarität:* Sie hält die Gesellschaft zusammen. Selbstverwirklichung muss Grenzen beachten.
12. *An das Gute im Menschen glauben* – und ihn darin bestärken, den Menschen aber auch in seiner Unvollkommenheit akzeptieren.
13. *Liebe und Menschlichkeit:* Beides darf nicht verloren gehen. Sie sind die Basis für eine lernfähige Gesellschaft im Wandel der Zeiten.

Ein Weg, der sich lohnt: *Liebe öffnet Herzen!*

»Besser ein Leben voll Liebe und Leid als sonnenlose und windstille Zeit.«

Agnes Seippel, 1889–1978, Mutter von Reinhard Mohn

Bildnachweis

J. H. Darchinger: 8, 9, 11, 12, 16, 17, 22, 24, 25, 27, 29, 30, 39
fotohasse: 38
Eleana Hegerich: 21
Gerda Herrmann: 6
Martin Joppen: 7
Damazy Kwiatkowski: 37
Liz Mohn: 1, 2, 3, 4, 5, 10, 13, 14, 15, 18, 19, 20, 26, 33, 34, 40, 41, 42, 43, 44
M. Poredano: 32
Eliza Radzikowska: 28, 35, 36
Angel Ricardo fotografo: 31
Karin Rocholl/STERN: 23